Die Haftpflicht

der

Eisenbahnen, Bergwerke

u. s. w.

für die bei deren Betriebe herbeigeführten

Tödtungen und Körperverletzungen.

Erläuterungen des Reichsgesetzes vom 7. Juni 1871

von

Dr. W. Endemann,

ord. Professor an der Universität zu Bonn.

Dritte Auflage.

Berlin und Leipzig.

Verlag von J. Guttentag.

(D. Collin.)

1885.

Vorwort zur dritten Auflage.

Seit Erscheinen der zweiten Auflage hat es an Darstellungen der Haftpflicht nicht gefehlt. Wenn gleichwohl und ungeachtet der Veränderung des Rechtszustandes durch die neueste Gesetzgebung die Aufforderung erging, diesen Kommentar des Haftpflichtgesetzes noch einmal herauszugeben, so konnte ich mich derselben nicht entziehen. Die dritte Auflage, die hiermit dargeboten wird, darf sich als eine Neubearbeitung bezeichnen.

An dem Urtheil über das Gesetz, das sich durch dessen Erfolge und Schicksal reichlich bestätigt hat, konnte sich nichts ändern. Indessen ist manche polemisirende Bemerkung der früheren Auflage fortgelassen worden. Einem Gesetz gegenüber, das Jahre lang in Geltung gewesen ist, hat die Kritik seiner Bestimmungen natürlich an unmittelbarer Bedeutung verloren.

Die kommentarische Form ist geblieben. Doch ist, wie die Inhaltsübersicht lehrt, gestrebt worden, der systematischen Ausführung wenigstens näher zu kommen; wie zu hoffen, nicht zum Schaden des Ueberblicks über die ganze Materie.

Als Hauptaufgabe mußte es erscheinen, das reiche Material, das sich theils in den Werken Anderer, namentlich dem Kommentar Eger's, welchem manche Belehrung verdankt wird, der geschickten Zusammenstellung Genzmer's und der systematischen Darstellung Westerkamp's, sodann aber in den Entscheidungen des Reichsoberhandels- und des Reichsgerichts vorfindet, zu berücksichtigen. Letztere sind bis zum 10. Bande der offiziellen Sammlung benutzt worden.

Die Entscheidungen anderer Gerichte mit heranzuziehen, glaubte ich mir erlassen zu können. In dieser Hinsicht mag für die Neuzeit auf die Sammlung eisenbahnrechtlicher Entscheidungen, die Eger herausgibt, verwiesen werden.

Natürlich ist durch das vermehrte Material eine nicht unbeträchtliche Erweiterung des Umfangs nöthig geworden.

Die Darstellung dessen, was die Gesetze über Kranken- und Unfallsversicherung gebracht haben, lag fern. Doch habe ich nicht unterlassen, an den geeigneten Stellen auf den Einfluß, den sie auf die Anwendung des Haftpflichtgesetzes äußern, im Allgemeinen hinzuweisen.

Bonn, im April 1885.

W. Endemann.

Inhaltsübersicht.

III. Die Unbeschränkbarkeit der gesetzlichen Haftpflicht.

§. 5.

IV. Geltendmachung und Zuerkennung des Schadensersatzes.

V. Verjährung der Haftpflichtforderungen.

Einleitung.

§. 1.

1. Entstehung des Haftpflichtgesetzes.

Grund zu der Entstehung des Reichsgesetzes vom 7. Juni 1871, betreffend die Verbindlichkeit zum Schadenersatz für die bei dem Betriebe von Eisenbahnen, Bergwerken, Fabriken, Steinbrüchen und Gräbereien herbeigeführten Tödtungen und Körperverletzungen gab die große Unsicherheit des Rechts in Bezug auf die Frage, inwieweit Betriebs- oder Arbeitsunternehmer für die durch den Betrieb angerichteten Beschädigungen der Personen ihren Arbeitern sowohl als Dritten haftbar seien.

Weder das römische, noch das neuere gemeine Recht bot dafür dem Bedürfniß einigermaßen entsprechende Rechtssätze dar[1]). In Preußen legte allerdings das Eisenbahngesetz vom 3. November 1838 §. 25 den Eisenbahngesellschaften die Verbindlichkeit zum Ersatz für allen Schaden auf, der bei der Beförderung auf der Bahn den beförderten Personen oder Sachen, oder auch anderen Personen und deren Sachen entstand, und zwar so, daß sie sich nur durch den Beweis der Schadensentstehung aus eigener Schuld des Beschädigten oder aus unabwendbarem Zufall zu befreien vermochten. Allein diese Haft war eben auf den bei der Beförderung erlittenen Schaden beschränkt. Das Handelsgesetzbuch hatte nur bei dem Transport zur See umfassendere Bestimmungen wegen der Haft für Sachen- und Personenbeschädigung, bei den Frachtführern und Landtransportan-

[1]) S. darüber, namentlich auch über das angeblich nach Entsch. des R.O.-Handelsgerichts Bd. 12 S. 78 ff. vorhandene Gewohnheitsrecht, wonach große Transportanstalten, bez. Eisenbahnen, für alle Sach- und Personenbeschädigungen haften sollen, die ihre Leute im Dienst verursachen, Westerkamp, in Endemann's Handbuch des Handelsrechts Bd. 3 S. 616 ff. 621.

stalten nur die Haft für die Erhaltung der transportirten Güter geordnet. An einer Rechtsnorm über die Haft überhaupt der Betriebsunternehmer für die durch den Betrieb angerichteten Schäden fehlte es überall, mit Ausnahme der Gebiete, in denen das französische Civilrecht[2]) galt. Unbestreitbar war also, wie es auch die praktische Erfahrung vielfach bestätigt hatte, eine Lücke vorhanden, auf deren Ausfüllung Bedacht zu nehmen, für die Gesetzgebung volle Ursache war.

Am besten wäre dies geschehen durch Aufstellung durchschlagender, die ganze Materie der Haftbarkeit des Betriebsunternehmers umfassenden Vorschriften. Aber so war es nicht beschieden[3]). Es sollte nur zu einem Spezialgesetz kommen. Dafür lieferte die österreichische Gesetzgebung durch ihre Eisenbahn-Betriebsordnung vom 16. November 1851 §. 19[4]) und das Gesetz vom 5. März 1869 über die im Eisenbahnbetrieb eintretenden Unfälle eine Präcedenz.

Aus der äußeren Geschichte des Gesetzes ist kurz Folgendes mitzutheilen. Als erster Ausgang läßt sich eine Petition des Ausschusses der nationalliberalen Partei zu Leipzig[5]) bezeichnen, welche bei dem Reichstage in der Sitzung von 1868 einlief. Anlaß zu der Petition waren mehrere Unfälle, welche sich damals in Bergwerken, namentlich zu Neuiserlohn und Lugau zugetragen hatten. Die Petenten forderten unter ausführlichem Hinweis auf die Unzulänglichkeit des bestehenden, sowohl materiellen Civilrechts, als auch namentlich Prozeßrechts, eine Revision „der gesetzlichen Bestimmungen über Schädenansprüche von Privatpersonen bei nicht von ihnen verschuldeten Unglücksfällen".

In einem ausführlichen Referat[6]) sprach sich die Petitions-Kommission dafür aus:

die Petition zur thunlichsten Berücksichtigung an den Bundeskanzler abzugeben,

und nach einigen, kaum nennenswerthen Bemerkungen wurde dieser Antrag von dem Reichstage in der Sitzung vom 24. April 1868 angenommen[7]). Im Reichstage war damit die Sache vorerst erledigt. Obgleich bald darauf im Jahre 1869 die Katastrophe im Plauenschen Grunde, welche 296 Bergleuten das Leben kostete, neuen Stoff dar-

---

[2]) Cod. civ. art. 1384.

[3]) S. darüber unten §. 2 bei Not. 2.

[4]) **Westerkamp** a. a. O. S. 621 Not. 12.

[5]) Nr. 9 des Petitionsverzeichnisses. N.B.P. Nr. 29.

[6]) Drucks. von 1868 Nr. 56 unter Lit. B.

[7]) Stenogr. Berichte 1868 S. 175—176.

geboten hätte, fand man doch keinen Anlaß zu weiterer Anregung. Eine in der Sitzung vom 16. März 1870 verhandelte Interpellation nahm zwar auch auf den Erlaß eines Gesetzes über die Haftpflicht Bezug, aber doch nur nebenbei und ohne denselben als besonders dringlich zu bezeichnen[8]).

Um so überraschender war es, daß dem ersten deutschen Gesammt-Reichstag gleichzeitig mit dem endlichen Abschluß der Reichsverfassung und noch vor Abschluß des definitiven Friedens mit Frankreich ein Gesetzentwurf unterbreitet wurde, betreffend die Verbindlichkeit zum Schadenersatz für die bei dem Betriebe von Eisenbahnen, Bergwerken rc. herbeigeführten Tödtungen und Körperverletzungen[9]). Die der Vorlage beigefügten Motive kündigten dieselbe als Erfüllung des von dem Reichstage in der Sitzung von 1868 gefaßten Beschlusses an. Sie erkannten an, daß die bestehende Gesetzgebung sowohl in Bezug auf das prozessuale, wie in Bezug auf das materielle Recht an großen Mängeln leide. Eine eingehende Erörterung thue dar, daß die moderne Industrie Verhältnisse geschaffen habe, denen gegenüber die allgemeinen Grundsätze über die Verpflichtung zum Schadensersatz in den Fällen körperlicher Beschädigung nicht mehr ausreichten. Dies wurde namentlich nach altpreußischem[10]) und rheinischem Recht näher ausgeführt.

Unter Berufung auf die Resultate der Kommission, welche 1865 bis 1866 zu Dresden mit der Ausarbeitung eines gemeinsamen Obligationenrechts beschäftigt war, hielten es die Motive nicht für angemessen, im Anschluß an das rheinische Recht etwa durch den allgemeineren Grundsatz zu helfen, daß jeder Beauftragte „während der Ausführung der ihm übertragenen Dienstleistung mit dem Auftraggeber vollständig zu identifiziren sei".

„Wenn es im Hinblick auf die in gleicher Proportion mit der Entwickelung der industriellen Anlagen sich mehrenden Unglücksfälle die Aufgabe der Reichsgesetzgebung sei, der körperlichen Integrität einen erhöhten Rechtsschutz zu verleihen, so müsse davon abgesehen werden, eine generelle Reform der Grundsätze über die Verpflichtung zum Schadensersatz herbeizuführen. Ein so weit gestecktes Ziel würde nur im Zusammenhange mit dem ganzen System des Obligationenrechtes sich erreichen lassen. Zur Zeit werde es sich allein darum

[8]) St.B. von 1870 (1. Sitzung) S. 317.

[9]) Datirt vom 28. März 1871; Nr. 16 der Drucks.

[10]) Preuß. Gesetz vom 3. November 1838 §. 25.

handeln können, im Wege eines Spezialgesetzes Bestimmungen zu treffen, um denjenigen, welche bei mit ungewöhnlicher Gefahr verbundenen Unternehmungen an Leib oder Leben[11]) beschädigt werden, beziehungsweise ihren Hinterbliebenen, einen Ersatz des erlittenen Schadens zu sichern. Hierbei seien vorzugsweise[12]) die Eisenbahnen, Bergwerke und die Fabriken in Betracht zu ziehen".

Schon bei der ersten Berathung im Reichstage zeigten sich freilich die großen Bedenken, welche gerade durch die hinter dem angeblich rein praktischen Standpunkt leicht bemerkbare Prinziplosigkeit des Entwurfs angeregt werden mußten. Verweisung an eine Kommission fand nicht statt.

Dagegen bildete sich eine sogenannte freiwillige Kommission aus Mitgliedern der verschiedenen Parteien, die es unternahm, den Entwurf durchzuprüfen. Sie fand denselben im Ganzen annehmbar, schlug aber eine ganze Reihe mehr oder minder erheblicher Abänderungen vor[13]). Dazu kamen vor oder während der zweiten Lesung noch zahlreiche weitere Amendements[14]). Soweit sie noch in Betracht kommen, sind deren Schicksale unten zu erwähnen. Das Resultat der zweiten Lesung, die sich viel mehr in einen Kampf um die widerstreitenden Einzelinteressen und um einzelne Bestimmungen des Entwurfs auflöste, als daß sie die leitenden Grundsätze zu klarer Entscheidung gebracht hätte, war die Annahme des Entwurfs zu den §§. 1. 2. 4 unverändert nach der Vorlage. Im Uebrigen erlitt letztere mancherlei Umgestaltungen[15]).

Damit war jedoch der Streit noch nicht beendigt. In der Tagespresse, in Denkschriften, Kritiken[16]) u. s. w. erwiesen sich die

[11]) Eine dem Reichstage mitgetheilte Darstellung des Dr. Engel, Direktor des statistischen Bureaus zu Berlin, Nr. 46 der Drucksachen, zeigte, daß andere Arbeitszweige an Gefährlichkeit die hier hervorgehobenen erreichen, zum Theil sogar übertreffen.

[12]) Richtiger gesagt nach §§. 1 und 2: „allein". Die Motive beschränken sich dann darauf, nur die Ausschließung der Seeschifffahrt von diesem Gesetz mit dem Hinweis auf die Bestimmungen des H.G.Buchs zu rechtfertigen.

[13]) Drucks. Nr. 65 enthielt unter 10 Nummern 20 Amendements.

[14]) Es sind in Nr. 70—82 der Drucks. mehr als 20 Amendements, zum Theil in mehreren Positionen, gestellt worden.

[15]) Die zweite Lesung s. St.B. des Reichstags von 1871, 1. Session, S. 439. 463. 487 fg.

[16]) Unter den letzteren ist zu nennen: die des Reichstags-Abgeordneten von Swaine und die von 554 Interessenten aus Preußen, Bayern, Sachsen. Eine beachtenswerthe Darstellung in Betreff der legislat. Behandlung des Bergbaues,

Meinungen über den Entwurf sehr getheilt[17]). Auch die dritte Lesung[18]) führte noch zu einer Reihe von Abänderungsvorschlägen, deren Menge[19]) offenbar nicht unerheblich zu Gunsten der Regierungsvorlage wirkte.

Man wird wohl sagen dürfen, daß die Debatten im Reichstage hinlänglich dazu angethan waren, bei Vielen minder die Ueberzeugung von der Richtigkeit der hier vorgeschlagenen Sätze hervorzurufen, als vielmehr die Ansicht zu befestigen, daß man sich auf einem höchst unsicheren Gebiete bewege.

Bei der Schlußabstimmung fand sich für das Gesetz eine große Majorität[19]).

Nachdem der Bundesrath der veränderten Gestalt seine Zustimmung ertheilt, ist das Gesetz, datirt vom 7. Juni 1871, in dem Reichsgesetzblatt Nr. 25, ausgegeben am 14. Juni 1871, publizirt worden.

In Elsaß-Lothringen wurde das Haftpflichtgesetz eingeführt durch Gesetz vom 1. November 1872; und zwar vom 1. Januar 1873 ab. Seitdem im ganzen Reich gültig, hat dasselbe durch die Reichscivilprozeßordnung[20]) und das Gerichtsverfassungsgesetz[21]) einige Aenderung, sowie eine Beschränkung seiner Wirksamkeit durch die unten S. 10 zu erwähnenden Gesetze erlitten.

Auch in anderen Ländern hat sich die Gesetzgebung mit der Frage der Haftpflicht, freilich in verschiedenem Umfange und in verschiedener Weise, beschäftigt[22]). So, wie bereits erwähnt[23]), in Oesterreich, wo

---

um die sich im Reichstag hauptsächlich der Streit drehte, ist die Dissertation: A. Frantz, die Haftbarkeit und Entschädigungspflicht bei den Verunglückungen des Bergbaues, Jena 1869. S. auch desselben Autors Darstellung in Hildebrand's Jahrb. für Nationalökonomie 1870 Bd. 1 S. 36 ff. — In Betreff der Eisenbahnen s. H. A. Simon (übers. von Weber), die Haftpflicht der Eisenbahnen in England, Weimar 1868. Lehmann, Körperverletzungen und Tödtungen auf deutschen Eisenbahnen. Erlangen 1869.

[17]) St.B. S. 575. 604 fg.

[18]) Es sind ihrer in Nr. 93. 94. 99. 102 der Drucks. wohlgezählt 20.

[19]) St.B. S. 653.

[20]) Bezüglich seines §. 6 durch das Einf.Ges. zur C.P.O. §. 13 Nr. 6. S. unten zu §. 6.

[21]) Bezüglich des §. 10; durch das G.V.Ges. §. 135 bzw. Einf.Ges. zu dem G.V.Ges. §. 8. S. unten zu §. 10.

[22]) S. die Zusammenstellung bei Genzmer, das R.Haftpflichtgesetz, 1882. Anhang; entnommen aus der Schrift: die Haftpflichtsfrage, Gutachten u. Berichte des Vereins für Sozialpolitik, 1880.

[23]) S. oben Not. 4.

neuerdings auch die Haftpflicht bei gewerblichen Unternehmungen in Angriff genommen worden ist, in England, wo die Haft den Unternehmer für Verunglückungen der Arbeiter durch ein Gesetz vom 7. September 1880 Erweiterung erfahren hat, in der Schweiz, namentlich durch das Gesetz vom 1. Juli 1875 über die Haft der Eisenbahn- und Dampfschifffahrtunternehmungen[24]).

§. 2.

2. Inhalt und Karakter des Gesetzes.

Das Haftpflichtgesetz betrifft nur die Beschädigungen der Personen, Tödtungen und Körperverletzungen. Es betrifft ferner solche nicht allgemeinhin, sofern sie durch den Betrieb irgend einer beliebigen Unternehmung herbeigeführt werden, sondern hebt nur einige Arten von Unternehmungen aus der Gesammtheit aller Betriebe hervor, um sie insonderheit einer Haftpflicht zu unterwerfen, deren Einzelheiten dann näher geregelt werden.

In dem Inhalte desselben lassen sich füglich drei Bestandtheile unterscheiden[1]).

1. Materiellrechtliche Bestimmungen, die in den §§. 1—5. 8 enthalten sind. Aus diesen ergeben sich

a) vor allen Dingen die Unternehmungen, auf welche sich das Gesetz allein bezieht, die Voraussetzungen und der Umfang ihrer Haftbarkeit. In dieser Hinsicht aber herrscht, während die weiteren materiellrechtlichen Bestimmungen gemeinsame sind, eine große Verschiedenheit zwischen

aa) der Haftpflicht, die den Eisenbahnunternehmungen nach §. 1 auferlegt ist, und

bb) der Haftpflicht, welche einige andere, speziell bezeichnete Unternehmungen, nämlich Bergwerks-, Steinbruchs-, Gräberei- und Fabrikunternehmungen, nach §. 2 zu tragen haben.

Nur bei den in §. 1 und §. 2 bezeichneten hat man überhaupt Grund zu einer Haftbarkeit nach Maßgabe dieses Gesetzes erkennen wollen. Ausdehnung über jenen Kreis hinaus im Wege der Analogie

---

[24]) S. über Frankreich, Belgien, Niederlande Genzmer S. 169. 177. 178; Nordamerika das. S. 188.

[1]) Westerkamp a. a. O. S. 622; vgl. Endemann, 2. Aufl. S. 9.

erscheint unzulässig; zumal nach §. 5 dasselbe als Prohibitivnorm auftritt.

Innerhalb des durch §. 1 und §. 2 gewiesenen Umfangs unterscheidet das Gesetz in keiner Weise bezüglich der Person, welche von der Körperverletzung oder Tödtung betroffen wird.

Indessen hat unleugbar das Gesetz in erster Linie den Schutz derjenigen im Auge, welche in dem Betriebe einer solchen Unternehmung beschäftigt sind. Es erscheint, wie vielfach, wenn auch nicht in den Motiven, doch in der Diskussion des Reichstags betont worden ist, wesentlich als ein Stück derjenigen Sozialgesetzgebung, welche die Stellung des Arbeiters gegenüber dem Arbeitgeber oder Unternehmer regeln soll.

Die Beschädigungen, welche das dergleichen Anstalten benutzende Publikum oder gänzlich unbetheiligte Dritte in deren Betrieb erleiden, würden für sich allein wahrscheinlich der Gesetzgebung keinen genügenden Anreiz zum Einschreiten dargeboten haben. Wenigstens ist, wenn die Gefährlichkeit den hauptsächlichsten Maßstab abgeben soll, die Gefahr dieser Personen mit derjenigen der in dem Unternehmen thätigen Arbeiter oder Bediensteten nicht zu vergleichen. Nichtsdestoweniger hat man alle Personen, welche thatsächlich eine derartige Beschädigung erfahren, gleichviel ob dem Betriebe als Arbeiter angehörig, oder nicht, völlig gleich behandelt.

Desto schärfer wird in Betreff der Bedeutung der Haftpflicht unterschieden. Nach §. 1 tragen die Eisenbahnen eine außerordentlich ausgedehnte Haftpflicht, nur begrenzt durch vis major oder eigenes Verschulden des Verletzten. Bergwerks-, Gruben-, Steinbruchs- und Fabrikunternehmer haften dagegen nach §. 2 nur für Verschulden ihrer Angestellten.

b) Dann folgt in den §§. 3. 4 das Nähere über die Art des Schadensersatzes, der vermöge der nach den §§. 1. 2 bestehenden Haftpflicht zu leisten ist; woran sich dann die Bestimmung des §. 7 in, welcher Gestalt der Schadensersatz zuzuerkennen ist, anschließt.

c) In §. 5 wird verfügt, in wiefern die nach dem Gesetz begründete Haftpflicht durch Vertrag, Reglement u. s. w. nicht beschränkt oder aufgehoben werden kann.

d) Der §. 8 handelt von der Verjährung der aus der Haftpflicht hervorgehenden Schadensersatzansprüche.

2. Prozessualische Bestimmungen, die im Hinblick auf die zur Zeit des Erlasses gegebenen Zustände des Civilprozesses, namentlich für Rechtsstreite, deren Gegenstand Schadensersatz ist, unentbehrlich erschienen. Sie sind in den §§. 6. 7, welcher letztere freilich theilweise auch dem materiellen Recht angehört, niedergelegt. Dahin ist aber weiter auch §. 10 zu rechnen, der eine Vorschrift über die sachliche Zuständigkeit oberster Instanz für die aus dem Haftpflichtgesetz entspringenden Rechtsstreitigkeiten getroffen hat.

3. Ganz für sich steht der §. 9. Er fixirt das Verhältniß der Bestimmungen des Reichsgesetzes zu den Bestimmungen des Landesrechts.

Aus der Inhaltsübersicht ergibt sich, daß das Gesetz ein Spezialgesetz ist. Dieses Karakters war sich die Regierung bei Vorlegung des Entwurfs vollkommen bewußt. In den Motiven wurde ausführlich entwickelt, warum auf eine umfassende prinzipielle Regelung der Haftpflicht im Zusammenhang mit dem ganzen System des Obligationenrechts verzichtet werden müsse. Der Entwurf sei vielmehr hervorgegangen lediglich aus praktischen Rücksichten, namentlich auf die besondere Gefährlichkeit gewisser von ihm ins Auge gefaßter Unternehmungen; wobei, freilich nicht blos, aber doch großentheils, in erster Linie an die Gefährdung der Arbeiter gedacht wurde. Dieser Gesichtspunkt ist denn auch in den Verhandlungen des Reichstags immer wieder hervorgekehrt worden. Und da es, trotz mancher Versuche, im Reichstag nicht gelang, über das Vielen Anstoß erregende Wesen eines eng begrenzten Spezialgesetzes hinwegzukommen, da vielmehr schließlich die Vorlage der Regierung über allen Widerspruch siegte, kann es keinem Zweifel unterliegen, daß diese Beschaffenheit des Gesetzes als Spezialgesetz, das in der vorzugsweisen Gefährlichkeit gewisser Betriebsarten seinen rechtfertigenden Grund hat, entschieden festzuhalten ist. Für die Auslegung wird dies vielfach wichtig.

Bei solchem Karakter des Gesetzes im Ganzen, zugleich auch bei der Tendenz und der Fassung seiner einzelnen Vorschriften war vorauszusehen, daß dasselbe große theoretische und praktische Schwierigkeiten hervorrufen werde. Die Erwartung ist, wie die kommentarischen und systematischen Darstellungen, die vielen Entscheidungen der Gerichte, namentlich des Reichsoberhandels- und des Reichsgerichts lehren, in deren Sammlungen das Haftpflichtgesetz eine stehende Rubrik bildet, nicht getäuscht worden. Kaum ein anderes Gesetz hat verhältnißmäßig so viel von sich reden gemacht.

Die Bedenken, die von Anfang an gegen eine solche legislative Spezialmaßregel geltend zu machen waren, sind hier nicht noch einmal zu entwickeln[2]). Man hat mit dem bestehenden Gesetz zu rechnen. Ebenso mag auch unerörtert gelassen werden, ob dasselbe in seiner singulären Beschaffenheit nicht immerhin als ein wichtiger und heilsamer Fortschritt insofern anerkannt zu werden verdient, als es wenigstens den Anfang zu einem wirksamen Rechtsschutz gegen Verletzungen von Leben und Gesundheit in dem großen Gewerbebetrieb bezeichnet[3]).

Wird das Gesetz in diesem Lichte betrachtet, so tritt stets die Rücksicht auf die in der einen oder der anderen Art von Unternehmung beschäftigten Arbeiter entschieden in den Vordergrund. Niemand hat bisher die Haft für die Körperintegrität einer jeden Person, wie solche von den Eisenbahnunternehmungen nach §. 1 getragen wird, auf weitere Unternehmungen auszudehnen empfohlen. Wohl aber ist bald nach Erlaß des Gesetzes und häufig das Bedürfniß der Ausdehnung des §. 2 und der intensiveren Gestaltung der in diesem begründeten Haftpflicht betont worden. Und dabei hat stets die Sorge für die Sicherung der Arbeiter die Hauptrolle gespielt.

In solchem Sinne ist das Haftpflichtgesetz geradezu als eine wesentlich auf den Arbeiterstand angelegte sozialpolitische Maßregel betrachtet worden. Daher haben regelmäßig die Anregungen[4]) und Anträge, welche auf Verbesserung der Lage der Arbeiter abzielten, an das Haftpflichtgesetz angeknüpft. Indessen machte sich bald die Erwägung geltend, ob nicht einer Erweiterung und Befestigung der Haftpflicht die Invalidenversorgung oder Unfallsversicherung der Arbeiter vorzuziehen sei[5]). Im Jahre 1881 legte die Reichsregierung dem Reichstag den Entwurf eines Gesetzes betreffend die Unfallver-

---

[2]) Meine Bedenken habe ich seiner Zeit in der Vierteljahrsschrift für Volkswirthsch. Jahrg. IX Bd. 4 S. 33 ausgesprochen. — Zur Würdigung vom Standpunkt der Gesetzgebungspolitik s. auch Lehmann, Körperverletzungen und Tödtungen auf deutschen Eisenbahnen, Berlin, 1871; v. Weber, Haftpflicht der Eisenb. in England, Weimar, 1868 u. A.

[3]) Westerkamp a. a. O. S. 623 IV a. E.

[4]) S. namentlich die oben §. 1 Not. 22 citirte Schrift des Vereins für Sozialpolitik.

[5]) S. über die Erfahrungen mit der Unfallsversicherung Jacobi S. 16. 40; E. L. Jäger, ein Beitrag zur Versicherung der Arbeiter u. s. w. 1872, sammt Nachtrag 1873.

sicherung der Arbeiter vor[6]), demzufolge der §. 2 des Haftpflichtgesetzes durch eine gesetzliche Versicherung der Arbeiter bei einer Reichsversicherungsanstalt ersetzt werden sollte. Der Plan scheiterte, weil sich Bundesrath und Reichstag über die Einrichtung der Versicherung nicht zu verständigen vermochten[7]).

Einige Bedeutung hat für die Haftpflicht auch das Reichsgesetz vom 15. Juni 1883 über die Krankenversicherung der Arbeiter. Darüber ist das Nöthige unten zu §. 4 zu bemerken.

Dann aber ist das Unfallversicherungsgesetz vom 6. Juli 1884 zustande gebracht worden. Dasselbe berührt die selbständigen Eisenbahnunternehmungen[8]) nicht; wohl aber neben einer ganzen Reihe fernerer Unternehmungen die in §. 2 des Haftpflichtgesetzes bezeichneten. In welcher Weise wird, ohne das ganze Unfallversicherungsgesetz erläutern zu wollen, bei Betrachtung des §. 2 erwähnt werden müssen. Obwohl nicht geradezu aufgehoben, hat dasselbe doch, soviel die Arbeiter anlangt, durch das neue Gesetz sehr an Bedeutung verloren.

Wie aus diesen Zusammenhängen am Besten erhellt, hat daher die Haftpflicht, wenn sich gleich das vorliegende Gesetz nur mit den privatrechtlichen Folgen derselben befaßt, einen Karakter, der sie keineswegs nur als Bestandtheil des Privatrechts erscheinen läßt. Als wesentlich auf das Wohl der Arbeiter berechnete und zur Regelung des Verhältnisses dieser zu dem Unternehmer bestimmte Maßregel steht sie zugleich dem Verwaltungsrecht nahe. Wenn man auch das Haftpflichtgesetz nicht geradezu als Verwaltungsrechtsgesetz bezeichnen kann, so hat dasselbe doch einen verwaltungsrechtlichen Hintergrund und erscheint daher anderen Schöpfungen der Sozialgesetzgebung, die entschieden dem Verwaltungsrecht angehören, was natürlich nicht ausschließt, daß sie zugleich auch privatrechtliche Wirkungen herstellen, nahe verwandt[9]).

---

[6]) S. über diesen Entwurf Westerkamp a. a. O. S. 623—626.

[7]) Zur Kritik des Plans s. außer den oben §. 1 Not. 22 angeführten Gutachten des Vereins für Sozialpolitik Grothe, Haftpflicht und Arbeiterversicherung, Berlin, 1880; Steiner, zur Haftpflichtfrage, Wien, 1881; Blum, die erste Frucht des deutschen Staatssozialismus, Leipzig, 1881; Arendt, die Reichsunfallversicherung; Schwanck, die deutsche Haftpflichtfrage, 1881; und v. Mühlenfels, die Haftpflicht der Eisenbahnen und die Unfallversicherung 1884.

[8]) Anders nach §. 1 Abs. 6 die nur accessorischen Betriebe der Eisenbahn, Werkstätten u. s. w., auf die §. 2 des Haftpflichtgesetzes anwendbar war.

[9]) Dieser Doppelkarakter wird scharf unterschieden von Sainctelette, de

§. 3.

3. Auslegung des Gesetzes. Literatur desselben.

I. Für die **Auslegung des** Gesetzes muß vor allen Dingen **sein Karakter** als Spezialgesetz und zugleich sein Karakter als Reichsgesetz wichtig werden. In der Absicht, aus besonderen, sozialpolitischen Gründen nur ein bestimmt abgegrenztes Gebiet der Haftbarkeit zu regeln, hat man sich nicht gescheut spezielle Rechtssätze, sowohl materiellrechtliche, als prozeßrechtliche, aufzustellen, unbekümmert darum, ob diese zu den allgemeineren Sätzen des sonstigen Rechts passen, oder nicht. Es galt nur für gewisse Fälle und für diese in gewissen Richtungen eine Fürsorge zu treffen, die nach Gerechtigkeit und Billigkeit erforderlich erschien. Von den Vorschriften des übrigen bürgerlichen Rechts aus die Auslegung zu unternehmen, ist daher von vorn herein bedenklich. Niemand wird freilich für ausgeschlossen erachten, daß auf verwandte Sätze hingewiesen wird, wie dies auch oft genug, namentlich durch Versuche der Anknüpfung an das Preußische Gesetz vom 3. November 1838 § 25, oder noch weiter zurückgreifend an Artikel 1384 des Code civil, oder an die Lehre des gemeinrechtlichen Rezeptums, geschehen ist. Allein dabei verdient immer festgehalten zu werden, daß auf solchem Wege höchstens Analogieen, nicht eine Grundlage der Auslegung zu gewinnen ist. Das Haftpflichtgesetz betrachtet sich nicht etwa nur als eine Weiterbildung des bereits bestandenen Rechts, sondern als Schöpferin eines neuen Rechts, das bis dahin in solcher Weise gar nicht existirte. Ist dem so, dann ist schon deshalb die Argumentation von den Grundsätzen des sonstigen Rechts aus, wenn nicht ganz ausgeschlossen, doch nur mit Vorsicht, ohne den Gedanken an direkte oder nothwendige Nutzanwendung zulässig.

Auf denselben Punkt führt aber insbesondere auch der Karakter des Haftpflichtgesetzes als Reichsgesetz. In dem beschränkten Rahmen, den das Gesetz gewählt hat, sollte es einheitliches Recht für das ganze Reich schaffen. Das Prozeßrecht war bei Erlaß des Gesetzes und das bürgerliche Recht ist noch zur Stunde ein partikular verschiedenes. Auf das Partikularrecht bei der Auslegung zu rekurriren, verbot sich daher von Haus aus nach dem Zweck des Reichs-

---

la responsabilité et de la garantie, Bruxell. 1884; erstere ist d'ordre public, letztere d'ordre privé.

gesetzes, insofern durch Hineintragen der Begriffe und Rechtssätze der unter sich verschiedenen Partikularrechte die erstrebte Rechtseinheit gestört werden würde.

Mit Recht hat das Reichsoberhandelsgericht und ebenso das Reichsgericht ausgesprochen, daß die Ausdrücke, deren sich das Haftpflichtgesetz bedient, wie z. B. Verschulden, nicht nach der Definition der Landesrechte, sondern einheitlich in dem Sinn zu verstehen seien, der ihnen in dem Reichsgesetz untergelegt worden ist[1]).

Das Gesetz will daher, soweit es Bestimmungen enthält, mit denen es dann als Reichsgesetz dem Landesrecht vorgeht[2]), aus sich selbst ausgelegt sein. Soweit es keine Bestimmungen enthält, bleibt natürlich bei seiner Anwendung nichts anderes übrig, als erforderlichen Falles auf das sonstige bürgerliche Recht zurückzugreifen. Je mehr man auf Interpretation des Gesetzes aus sich selbst angewiesen ist, desto leichter entsteht die Neigung, hierbei die sogenannten Materialien, d. h. die Motive des Entwurfs, die Drucksachen und Protokolle des Reichstags über die Verhandlungen der Kommission und des Plenums als Hülfsmittel zu benutzen. Diesen alle Bedeutung abzusprechen wäre ungerechtfertigt. Unstreitig sind sie für die Kenntniß der Entstehung und der Tendenz des Gesetzes erheblich. Wovor aber mit größter Entschiedenheit gewarnt zu werden verdient, ist die oft wahrnehmbare Neigung, aus vereinzelten Meinungsäußerungen auf die Absicht des „Gesetzgebers", jenes nur in der Phantasie existirenden Wesens, und damit auf den Sinn des Gesetzes zu schließen. Die Motive des Gesetzentwurfs können keineswegs ohne Weiteres auch nur als die Willensmeinung des einen Faktors der Gesetzgebung, der verbündeten Regierungen, nicht einmal als die ihrer Vertretung, des Bundesraths, mit irgend welcher Zuverlässigkeit angesehen werden. Denn es erhellt nicht, daß die Motive in dem Bundesrath, geschweige denn von den verbündeten Regierungen durchberathen und gebilligt worden sind. Allein gesetzt die Motive wären als Willenskundgebung der Reichsregierung anzuerkennen, so muß dann immer noch die Frage aufgeworfen werden, ob sich der andere Faktor der Gesetzgebung derselben Auffassung und Begründung angeschlossen hat. Dies zu unterstellen wird man im Ganzen sich angeregt fühlen, wo sich die Kommission und das Plenum des Reichstags der Regierungsvorlage ohne Bemängelung angeschlossen hat. Wo dagegen die Sätze des Entwurfs

[1]) S. darüber des Nähern unten zu den §§. 1 u. 2.

[2]) S. unten zu §. 10.

oder deren Begründungen angefochten, wo Veränderungen beantragt oder gebilligt worden sind, fällt diese Stütze von selbst hinweg.

Was ferner den Inhalt der Reichstagsverhandlungen betrifft, so erhellt, daß die Beschlüsse der Kommission, sofern ihnen der Reichstag ausdrücklich beigestimmt oder nicht widersprochen hat, wenn auch nicht mit absoluter Sicherheit, doch durchschnittlich als Zeugnisse der Absicht, die mit denselben erkennbar verbunden war, benutzt werden mögen; vorbehaltlich des etwa entstehenden Zweifels, ob nicht der Bundesrath, indem er dem Beschlusse des Reichstags beitrat, doch von anderen Gründen geleitet wurde. Was aber am meisten zu widerrathen bleibt und dennoch bei Vielen ein überaus beliebtes Mittel der Erklärung des Gesetzes ausmacht, sind die Vota einzelner Mitglieder in den Protokollen der Kommission oder in den Sitzungsberichten des Reichstags. Selbst aus der Thatsache, daß die Anträge, auf welche sich solche Meinungsäußerungen bezogen, gebilligt oder mißbilligt worden sind, läßt sich erfahrungsmäßig nicht einmal mit voller Zuverlässigkeit auf die wahre Absicht der anderen Mitglieder schließen. Dies gilt endlich auch von den Aeußerungen der Regierungsvertreter, die oft nur persönliche Ansichten entwickeln, nicht die mindeste Garantie dafür bieten, daß sie die Meinung des gesammten Bundesraths repräsentiren und deren Bekämpfung oder Vertheidigung von Seiten einzelner Reichstagsmitglieder keinen Rückschluß auf die Absicht des Reichstags erlaubt.

Sobald man sich nur einigermaßen klar macht, auf welche Weise in Wirklichkeit die Gesetze zustande kommen, verbietet es sich von selbst, aus einzelnen Stellen der Materialien für die Auslegung Folgerungen zu ziehen, als ob in solchen Stellen unmittelbar die für den Sinn der Sätze und Ausdrücke des Gesetzes maßgebende Willensmeinung der berechtigten Faktoren niedergelegt sei. Auch der Theil der Materialien, der in den Reichstagsverhandlungen besteht, kann nur mit großer Vorsicht benutzt werden.

Unter allen Umständen ist daher daran festzuhalten, daß das Gesetz, unter Zuhülfenahme dessen, was sich aus seiner Entstehungsgeschichte im Allgemeinen über Zweck und Richtung desselben ergibt, im Uebrigen unter Berücksichtigung der anerkannten Grundsätze des sonstigen Rechts, soweit nicht erweislich von ihnen hat abgewichen werden sollen aus seinem eigenen Inhalt, durch Analyse und Kombination seiner einzelnen Sätze die Auslegung, deren es freilich in hohem Maaße bedürftig ist, zu erfahren hat.

II. Das Reichshaftpflichtgesetz hat eine zahlreiche Literatur hervorgerufen. Hauptsächlich sind folgende Darstellungen zu erwähnen:

1. Darstellungen im Zusammenhang mit allgemeineren Lehren:

a) Römer, über das rechtliche Verhältniß der Haftung des Betriebsunternehmers u. s. w. in der Zeitschrift für das gesammte Handelsrecht Bd. 18 S. 1 ff.
b) Zimmermann, in dem Archiv für Wechsel- und Handelsrecht (von Siebenhaar). Neue Folge, Bd. 2 S. 18; Bd. 3 S. 225.
c) Wäntig, über die Haftung für fremde, unerlaubte Handlungen, Leipzig, 1875 §. 42 ff.
d) Dreyer, das deutsche Reichs-Civilrecht, §. 76 ff.
e) Mandry, der civilrechtl. Inhalt der Reichsgesetze, Tübingen, 1878, §. 37.
f) Stobbe, deutsches Privatrecht, Bd. 3 §. 200 ff.
g) Förster, Theorie und Praxis des Preuß. Privatrechts, 3. Aufl. Bd. 2 S. 461.
h) Dernburg, Preuß. Privatrecht Bd. 2 §. 264.
i) Als ausführliche systematische Darstellung ist besonders hervor zu heben Westerkamp, in Endemanns Handbuch des Handelsrechts Bd. 3 §. 376 ff.

2. Spezielle Darstellungen der Haftpflicht nach dem Gesetz vom 7. Juni 1871:

a) Frantz, die Haftpflicht der Eisenbahnen, Bergwerks- und Fabriksunternehmen, Beuthen, 1872.
b) Endemann, die Haftpflicht der Eisenbahnen, Bergwerke u. s. w. Berlin, 1871; 2. Aufl. 1876.
c) Kah, das Haftpflichtgesetz, Mannheim u. Straßburg, 1874.
d) Jacobi, die Verbindlichkeit zum Schadensersatz u. s. w., Berlin, 1873; 11. Aufl. 1878.
e) Martinius, Bemerkungen zum Reichs-Haftpflichtgesetz, in Gruchot's Beiträgen, neue Folge, Jahrg. 4 S. 650.
f) Kowalzig, das reichsgesetzliche Urheberrecht, Reichshaftpflichtgesetz u. s. w. Berlin 1877.
g) Eger, das Reichshaftpflichtgesetz, Breslau 1876; 2. Aufl. 1879.
h) Genzmer, das Reichshaftpflichtgesetz, Berlin u. Leipzig, 1882.

§. 4.
Die rechtliche Natur und die Grundlage der Haftpflicht.

Wenn nach der rechtlichen Natur der Haftpflichtverbindlichkeit gefragt wird, so ist soviel aus dem Gesetz selbst klar, daß diese Verbindlichkeit nicht aus einem Vertragsverhältniß hergeleitet werden kann. Denn sie existirt zu einem erheblichen Theil nicht blos solchen Personen gegenüber, zu denen der Haftpflichtige in ein solches Verhältniß getreten ist, wie bei den von ihm angenommenen Arbeitern oder Angestellten durch den Dienst- oder Arbeitsvertrag, oder bei den Passagieren der Eisenbahn durch den Transportvertrag, sondern sie existirt auch solchen gegenüber, mit denen er einen Vertrag durchaus nicht abgeschlossen hat. Und zwar so, daß zwischen Dritten und im Vertragsverhältniß stehenden Personen in Bezug auf Voraussetzungen und Wirkungen der Haftpflicht gar kein Unterschied gemacht wird.

Mit einem Hinweis auf die Analogie des römischrechtlichen receptum ist[1]), selbst wenn man nur der den eigenen Arbeitern der in den §§. 1 und 2 bezeichneten Unternehmer, sowie den Passagieren der Eisenbahn, gegenüber bestehenden Haftpflicht einen juristischen Namen geben wollte, nichts gethan. Dies bedarf kaum der Erwähnung.

Die Haftverbindlichkeit als eine aus Delikt oder Quasidelikt entspringende Obligation zu betrachten erscheint, wenigstens was die Verbindlichkeit der Eisenbahnen nach §. 1 anlangt, ebensowenig gerechtfertigt. Nirgends wird in dem §. 1 die Haftpflicht, wie es zum Begriff des Delikts erforderlich wäre, auf ein Verschulden des Betriebsunternehmers gegründet. Sie ist vorhanden, wenn die daselbst angeführten thatsächlichen Voraussetzungen vorliegen, ohne daß es des Nachweises und der Prüfung bedarf, ob den in Anspruch genommenen Haftbaren ein Verschulden trifft. Wenn den Eisenbahnunternehmer der Beweis, daß die Körperverletzung oder Tödtung durch höhere Gewalt oder durch eigenes Verschulden des Verletzten verursacht worden ist, von der Haftpflicht befreit, so läßt sich daraus noch nicht schließen, daß überall sonst, wo diese Befreiungsgründe nicht obwalten, ein Verschulden desselben vorhanden sei; und ebensowenig läßt sich die Haftpflicht der übrigen Unternehmer darum auf ein ihnen

[1]) S. darüber Römer in dem §. 3 unter II 1, a citirten Aufsatz.

zu imputirendes Verschulden zurückführen, weil Verschulden einer von ihnen angestellten Person erheischt wird.

Allerdings ist in den Motiven des Entwurfs auch zu §. 1[2]) von Präsumtion des Verschuldens die Rede gewesen, um damit die strenge Haftpflicht, die konstituirt werden sollte, zu rechtfertigen; und in den Haftpflichtgesetzen anderer Staaten wird geradezu von der Rechtsvermuthung des Verschuldens[3]) ausgegangen. Allein nicht blos zufällig, sondern mit vollem Vorbedacht hat man vermieden in das Gesetz irgend einen Ausdruck aufzunehmen, der darauf hindeuten könnte, daß die Haftpflicht von zu vermuthendem oder gar von nachzuweisendem Verschulden abhängig sein solle. Eine Befreiung von der Haftpflicht durch Widerlegung der Präsumtion des Verschuldens gibt es daher nicht; und ebendeshalb dürfen auch die erwähnten Befreiungen von der Verbindlichkeit des Schadensersatzes wegen höherer Gewalt und eigenen Verschuldens des Verletzten gar nicht so angesehen werden, als ob sie nur aus dem Grunde wirksam würden, weil alsdann die Präsumtion des Verschuldens zerstört erscheine. Sie haben die befreiende Wirkung, weil in solchem Falle nicht der Betrieb, für dessen Folgen gehaftet werden muß, sondern ein außerhalb desselben gelegener Umstand die Ursache der Körperverletzung oder Tödtung ist.

Etwas anderes kann auch nicht daraus gefolgert werden, daß die aus der Haftpflicht des §. 1 hervorgehende Leistung als Schadensersatz bezeichnet wird. Von Schadensersatz oder Entschädigung wird mehrfach auch da geredet, wo es sich nicht um die Ausgleichung einer durch Delikt verursachten Beschädigung handelt[4]). Auch die Leistung des Versicherers an den aus der Versicherung Berechtigten wird von den Meisten als Schadensersatz bezeichnet, obwohl sie gewiß nicht aus Delikt entspringt. Man braucht eben den Ausdruck vielfach gleichbedeutend mit Deckung nachtheiliger, namentlich das Vermögen benachtheiligender Wirkungen, ohne daß in Frage kommt, ob die Ursache dieser Wirkungen überhaupt eine von dem Ersatzpflichtigen zu verantwortende, geschweige denn eine den Begriff des strafrechtlichen oder auch nur des civilrechtlichen Delikts erfüllende Handlung ist.

---

[2]) Eger S. 3 a. E. — Daraus haben denn Manche, wie Kah S. 40, gefolgert, daß die Haftpflicht eine obligatio ex quasidelicto sei.

[3]) S. Westerkamp S. 640 Not. 4 über das österr. u. schweiz. Gesetz.

[4]) S. Eger S. 3, der sich dabei namentlich auf Förster beruft.

So wird denn allgemein von den Schriftstellern[5]) und ebenso in der Praxis, namentlich in der des Reichsgerichts[6]), anerkannt, daß die Haftpflichtverbindlichkeit der Eisenbahnen einfach als durch das Gesetz konstituirt, als obligatio ex lege, angesehen werden muß.

Anders verhält es sich anscheinend mit der Haftpflicht nach §. 2. Sie setzt Verschulden voraus; wenigstens Verschulden einer von dem Betriebsunternehmer für den Betrieb bestellten Person[7]). Insofern liegt es nahe den Gesichtspunkt einer Delikts- oder doch Quasideliktsobligation hervorzukehren[8]). Dies ist denn auch von der Theorie und Praxis mehrfach geschehen[9]); namentlich um für die Klage aus §. 2 den Gerichtsstand des Delikts[10]) zu eröffnen. Indessen läßt sich die Stichhaltigkeit dieser Auffassung bezweifeln. Denn die Verbindlichkeit trifft den Betriebsunternehmer, nicht denjenigen, der das Verschulden begangen hat; und den Betriebsunternehmer ohne alle Rücksicht auf Verschulden von seiner Seite. Ihm in jedem Falle darum, weil die von ihm bestellte Person es an der nöthigen Sorgfalt hat fehlen lassen, ein Verschulden in der Auswahl, culpa in eligendo, aufzuladen, ist doch eine rein willkürliche, häufig, ja meist unwahre Unterstellung. Braucht aber nur nach dem Verschulden des Angestellten, nicht nach dem des Anstellenden gefragt zu werden, so ergibt sich, daß auch für die Haft des letzteren füglich kein anderer Gesichtspunkt gefunden werden kann, als der einer obligatio ex lege. Das Gesetz hat, wie die Entstehungsgeschichte desselben lehrt, aus besonderen Gründen, unbekümmert um das sonst bestehende Civilrecht, nicht minder die Verbindlichkeit des Unternehmers nach §. 2 als die nach §. 1 geschaffen. Nicht daß das Verschulden des Angestellten eine Obligation erzeugt, will das Gesetz aussprechen, denn das versteht sich von selbst; wohl aber, daß jedenfalls eine Obligation des Betriebsunternehmers aus seiner Eigenschaft als Betriebsunternehmer zur Deckung des durch Verschulden seines Angestellten verursachten Schadens, die sonst nicht existiren würde, kraft seiner Bestimmung existiren soll. Es läßt sich auch, wenn

[5]) Gareis, Busch's Arch. f. H.R. Bd. 36 S. 209; Eger S. 4. 69—70. 106 a. E.; Westerkamp S. 641 Not. 6.

[6]) Entsch. des R.O.H.Gerichts Bd. 13 S. 68; Bd. 21 S. 279. 363. So wurde auch schon §. 25 des Preuß. Ges. v. 3. Nov. 1838 aufgefaßt, s. das. Bd. 12 S. 78.

[7]) S. darüber unten §. 2 Not. 58 ff.

[8]) Eger S. 68 a. E.; Westerkamp S. 663.

[9]) Entsch. des R.O.H.G. Bd. 16 S. 4.

[10]) Vgl. C.P.O. §. 32 und unten §. 6 Not. 10.

nicht um jeden Preis der Gerichtsstand des Delikts erzielt werden soll, füglich nicht absehen, warum dieser Gesichtspunkt einer gesetzlichen Obligation nicht vollkommen hinreichend wäre, das Wesen der Haftpflicht nach §. 2 zu erklären.

Hat man es mit einer Verbindlichkeit zu thun, die lediglich deshalb existirt, weil dies das Gesetz will, so wird man billig fragen, welches denn die leitende Idee oder das Ziel des Gesetzes ist. Blos mit dem Hinweis darauf, daß es das Gesetz so gewollt hat, kann das Bedürfniß nach Einsicht, warum das Gesetz so gewollt hat, nicht befriedigt sein. Da bietet sich nun alsbald der Gesichtspunkt der Assekuranz dar.

In den Debatten ist er oft geradezu hervorgehoben worden. In der That läßt sich, vor Allem im Verhältniß der Arbeiter zu dem Unternehmer, der Zweck des Gesetzes darein setzen, daß im Umfange, sei es des §. 1, sei es des §. 2, kraft des Gesetzes eine Assekuranz gegen Körperverletzung und Tödtung bei dem Unternehmer gewährt sein soll. Denn das ist die wahre Bedeutung einer Maßregel, welche dem Unternehmer die Zwangsverbindlichkeit auflegt, in diesem Umfang die körperliche Integrität zu decken. War schon von vornherrein die Idee einer solchen Zwangsversicherung nahe gerückt, so ist sie vollends unvermeidlich geworden durch den von dem Reichstage eingeschobenen §. 4, der das Recht auf Schadensersatz nach §. 1 und 2 auf gleiche Stufe stellt mit den sonst etwa dem Beschädigten zustehenden Versicherungsrechten.

Es bedarf kaum der Bemerkung, daß dies für die Auslegung des Gesetzes wichtig werden kann. Der Gesichtspunkt des „Schadensersatzes", wiewohl sich das Gesetz so ausdrückt, erweist sich, sofern man dabei die sonstigen Begriffe des Civilrechts anlegen wollte, zu eng oder so eigenartig, daß eben das aus diesem Gesetz entspringende Schadensersatzrecht als ein ganz besonderes, von den gewöhnlichen Regeln der civilrechtlichen Lehre getrenntes behandelt werden muß.

Eine neue Bestätigung dafür, wie sehr der Gedanke der Versicherung gegen die Gefahr der Tödtung oder Körperverletzung, zumal der Arbeiter, dem Gesetz zu Grunde liegt, liefert das weitere Voranschreiten der Sozialgesetzgebung zu dem Unfallversicherungsgesetz, wobei, wie oben bereits erwähnt, stets an das Haftpflichtgesetz angeknüpft worden ist. Selbstverständlich soll dem Gesetz nicht die Fiktion eines stillschweigenden Versicherungsvertrags untergeschoben werden. Das wäre selbst im Verhältniß der eigenen Arbeiter zu dem Betriebsunternehmer, vollends aber im Verhältniß Dritter zu dem Haftpflichtigen unmöglich. Aber die Geschichte der Entstehung des Gesetzes fordert, und keine theoretische oder praktische Erwägung hindert, anzuerkennen[11]), daß das Ziel, welches erreicht werden soll, Assekuranz der Person gegen die Gefahren gewisser Betriebsarten und ihrer Nachtheilsfolgen ist. Dazu paßt auch vollständig der Ausdruck „Schadensersatz" für die zu gewährende Leistung, insofern nach der herrschenden Auffassung die Assekuranz nur Schadensersatz bezweckt[12]).

Als Grund, eine gesetzliche oder Zwangsversicherung der Körperintegrität bei den Unternehmern gewisser Betriebszweige einzuführen, erscheint dem Gesetz die besondere Gefährlichkeit, durch welche sich die von ihm ausgewählten Betriebszweige vor allen anderen auszeichnen. Darauf weisen die Motive des Entwurfs hin, und immer entschiedener hat die Rechtsprechung des Reichsoberhandels- und des Reichsgerichts bei Auslegung des Gesetzes, vor allen Dingen bei der Beurtheilung, wie weit der Begriff des Betriebes, der unter die Haftpflicht gestellt sein soll, reicht, die besondere Gefährlichkeit als das maßgebende Kriterium anerkannt. Es leuchtet ein, daß auch dies, nicht sowohl um daraus eigenthümliche Rechtssätze zu konstruiren, als vielmehr um das wahre Wesen der Haftpflicht zu bezeichnen, zu der Auffassung einer kraft Gesetzes begründeten Versicherung wider Tödtung und Körperverletzung hinführt.

Entschieden und allgemeinhin wird von der Theorie und der Praxis, namentlich auch von dem Reichsgericht, die Gefährlichkeit des Betriebs zu §. 1 des Gesetzes nicht nur als ein erhebliches Moment, sondern sogar als das eigentliche Kriterium für den Umfang der Haftverbindlichkeit der Eisenbahnunternehmungen betrachtet. Darauf wird bei Erläuterung des §. 1 noch öfter zu verweisen sein. Allein auch zu §. 2 wird, obgleich bei der Haft der dort bezeichneten Betriebsunternehmer nicht in gleicher Weise die besondere Gefahr des Betriebs in den Vordergrund gestellt zu werden vermag, sich ergeben, daß immerhin die Gefährlichkeit für die Rechtfertigung der Vorschrift und für die Bemessung ihrer Anwendbarkeit ein nicht zu übersehendes Moment darstellt[13]).

---

[11]) Trotz der Bestreitung von Seiten Römers S. 16; v. Bars in Grünhut's Zeitschr. Bd. 4 S. 84, denen sich Westerkamp S. 641 anschließt.

[12]) Vgl. darüber Endemann, Handelsrecht §. 174 Not. 32.

[13]) S. auch Eger S. 206.

In der Thak wäre es von vorn herein nicht zu begreifen, warum man einige spezielle Betriebsarten aus der Menge der verschiedensten Unternehmungen ausgesucht und der Haftpflicht unterworfen hat, wenn nicht die mit denselben verbundene Gefährdung der Körperintegrität dafür den Grund abgibt oder doch abzugeben scheint.

Erläuterungen des Gesetzes.

I. Die Haftpflicht.

§. 1.

A. Der Eisenbahnunternehmung.

Wenn bei dem Betriebe einer Eisenbahn ein Mensch getödtet oder körperlich verletzt wird, so haftet der Betriebs-Unternehmer für den dadurch entstandenen Schaden, sofern er nicht beweist, dass der Unfall durch höhere Gewalt oder durch eigenes Verschulden des Getödteten oder Verletzten verursacht ist.

Die Haftpflicht der Eisenbahnunternehmungen ist nach dieser Bestimmung eine solche, wie sie bei keiner anderen Art von Unternehmungen vorkommt.

1. Um somehr bedarf es vor allen Dingen der Feststellung des Begriffs einer Eisenbahn.

Darunter ist eine Anstalt verstanden, die für den Transport von Personen oder Gütern, oder auch von beiden existirt, welcher durch Fortbewegung auf Eisenschienen stattfindet. Der Begriff stimmt mit dem Handelsgesetzbuch[1]) überein. Das Gesetz hat die Dampfschiffunternehmungen absichtlich nicht mit in sein Bereich gezogen, was freilich nicht ausschließt, daß es da Anwendung findet, wo es sich um einen Dampfschiffahrtsbetrieb handelt, der nur Zubehör eines Eisenbahnbetriebs ist[2]), wie namentlich Trajektanstalten, mit Dampf oder sonstwie bewegte, die nur dem Eisenbahnbetrieb dienen. Es betrifft ferner entschieden diejenigen Anstalten, mögen sie sonst beschaffen sein, wie sie wollen[3]) nicht, welche nicht auf eisernen Schienen, denen stählerne natürlich

---

[1]) Art. 422. S. dazu v. Hahn Komm. zu Art. 422 §. 1.

[2]) S. die Entsch. bei Eger S. 36.

[3]) Eger S. 44.

gleichgestellt werden müssen, laufen[4]). Mithin fällt der Betrieb mit Straßenlokomobilen und ähnlichen Beförderungsmitteln selbst dann nicht unter das Gesetz, wenn demselben eine völlig oder annähernd gleiche Gefährlichkeit beigemessen werden könnte.

Wo aber die Unterlage von Eisenschienen vorhanden ist, kommt auf die Art der Kraft, mit der die Bewegung auf den Schienen erzeugt wird, nichts an[5]). Nicht blos mit Dampfkraft befahrene, sondern auch Pferdeeisenbahnen gehören, wie die Motive des Gesetzes[6]) sagten und im Reichstag unwidersprochen blieb, hieher[7]); schließlich selbst von Menschen bewegte[8]). Ebenso solche, die auf geneigter Fläche die Fahrzeuge durch ihre eigene Schwere bewegen lassen, und vollends elektrische Bahnen.

Erscheint hiernach keineswegs die Grundidee, daß es die besondere Gefährlichkeit des Betriebs sei, welche das Gesetz diktirt habe, mit genügender Unterscheidung durchgeführt, so klingt es vollends auffallend, daß nach den Aeußerungen des Regierungskommissars[9]) angenommen wird, das Gesetz sei nur auf die über der Erde betriebenen, nicht aber auf unterirdische Eisenbahnen anwendbar[10]). Wenn man auch zugeben mag, daß bei Erlaß des Gesetzes an unterirdische Eisenbahnen nicht gedacht worden ist, so liegt doch nicht der mindeste Grund vor, solche von dem Gesetz auszuschließen. Das Kriterium der Gefährlichkeit läßt sich bei unterirdischen Eisenbahnen gewiß nicht verleugnen. Fallen doch auch Tunnelstrecken zweifellos unter das Gesetz. Mit demselben Fug würde man sonst auch zweifeln können, ob sogenannte Lufteisenbahnen hieher zu ziehen seien. Grund genug, um die Anwendbarkeit[11]) des Gesetzes auch auf unter der Erde laufende Bahnen, zu deren

---

[4]) Genzmer S. 29, V verlangt nur Schienen, gleichviel aus welchem Material; allein eine Anlage, die andere Schienen als eiserne benutzt, heißt doch nimmermehr eine Eisenbahn.

[5]) Eger S. 42.

[6]) Mot. S. 10.

[7]) So auch R.O.H.G. Bd. 21 S. 237. — Daß so auch schon §. 25 des Preuß. Ges. v. 3. Nov. 1838 aufgefaßt worden ist, s. Eger S. 31; anders dagegen St.G.B. §. 315, s. das. S. 41 z. E. u. Goltd. Archiv Bd. 23 S. 403.

[8]) Urth. des R.G. v. 15. Jan. 1881; s. Arch. für Eis. 1881 S. 118 in Anwendung auf eine Bahnmeisterlowry; weiter Entsch. des R.O.H.G. Bd. 7 S. 43.

[9]) Stenogr. Berichte S. 451.

[10]) Kah S. 31.

[11]) Wie Westerkamp S. 630 mit Recht bemerkt; s. auch Genzmer zu §. 1 N. 3, II.

Versagung der Wortlaut nicht die mindeste Veranlassung gibt, festzuhalten[12]).

Es macht ferner keinen Unterschied, ob die Eisenbahn nur für die Beförderung von Gütern oder Material, oder ob sie zugleich oder ausschließlich für die Beförderung von Personen bestimmt ist.

Weiter fragt sich, ob nur dem öffentlichen Verkehr dienende Eisenbahnen von §. 1 betroffen werden. Daß es für die zum allgemeinen Verkehr bestimmten keinen Unterschied macht, wem sie gehören, dem Staat, einer Aktiengesellschaft oder einem sonstigen Privateigenthümer, und ebenso, ob sie unter Staats- oder Privatverwaltung stehen, ob sie Voll- oder Sekundärbahnen sind, bedarf kaum der Erwähnung. Wohl aber ist darüber gestritten worden, ob sich das Gesetz auch auf solche Bahnen bezieht, die lediglich für die Zwecke einer einzelnen Person oder eines einzelnen Etablissements, Bergwerks, Fabrik u. s. w. bestimmt sind. Dies schlechthin zu verneinen[13]) hat man keine Ursache, wenn die Gefährlichkeit des Betriebs, welche das Motiv des Gesetzes, vorhanden ist. Wenn auch diese vielleicht nicht überall erkannt wird, wo eine Schienenanlage nur zur Erleichterung des Betriebes einer Fabrik u. dgl. dient[14]), so läßt sich doch gar nicht verkennen, daß es blos für Privatzwecke bestimmte Bahnen gibt, bei denen füglich die selbe Rücksicht auf Gefährlichkeit obwaltet, wie bei einer dem allgemeinen Verkehr bestimmten. Man denke beispielsweise an Anlagen zur Beförderung der Arbeiter, der Materialien und Produkte eines Etablissements, die mit Dampf betrieben und manchmal von erheblicher Länge sind, belebte Wege durchschneiden u. s. w. Gewiß mit Recht[15]), da in dieser Richtung der Ausdruck des Gesetzes zu keiner Distinktion Grund bietet, hat denn das Reichsgericht ausgesprochen, daß darum, weil die Eisenbahn nur einem einzelnen Unternehmen diene, die Anwendung des Gesetzes nicht ausgeschlossen sei. Ebensowenig darum, weil sie etwa nur zu vorübergehendem Gebrauch bestimmt sei[16]). Man muß bedenken, daß es sich auch bei allen Privatbahnen solcher Art nicht blos um die Gefährdung der eigenen Leute des Etablissementsinhabers handelt, die vielleicht, insofern man die Bahnanlage nur als Zubehör der Fabrik, des Steinbruchs u. s. w. betrachten

[12]) S. dag. Eger S. 45—46.

[13]) Mit Eger S. 47; Genzmer S. 26, I.

[14]) S. die Entsch. des R.G. vom 18. Jan. 1881 bei Genzmer S. 33 Lit. c.

[15]) S. auch Westerkamp S. 630 Not. 11.

[16]) Entsch. des R.G. Bd. 1 S. 247, Bd. 7 S. 42.

möchte, unter §. 2 und jetzt unter das Unfallversicherungsgesetz gebracht werden kann, sondern auch um die Gefährdung dritter Personen, für die derselbe Gesichtspunkt maßgebend sein muß, wie bei Bahnen des allgemeinen Verkehrs.

Noch weniger läßt sich der Ansicht beitreten, daß als Eisenbahnen im Sinne des Haftpflichtgesetzes nur diejenigen Eisenbahnen anzusehen seien, die dem Bahnpolizei- oder Betriebsreglement, oder müßte man mit Rücksicht auf die Sekundärbahnen hinzufügen, der Bahnordnung für die Bahnen untergeordneter Bedeutung unterworfen sind[17]. Wo diese Ansicht hervorgetreten ist, hängt sie regelmäßig mit der bereits als unhaltbar bezeichneten anderen Ansicht zusammen, daß für Privatzwecke angelegte Eisenbahnen von dem Gesetz ausgeschlossen seien. Allein, wenn auch das Eisenbahnbetriebsreglement nur für solche Bahnen bestimmt ist, die der gewerbemäßigen Beförderung von Gütern und Personen, also dem allgemeinen Verkehr dienen, so können doch manche Bestimmungen des Bahnpolizeireglements oder der Bahnordnung auch auf Privatgeleise Anwendung finden; zumal wo der Betrieb auf solchen, wie häufig geschieht, von der Verwaltung einer öffentlichen Verkehrsbahn übernommen ist. Vor allen Dingen deutet aber auch hier der Ausdruck des Gesetzes mit keiner Silbe auf eine solche Beschränkung des Begriffs der Eisenbahn hin[18].

In das Gesetz Unterscheidungen hineinzutragen, zu denen sein Ausdruck keine Veranlassung gibt, verbietet sich nach bekannter Auslegungsregel. Man kann es daher nur billigen, daß das Reichsoberhandelsgericht und das Reichsgericht immer sichtlicher[19] willkürlichen Einschränkungen des Begriffs der Eisenbahn entgegen getreten ist und den §. 1 überall da für anwendbar gehalten hat, wo der gefährliche Karakter des Betriebs vorhanden erscheint, der der Legislation bestimmendes Motiv war.

Darnach muß ferner die Frage, ob nur dem Verkehr bereits

---

[17]) Frantz S. 3; Kah S. 31 Not. 3; u. bes. Eger, der zu dem Begriff nach §. 1 verlangt, daß die Eisenbahn ein „öffentlich monopolisirter (— die Unangemessenheit dieses Ausdrucks rügt mit Recht Westerkamp S. 630) Verkehrsweg" sein müsse, und das an verschiedenen Stellen S. 44. 47 a. E. 54 wiederholt.

[18]) So auch jetzt Westerkamp S. 630 a. E.; Genzmer S. 26, I.

[19]) Nach manchem Schwanken. S. z. B. Entsch. des R.O.H.G. Bd. 12 S. 10, wo auf die Anwendung des Bahnpolizeireglements entscheidendes Gewicht gelegt wurde; s. dag. die von Eger S. 54 mitgetheilte Entsch., gegen die von ihm polemisirt wird.

förmlich eröffnete[20]) Bahnen in §. 1 gemeint seien, mit Nein beantwortet werden. Für die Verneinung spricht schon, daß das Gesetz nach dem Obigen füglich auch auf Privatanlagen zu erstrecken ist, bei denen eine Eröffnung für den allgemeinen Verkehr gar nicht stattfindet. Wollte man aber auch alles nur auf die polizeiliche Abnahme, die bei ihnen etwa vorkommt, stellen, so erhellt doch leicht, daß, wenn ein Betrieb der Bahn vor der förmlichen Eröffnung oder Abnahme erfolgt, die daraus entspringende Gefahr für die beförderten Personen und für Dritte vollkommen ebenso groß, ja noch größer sein kann, und folglich nicht mindere Berücksichtigung verdient, wie bei dem Betrieb fertiger und eröffneter Bahnen. Die Judikatur hat freilich in dieser Richtung geschwankt[21]). Das Reichsoberhandelsgericht hat, nachdem es vorher mehrfach dem §. 1 Anwendung auf Arbeitszüge einer noch im Bau begriffenen Bahn, namentlich weil dann von einem Betrieb der Bahn noch nicht zu reden sei, versagt hatte[22]), später ausgesprochen, nicht nur, daß Arbeitsbahnen mit unter §. 1 fallen, wenn ihnen gleiche Gefährlichkeit wie den öffentlichen Verkehrsbahnen beizumessen ist[23]), sondern auch daß §. 1 keineswegs polizeiliche Abnahme und förmliche Eröffnung voraussetzt, mithin auch auf erst im Bau begriffene Bahnen anwendbar ist. Und dieser letzteren Erwägung hat sich das Reichsgericht angeschlossen[24]), indem es zu der Anwendung des §. 1 weder definitive Fertigstellung, noch polizeiliche Abnahme und Betriebseröffnung erheischt[25]) und den §. 1 auf nur für den Bahnbau bestimmte Eisenbahnanlagen und deren Betrieb mit erstreckt[26]).

Endlich muß auch noch der räumliche Umfang berührt werden, in dem sich der Begriff der Eisenbahn behufs Anwendung des §. 1 zu halten hat[27]). Selbstredend besteht die Eisenbahn zunächst aus dem Bahnkörper mit allen darauf zum Zweck des Betriebs be-

---

[20]) Vgl. H.G.B. Art. 422.

[21]) So schon in Bezug auf Auslegung des §. 25 des Preuß. Ges. v. 3. Nov. 1838 s. Eger S. 48 ff. S. weiter das. S. 50—52 über Entsch. des Appell.Gerichts Celle.

[22]) Entsch. des R.O.H.G. Bd. 19 S. 118; Bd. 20 S. 13.

[23]) Entsch. des R.O.H.Gerichts Bd. 20 S. 151; Bd. 25 S. 203.

[24]) Entsch. des R.O.H.Gerichts Bd. 21 S. 243; s. auch Bd. 19 S. 118; gegen Bd. 12 S. 10; Bd. 14 S. 425.

[25]) Entsch. des R.G. Bd. 1 S. 247; Arch. für Eisenbahnwesen 1882 S. 256.

[26]) Entsch. des R.G. Bd. 2 Nr. 12; Bd. 7 Nr. 14. — S. auch Genzmer S. 32 Lit. b; Eis.V.O.Bl. 1880 S. 458; Arch. für Eis. 1880 S. 201.

[27]) Westerkamp S. 631.

findlichen Anlagen, Gebäuden, Signalvorrichtungen u. s. w. Es gehören dazu aber auch die Bahnhöfe, Geschäftslokale, Schuppen, Magazine, Werkstätten, die zur Beförderung von Eisenbahnfahrzeugen bestimmten, mit Schienen versehenen Trajekte[28]) u. s. w., kurz alles, was der Ausführung oder Sicherung des Eisenbahnbetriebs dient. Anders, wenn es Einrichtungen oder Anlagen sind, die zwar mit der Eisenbahn und deren Betrieb nach ihrem Zweck, vielleicht auch nach ihrer äußeren Beschaffenheit in Verbindung stehen, deren Benutzung aber immerhin einen selbständigen Betrieb darstellt[29]). Mit der Zugehörigkeit zu dem Eisenbahnunternehmen allein ist daher die Frage nach der Anwendbarkeit des §. 1 noch nicht erledigt. Um diese zu entscheiden, muß erst weiter noch untersucht werden, was es heißt „bei dem Betriebe". Dabei wird sich dann ergeben, daß keineswegs alles, was auf einer Zubehörung der Eisenbahn geschieht, ohne weiteres als bei deren Betrieb geschehen, angesehen werden darf[30]).

2. Die Voraussetzungen der Haftpflicht sind, daß bei dem Betriebe der Eisenbahn ein Mensch getödtet oder körperlich verletzt worden ist.

a) Was heißt es: bei dem Betriebe[31])? Was den Begriff des Betriebs anlangt, so steht, obgleich die Motive des Entwurfs erklärten, daß im Ganzen eine größere Ausdehnung nicht beabsichtigt sei, von vornherein, wie schon aus den Verhandlungen über den Entwurf[32]) und aus dem Wortlaut des Gesetzes erhellt, so viel fest, daß er einen weiteren Umfang hat, als der in dem Preußischen Gesetz vom 3. November 1838 §. 25 vorfindliche Ausdruck: „bei der Beförderung auf der Bahn". Betrieb umfaßt mehr als Beförderung. Mithin verhält sich §. 1 zu jenem §. 25 so, daß, was unter den letzteren fällt, jedenfalls auch unter §. 1 fällt, dagegen aber noch vieles unter §. 1 fallen kann, was nicht unter jenen §. 25 zu bringen sein würde[33]). Nach der Wahl des jetzigen Ausdrucks, da sowohl

[28]) Entsch. des R.O.H.G. Bd. 12 S. 235, des R.G. v. 16. Mai 1882 (Arch. für Eis. 1883 S. 184).

[29]) Wie z. B. ein Dampfschiffsbetrieb sich als selbständiger an eine Eisenbahn anschließen kann; Eger S. 36.

[30]) S. unten S. 30 a. E.

[31]) Ueber die Auslegung dieses Ausdrucks nach dem Schweiz. Ges. v. 1. Heumonat 1875 s. das interessante Rechtsgutachten von H. Fick, eingeholt von dem Fürsprech E. Mayer, Zürich 1878.

[32]) S. über diese auch Eger S. 5—9.

[33]) Hiernach hat auch die Auslegung des §. 25 des Preuß. Ges. immerhin für

der Ausdruck des Preußischen Gesetzes, als auch ein anderer „die Bewegung noch viel konkreter nehmender" nicht beliebt wurde, ist ausgemacht: nicht blos, was bei der Bewegung der Fahrzeuge, Lokomotiven und Wagen, sondern auch, was ohne solche Bewegung im Betriebe, wie die mehrfach als Beispiel benutzte Explosion einer Maschine während des Haltens der Lokomotive am Perron, oder was ohne beabsichtigte, der Beförderung halber vorgenommene Bewegung geschieht, wie z. B. durch von selbst oder wegen mangelhafter Verkuppelung ins Rollen gekommene Waggons, gehört unter §. 1.

Im Uebrigen aber fehlt es sowohl in dem Gesetze selbst, als auch in den Verhandlungen[34]) über dasselbe an jedem positiven Anhaltspunkt. Die letzteren liefern eine Reihe der verschiedensten Aeußerungen und Anträge, ohne daß diese zu einem bestimmten, greifbaren Abschluß gediehen wären. In den Motiven des Gesetzentwurfs[35]) wurde erwähnt, daß Unfälle bei Bauten, in den Maschinenwerkstätten und ähnlichen Anlagen von §. 1 ausgeschlossen seien, und als Ansicht der freien Kommission, welche sich der Vorbereitung der Plenar-Verhandlung unterzogen hatte, referirt, daß unter dem Betriebe der Eisenbahnen die Anlagen, welche nicht zu ihrer Hauptthätigkeit, Beförderung von Menschen und Gütern, dienen, obwohl sie regelmäßig bei Eisenbahnen vorhanden zu sein pflegten, nicht mitgemeint werden können[36]). Indessen legte ein anderer Abgeordneter dem „Betriebe" doch eine um-

---

die Auslegung des §. 1 Interesse. Das O.H.G. IX Nr. 63 hat Beschädigung, welche bei dem Ausladen eines Waggons durch umfallende Eisenbahnplatten verursacht wurde, nicht als unter §. 25 fallend betrachtet. Ebensowenig (s. XII Nr. 3) ist §. 25 auf die Bauzeit vor der Betriebseröffnung, auch nicht auf Bauarbeitszüge anwendbar befunden worden. Dagegen galt der Schaden, welcher durch Zerspringen eines Rohres an einer zum Zweck der Beförderung des Bahnzugs geheizten Lokomotive entstand, als „bei Beförderung auf der Bahn" entstanden. Ueberhaupt sei §. 25 nur von dem „unmittelbaren" Bahnbetrieb zu verstehen, der auf die Beförderung gerichtet sei, nicht von der zum Bahnbetrieb gehörigen anderweiten Thätigkeit, z. B. Herstellung und Ausbesserung der Transportmittel, der Bauten u. s. w., O.H.G. VIII Nr. 103. — Ueber konkurrirenden Betrieb auf derselben Bahnstrecke nach §§. 27—35. 48 des Preuß. Ges. s. O.H.G. IX Nr. 43. S. auch Entsch. des Preuß. Obertribunals bei Genzmer, S. 17; Eger S. 5.

[34]) S. über diese Best. auch Westerkamp S. 633—634.

[35]) Drucks. des Reichstags I. Sess. 1871 Nr. 16 S. 10.

[36]) Stenogr. Berichte S. 441.

fassendere Bedeutung bei[37]). Ein Antrag[38]) auf bestimmtere Definition, wonach der Anfang des §. 1 lauten sollte:

„Wenn bei der Beförderung auf einer Eisenbahn oder durch deren Lokomotiven oder Wagen auf dem Fahrgeleise u. s. w."

wurde nach der Auslassung des Regierungskommissars zurückgezogen. Letzterer betonte, daß es nicht heiße: „bei der Unternehmung", sondern „bei dem Betriebe" einer Eisenbahn, und daß darunter nur zu verstehen sei, was auf dem Bahnkörper mit seinen Schienen, auf dem das „eigentliche Eisenbahngewerbe" betrieben werde, geschehe[39]).

Ein entscheidendes Gewicht kann natürlich auf diese vereinzelten Meinungsäußerungen nicht gelegt werden. Zunächst muß bei Anwendung des Gesetzes die Würdigung des einzelnen Falles das meiste thun[40]).

Die Entscheidungen der obersten Reichsinstanz liefern ein reiches Material und durch dasselbe den besten Beweis, wie leicht die Grenze zwischen dem, was zu dem Betrieb gehörig und dem, was als dazu nicht gehörig anzusehen ist, unsicher wird. Während auf der einen Seite erforderlich erscheint, den Begriff des Betriebs nicht lediglich auf die Ausführung der Beförderung von Personen und Gütern auf den Schienen, die den gewerblichen Zweck des Eisenbahnunternehmens bildet, zu beschränken, sondern auch die Thätigkeit dem Betrieb zuzurechnen, welche mittelbar diesem Zweck dient, durch denselben mit hervorgerufen wird oder mit demselben in Zusammenhang steht, hat man sich auf der anderen Seite sagen müssen, daß doch für die Anwendung der Haftpflicht, wenn nicht eine ganz übermäßige und widersinnige Ausdehnung derselben entstehen soll, nicht alles und jedes als Bestandtheil des Betriebes gelten kann, was irgend wie mit dem Unternehmenszweck der Eisenbahn zusammenhängt.

So ist denn mehrfach ausgesprochen worden, daß der Betrieb einer Maschinenwerkstätte, da diese nur ein Hülfsgewerbe des Eisenbahnbetriebs darstellt, nicht unter den Begriff des Betriebs nach §. 1 des Gesetzes fällt, obgleich dabei ungewiß gelassen wird, ob nicht unter besonderen Umständen doch §. 1 anwendbar erscheinen kann[41]).

---

37) Das. S. 444. 445.

38) Des Abg. von Unruh; Drucks. Nr. 73.

39) Stenogr. Berichte S. 450 a. E.

40) Das erkennt auch das O.H.G. Bd. 13 Nr. 28 an.

41) Entsch. des R.O.H.G. Bd. 13 S. 81; insonderheit von der Reparatur einer Lokomotive in der Werkstätte handelnd.

Die Unentbehrlichkeit der Werkstätte für den Eisenbahnbetrieb soll nicht berechtigen das Gegentheil anzunehmen[42]). Vollends wird §. 1 nicht auf den Betrieb sonstiger Nebenanlagen, welche für die Eisenbahn bestimmt sind, Gasanstalten, Dampfkrahne, die auf einem Schienenstrang bewegt werden[43]), u. dgl., bezogen. Dies gilt umsomehr, als auf die Unfälle, die sich dort zutragen, soweit der Begriff einer, wenn auch durch den Eisenbahnbetrieb hervorgerufenen, Fabrik paßt, der §. 2 des Gesetzes anwendbar erscheint[44]).

Dabei kann aber natürlich in keiner Weise geleugnet werden, daß auch eine in dem Betriebe der Werkstätte oder Nebenanlage beschäftigte oder befindliche Person durch denjenigen Betrieb, der als Betrieb im Sinne des §. 1 anzusehen ist, Beschädigung erleiden mag. Nur da, wo diese Folge speziell des Werkstatts- oder sonstigen Nebenbetriebs ist, erscheint die Haftpflicht des §. 1 ausgeschlossen. Indessen hat man doch angenommen, daß die Zuführung von Kohlen auf einem für die Werkstätte gelegten Geleise als ein die Haftpflicht begründender Betrieb anzusehen sei[45]).

Was von dem Werkstättenbetrieb gilt, gilt auch von den Bauten. Ausführung von Neubauten, auch wenn sie von der Eisenbahnunternehmung selbst bewirkt wird, geschweige denn, wenn sie einem anderen Unternehmer übertragen ist, gehört an sich noch nicht zu dem Betrieb der Eisenbahn[46]), wenn sie gleich für deren Zwecke bestimmt ist; eigentlich auch dann noch nicht, wenn zum Behufe des Baues bereits Schienen gelegt sind und diese, vielleicht sogar mit Lokomotiven, befahren werden. Aber es ist bereits bemerkt worden, daß man doch nicht umhin gekonnt hat, auch schon den Betrieb der Bauzeit für haftpflichtig zu erklären[47]); was sich gewiß rechtfertigt, wenn die Gefährlichkeit maßgebend sein soll.

Ebenso wenig sind Erweiterungs- oder Reparaturbauarbeiten an dem Bahnkörper oder den Bahnanlagen streng genommen Bestand-

---

[42]) S. die Entsch. bei Eger S. 34.

[43]) Entsch. des R.O.H.G. Bd. 13 S. 372.

[44]) Entsch. des R.O.H.G. Bd. 13 Nr. 28. — S. auch Stenogr. Berichte des Reichstags S. 441. — Eis. V.O.Bl. 1878 S. 112; s. auch 1879 S. 176, wonach selbst Beihülfe zu Aufgleisung (s. unten bei Not. 49) unter §. 2 fallen kann.

[45]) Urth. des R.G. v. 26. Mai 1882 (s. Arch. für Eis. 1882 S. 423). Mit Recht, wenn die Gefährlichkeit das entscheidende Merkmal ist.

[46]) Entsch. des R.O.H.G. Bd. 13 S. 84.

[47]) S. oben Not. 22 ff.

theile des Betriebs[48]); also auch nicht Hinwegräumung von Hindernissen, Aufgleisung aus den Schienen gesprungener Lokomotiven oder Wagen[49]), Umlegen oder Auswechseln der Schienen, Umlegen der Weichen[50]), Befestigung der Schrauben an den Schienen[51]) u. dgl. mehr. Indessen sind auch in dieser Richtung die Aussprüche des höchsten Gerichts keineswegs überall apodiktisch gemeint. Es fehlt nicht an Aeußerungen, die erkennen lassen, daß man unter Umständen auch solche Thätigkeiten, die in der Regel nicht zu dem eigentlichen Betrieb zu rechnen sind, doch zu demselben zu rechnen geneigt ist, wenn es nach den Begriffen des materiellen Rechts geboten erscheint, die Deckung durch die Haftpflicht nicht zu versagen[52]).

Nicht erstreckt hat man §. 1 auf Unfälle bei Ausladung oder Beladung auf dem Geleise stillstehender Waggons[53]), weil dabei der Eisenbahnbetrieb im Sinne des §. 1 wenigstens dann nicht in Frage komme, wenn weder eine Einwirkung der zur Bewegung benutzten Naturkraft sich geltend mache, noch ein Zusammenstoß mit anderen auf dem Geleise sich bewegenden Wagen erfolge, noch überhaupt eine besondere Gefahr durch die dem Bahnverkehr eigenthümliche Betriebsart, z. B. gebotene Eile der Entladung, hervortrete[54]). Vollends leide §. 1 keine Anwendung bei Ausladen von Wagen, in denen das zum Bau nöthige Erdmaterial, wenn auch mit Lokomotiven, herbeigefahren werde[55]).

Demgemäß fällt auch die Beschädigung aus, die durch Ausladen des Eilguts, des Passagiergepäcks oder der Poststücke aus dem mit der Lokomotive an der Station haltenden Zug herbeigeführt wird; wogegen selbstredend die Verletzung, die bei diesen Manipulationen durch einen vorbeifahrenden Zug oder sonstwie durch den Betrieb im

[48]) S. die Beispiele bei Eger S. 24 a. E. 25.

[49]) Entsch. des R.O.H.G. Bd. 21 S. 284; des R.G. v. 29. Septbr. 1880 (Blum's Annal. Bd. 2 S. 491).

[50]) Entsch. des R.O.H.G. Bd. 16 S. 573.

[51]) S. die Entsch. bei Eger S. 25.

[52]) So ist z. B. in einem Urth. des R.G. v. 24. April 1883 das Auswechseln der Schienen behandelt worden. S. Arch. f. Eis. 1883 S. 540.

[53]) Abladung einer Winde von der Lokomotive s. Eger S. 24 g. E. — Ueber Beladung s. Entsch. des R.G. Bd. 6 Nr. 9; Einziehen der Lichter bei stillstehendem Zug Eis. V.O. Bl. 1879 S. 93.

[54]) So mit Berufung auf Jacobi S. 21, Zimmermann S. 23; vgl. Entsch. des R.O.H.G. Bd. 13 S. 85; des R.G. Bd. 3 Nr. 12.

[55]) Entsch. des R.O.H.G. Bd. 14 Nr. 134.

Sinne des §. 1 entsteht, den Haftpflichtanspruch vollkommen begründen kann.

In Uebereinstimmung damit gilt die Beschädigung, die durch das Aussteigen aus dem stillstehenden Zug verursacht wird, nicht als Haftpflichtfall[56]).

Verletzung eines Beamten durch Anstoßen an einen Pfahl auf einem im Dienst vorgenommenen Gang über den Bahnhof, ist nicht als Grund der Haftpflicht nach §. 1 anerkannt worden[57]); ebensowenig Unfall bei Bedienung der Signalstangen[58]), jedoch nach einer neueren Entscheidung mit dem Vorbehalt, wenn er nicht mit der besonderen Eile in Zusammenhang steht, die wegen Herannahen eines Zugs geboten ist[59]); auch nicht Beschädigung eines Passagiers im Bahnhof durch Herabfallen eines Gerüstes[60]).

Umgekehrt ist als zu dem Betrieb, für den der Unternehmer unbedingt zu haften hat, gehörig betrachtet worden, außer der Beförderung selbst, dasjenige, was unmittelbar behufs Ausführung des Transports geschieht. So das Aus- und Einfahren der Maschinen von und nach den Schuppen, sogar bei der Pferdeeisenbahn[61]); das Rangiren der Züge, selbst dann, wenn es nicht durch Dampfkraft geschieht[62]); das Ausrangiren eines Wagens aus dem Zug[63]); das Umdrehen der Lokomotive auf der Drehscheibe[64]); das Putzen der bereits geheizten Lokomotive[65]), mithin gewiß auch das Schmieren der Axen des Zugs; das Ordnen der Signalleine auf dem zur Abfahrt bestimmten Zug[66]); die Bedienung der Signale, wenn sie mit besonderer

---

[56]) Entsch. des R.O.H.G. v. 7. Sept. 1875 bei Eger S. 26.

[57]) Genzmer S. 22 unter k; dagegen wurde Haftpflicht angenommen bei Verletzung eines Zollbeamten, die aus reglementswidriger Unterlassung gehöriger Beleuchtung der Geleise entstanden war. Urth. des R.G. v. 2. Febr. 1881, s. Arch. f. Eisenb. 1881 S. 195.

[58]) S. die bei Genzmer S. 22 o angeführten Entscheidungen; Entsch. des R.G. Bd. 1 Nr. 26; Bd. 2 Nr. 23.

[59]) Entsch. des R.G. Bd. 2 S. 85.

[60]) Entsch. des R.G. Bd. 4 Nr. 54.

[61]) Entsch. des R.G. Bd. 2 S. 8.

[62]) Entsch. des R.O.H.Gerichts Bd. 19 S. 101.

[63]) Entsch. des R.G. Bd. 3 Nr. 11.

[64]) Entsch. des R.O.H.Gerichts Bd. 21 S. 354; Eger S. 26 a. E.

[65]) Eger S. 29.

[66]) Entsch. des R.O.H.G. v. 21. Jan. 1879 bei Eger S. XXXII.

Eile geschehen muß[67]); die Bedienung einer Trajektanstalt[68]); Verletzung dadurch, daß ein Eisenbahnarbeiter aus dem Zug Werkzeuge hinauswirft[69]). Ueberall muß aber auch hier erinnert werden, daß wohl zu unterscheiden ist zwischen den Beschädigungen, die durch eine dieser Thätigkeiten verursacht worden, wovon hier allein die Rede ist, und denen, die bei Gelegenheit derselben durch den sonstigen Betrieb widerfahren[70]). Diese Beispiele[71]) lehren zur Genüge, wie schwierig es ist, ein einfaches und durchschlagendes Prinzip aufzustellen, an dem sich ermessen läßt, wie weit der Begriff des Betriebs reicht. Zudem sind die Gründe der Entscheidungen oft mit solcher Vorsicht verklausulirt, daß noch keineswegs die gleiche Anwendung in jedem gleich klingenden Fall sicher erscheint. Nichts destoweniger haben sich die meisten Schriftsteller bemüht, der Fülle thatsächlicher Erscheinungen gegenüber eine abstrakt-kasuistische oder, richtiger ausgedrückt, schematistische Begrenzung zu finden.

Der eine[72]) hat den Betrieb als die Summe aller Handlungen und Ereignisse, die sich zur Ausführung und Beobachtung der staatlichen Bahnpolizei- und Betriebsreglements rechnen lassen, definiren wollen. Ein anderer[73]) verlangt einen erkennbaren Zusammenhang des Unfalls mit dem eigenthümlichen Betrieb der Eisenbahn. Wieder ein anderer[74]) nimmt Betrieb im Sinne des §. 1 als Inbegriff der Funktionen des Eisenbahngewerbes, die demselben seine eigenthümliche Gefährlichkeit verleihen und läßt die Haftpflicht also nur bei solchen Verletzungen begründet sein, die mit derartigen Funktionen im Zusammenhang stehen. Noch ein anderer[75]) will, um eine einigermaßen kenntliche Grenzlinie zu haben, unter §. 1 alle Unfälle ziehen, die mit dem Verkehr der Eisenbahn, d. h. mit der Vorbereitung, Durchführung und Beendigung

---

67) S. oben Not. 59.

68) Entsch. des R.O.H.Gerichts Bd. 12 S. 235; Entsch. des R.G. v. 16. Mai 1882, s. Arch. f. Eisenb. 1883 S. 184.

69) Entsch. des R.G. Bd. 1 S. 253.

70) Z. B. dem Putzer der Lokomotiven, dem Schmierer der Wagen durch einen anfahrenden Zug.

71) S. auch deren Summirung bei Westerkamp S. 634.

72) Frantz S. 3.

73) Kah S. 20.

74) Eger S. 11 ff., der dann unterscheidet 1) Gefahren, die auch anderen Transportgewerben eigen, 2) dem Eisenbahnbetrieb eigenthümliche Gefahren (S. 19 bis 32) und 3) Gefahren im Betrieb von Nebengewerben (S. 32 ff.).

75) Westerkamp S. 635.

der Beförderung in Verbindung stehen, wogegen alle außerhalb des Verkehrs gelegene Thätigkeiten und Ereignisse ausgeschlossen bleiben sollen.

An diesen Formulirungen Kritik zu üben, ist unnöthig. Daß sie geübt werden könnte, ergibt sich leicht. Offenbar sind die Definitionen theils zu eng, theils zu weit. Allein, was die Hauptsache ist, keine derselben gewährt die feste Grundlage, die bei der Aufstellung gesucht wird. Mag man die eine oder die andere annehmbar finden, so bleibt doch soviel Bedürfniß und soviel Spielraum für die konkrete Würdigung, daß man sich fragen muß, was denn eigentlich mit diesen schematistischen Bestrebungen gewonnen ist. Die Antwort kann nur dahin ausfallen, daß es immerhin[76]) förderlicher erscheint, einzelne Arten bestimmter Thätigkeiten zu bezeichnen, die als zum Betrieb gehörig oder nicht gehörig anzusehen sind, als einen abstrakten Begriff zu suchen, unter den die Menge der verschiedenen Vorkommnisse mit Sicherheit zu subsumiren sich unthunlich erweist. Aus den reichsgerichtlichen Entscheidungen läßt sich eine einfache abstrakte Formel gewiß nicht entnehmen. Es fehlt nicht an einigen, die sich nicht blos auf bestimmte einzelne Thatsachen beziehen, sondern allgemeinere Gesichtspunkte hervorkehren und darum theilweise den Autoren für ihre Formulirungen Dienste geleistet haben. Namentlich ist es der mehr erwähnte Gesichtspunkt der eigenthümlichen Gefährlichkeit, der allmählich immer schärfer betont worden ist, um darnach den Begriff des unter §. 1 fallenden Betriebs von dem darunter nicht fallenden abzuschneiden.

Das Reichsoberhandelsgericht nahm Haftpflicht an bei allen Verletzungen, die unmittelbar oder mittelbar durch Wirkungen der Handhabung und Ausführung des Eisenbahnbetriebes in allen Richtungen, sofern die eigenthümliche Gefährlichkeit des Eisenbahnbetriebs dabei obwalte, verursacht seien[77]); und wiederholte, daß der Unfall als im Betriebe geschehen gelten müsse, wenn er auch nur mittelbar auf die besondere Gefährlichkeit zurückgeführt werden könne[78]).

Diesen Gedanken hat auch das Reichsgericht bewahrt. Es hat ausgesprochen, daß der Unfall mindestens mittelbar mit der besonderen Gefährlichkeit d. h. mit solchen Funktionen des Betriebs, denen

[76]) Mit Genzmer S. 19.

[77]) Entsch. des R.O.H.Gerichts Bd. 23 S. 1.

[78]) Das. Bd. 24 S. 276.

solche Eigenschaft beizumessen ist[79]), in ursachlichem Zusammenhang stehen muß. Eben darum kann, wie ein anderes Urtheil besagt, eine Betriebshandlung, die sonst an und für sich den Karakter der Gefährlichkeit nicht an sich trägt, doch als zu dem haftpflichtigen Betrieb des §. 1 gehörig angesehen werden, wenn sie in außerordentlicher und darum gefährdender Weise vorgenommen werden mußte[80]); wobei offenbar zunächst an die Gefährdung desjenigen, der die Handlung in solcher Weise vorzunehmen hat, gedacht ist, aber doch wohl auch die Konsequenz des gefährlichen Karakters zu ziehen sein wird, wenn ein Anderer dabei verletzt wird.

Es muß außerdem noch hervorgehoben werden, daß es, wenn der Zusammenhang mit der besonderen Gefahr erkennbar ist, für den Begriff des Betriebs gleichgültig erscheint, ob gerade bei der betreffenden Handlung der Zweck der Beförderung von Gütern oder Personen obwaltet. Auch die Fahrt einer einzelnen Lokomotive behufs Abholens leerer Waggons gehört zu dem Betrieb[81]). Und ferner, daß die Anwendung des §. 1 darum nicht ausgeschlossen sein soll, weil gleiche Unfälle, wie z. B. Explosion eines Dampfkessels auch bei anderen Unternehmungen vorkommen können; wie denn auch §. 1 nicht voraussetzt, daß der Unfall sich bei einer positiven Betriebshandlung zugetragen habe, vielmehr genügt, daß er überhaupt im Betrieb, zusammenhängend mit der besonderen Gefährlichkeit, geschehen ist[82]).

Für die Ansicht[83]), welche die Gefährlichkeit als Kriterium desjenigen Betriebs, der von §. 1 betroffen wird, behauptet, spricht allerdings, daß man darauf bei Berathung des Gesetzes ein Hauptgewicht gelegt hat. Auch mag nicht weiter die Schwäche einer Abgrenzung des unter §. 1 zu stellenden Betriebs, die darin besteht, daß sie von der Wirkung konstruirt wird, auseinandergesetzt werden. Zugegeben, nur der mit besonderer, der Eisenbahn eigenthümlichen Gefahr verbundene Eisenbahnbetrieb gehöre hieher, so lassen sich an der Hand dieses Kriteriums wohl manche Arten von Handlungen und Vorkommnissen als zu dem gefährlichen oder dem ungefährlichen[84])

---

79) S. die von Genzmer S. 23 unter a, b, e angeführten Urtheile, sodann Entsch. des R.G. Bd. 1 S. 52.

80) S. Genzmer S. 23 unter l; vgl. auch oben Not. 67.

81) Genzmer S. 25 unter k; man kann das freilich auch recht gut „Beförderung" nennen.

82) Genzmer unter m.

83) Der obersten Instanz, die denn auch Eger, s. oben Not. 74, vertritt.

84) Zu diesem gewiß der bloße Güter- und Personenbillets-Expeditions-Dienst,

Betrieb gehörig mit einiger Sicherheit abstrakt klassifiziren; allein zwischen beiden Klassen bleibt ein großer Zwischenraum übrig, erfüllt von einer Menge von Thätigkeiten und Ereignissen, von denen nimmermehr im Wege schematischer Definition festgestellt werden kann, welcher Klasse sie zuzuweisen seien. Man steht alsdann vor dem Bedürfniß, den Begriff der Gefährlichkeit zu definiren. Weiter ist nichts erreicht. Und diese Definition ist ebenso schwer abstrakt zu geben, wie die des Betriebs[85]). Ob die gefährliche Beschaffenheit zu erkennen ist, erweist sich bei vielen, an und für sich betrachtet, zweifelhaft. Wie auch das Reichsgericht bemerkt hat, kann eine an sich ungefährliche Handlung durch besondere Umstände zu einer die Anwendung des §. 1 bedingenden gefährlichen werden. Man wird nothwendig auch umgekehrt einräumen müssen, daß eine unter gewöhnlichen Verhältnissen zu dem gefährlichen Betrieb zu rechnende Handlung unter Umständen als eine dieser Gefährlichkeit entkleidete erkannt werden kann. Alle die sogenannten Feststellungen durch die Präjudizien, sei es auch des Reichsgerichts, haben nur Werth unter sorgsamer Berücksichtigung der Thatsachen des einzelnen Falls. Man mag also die Sache betrachten, wie man will, immer muß man sich überzeugen, daß mit dem Merkmal der besonderen Gefährlichkeit von der Nothwendigkeit sorgfältiger Prüfung des einzelnen Falls so gut wie nichts erspart wird.

Es heißt nun in §. 1 „bei dem Betriebe". Daß es nicht heißt: „durch den Betrieb", daß vielmehr der Ausdruck trotz der erweiternden Fassung des §. 1 aus dem §. 25 des Preußischen Gesetzes beibehalten worden[86]), weist mit auf den umfassendsten Sinn hin.

Es ist gleichgültig, durch wen die Tödtung oder Verletzung herbeigeführt wird[87]), ob durch einen Bediensteten der Bahn, einen Passagier oder sonst wen; wie denn auch gleichgültig ist, ob der

---

ferner der Telegraphen- u. Signaldienst, wenn auch letzterer (s. Note 67) nicht unbedingt. Eger S. 19.

[85]) Wenn das R.G. (s. Entsch. Bd. 2 S. 9; Bd. 7 S. 43) sagt, daß es die Bewegung besonders schwerer Wagen auf Eisenschienen sei, welche die eigenthümliche Gefährlichkeit begründe, so ist damit nur ein Theil des gefährlichen Betriebs, nämlich soweit er im Transport besteht, beschrieben. Und was sind besonders schwere Wagen? — S. über dies alles auch Westerkamp S. 636 Nr. 4.

[86]) S. die Stenogr. Berichte S. 445 ff.

[87]) Ueber die Ablehnung des Antrags (Reichensperger, Drucks. Nr. 70, I), die Thätigkeit der Angestellten und Arbeiter in Ausübung ihrer Dienstverrichtungen hervorzuheben, s. Stenogr. Ber. S. 458.

Verletzte sich als Arbeiter, Passagier u. s. w. in den Betrieb gestellt hat, oder ein an sich dabei ganz unbetheiligter Dritter war.

Nicht minder gleichgültig erscheint, ob die Verletzung durch das unmittelbare Betriebsgeschäft der Eisenbahn, also insonderheit während der Transport-Beförderung, oder durch solche Nebenhandlungen, die mittelbar zu dem Betrieb gehören, wie Rangiren der Züge und dergl., verursacht worden ist; ebenso, ob sie auf dem Bahnkörper, oder in der sonst zur Bahnanlage gehörigen Räumen erfolgt, oder außerhalb, neben der Bahn u. s. w.

Wollte man streng nach dem Wortlaute gehen, so ließe sich dem „bei" sogar eine solche Auslegung geben, daß es nicht einmal auf einen Kausalnexus zwischen dem Betriebe und der Tödtung oder Verletzung ankäme. „Bei" könnte rein mechanisch verstanden werden. Alsdann würde die Eisenbahn haftbar erklärt werden, wenn ein Passagier im Wartesaal oder während der Fahrt, oder ein Arbeiter bei seiner Geschäftsverrichtung auf dem Bahnhofe von einem beliebigen Dritten angegriffen und verletzt oder getödtet wird. Indessen ungeachtet die Fassung hätte korrekter sein sollen, wird doch billig festzuhalten sein, daß das Gesetz der Eisenbahn unmöglich die Assekuranz gegen jeden Tod und jede Verletzung aufbürden will, die während oder gelegentlich des Betriebs, lediglich in dem äußeren Rahmen desselben eintreten. Vielmehr soll die Assekuranz auf die Vorgänge beschränkt sein, welche irgendwie zu dem Betriebe in einer inneren Beziehung stehen und von denen gesagt werden kann, sie seien dergestalt in dem Betriebe, oder in dessen Ausübung geschehen, daß der Natur der Sache nach der Betrieb dafür verantwortlich erscheint.

Insofern steckt in dem „bei" doch zugleich etwas von dem Begriffe des ursachlichen Zusammenhanges und muß im Wesentlichen so gelesen werden, als stände „durch". Es würden sonst Widersprüche und Konsequenzen, die Niemand gewollt hat, zum Vorschein kommen. Darauf weist auch hin, daß §. 1 von dem „dadurch" entstandenen Schaden redet[88]).

Demgemäß hat denn auch das Reichsoberhandelsgericht den Ausdruck „bei dem Betriebe" dahin aufgefaßt, daß er den Zusammenhang zwischen dem Betrieb und dem Schaden bezeichnen und nicht etwa identisch sein soll mit „während oder gelegentlich des Betriebes". Zugleich freilich wird festgehalten, daß keineswegs der Zusammenhang

---

[88]) S. unten Not. 132.

ein zeitlich oder sonstwie unmittelbarer zu sein braucht, daß er vielmehr auch ein mittelbarer sein und trotz Inmitteliegens kürzerer oder längerer Zeit zwischen Ursache und Wirkung als vorhanden erkannt werden kann[89]). Ueberhaupt ist bei Rücksichtnahme auf das Erforderniß des Kausalnexus Maaßhalten geboten. Das Reichsgericht hat namentlich ausgeführt, daß keineswegs die absolute Gewißheit des Kausalzusammenhangs erfordert wird, sondern daß es genügt, wenn die Möglichkeit desselben zwischen dem Unfall und dem gefahrvollen Betrieb vorhanden ist[90]).

b) Bei dem Betrieb muß ein Mensch getödtet oder verletzt worden sein.

Mit diesem Worte behandelt das Gesetz[91]) vollkommen gleich:

1. den Arbeiter, Angestellten, Beamten, oder wer immer zu der Eisenbahn in einem Dienstverhältniß steht; 2. den Passagier, den in irgend einer Weise, sei es im eigentlichen Personentransport, sei es im Güterverkehr, sofern dort die persönliche Begleitung von Gütern, Equipagen, Thieren und dergl. stattfindet, zu befördern, von der Eisenbahn übernommen worden ist; 3. den unbetheiligten Dritten, der zu der Eisenbahn in gar keinem Verhältniß steht, wie selbst den Spaziergänger auf dem Perron, oder neben der Bahn.

Absichtlich ist dies zusammengefaßt worden. Es kommt nur darauf an, daß irgend ein Mensch, gleichviel wer, „bei dem Betriebe" getödtet oder verletzt worden ist.

Folgeweise wird denn auch im einzelnen Falle die Frage nach dem rechtlichen Beginn der Haftbarkeit überflüssig. Da die Eisenbahn bei ihrem Betriebe sogar für eines jeden Dritten Leben und Körperintegrität haftet, bedarf es in dieser Beziehung[92]) niemals erst der Ermittelung, ob ein Dienstvertrags-, ob ein Transportvertragsverhältniß zur Zeit der Beschädigung bereits begonnen hatte. Es ist daher einerlei, ob der Passagier in oder außer dem Wartesaale, vor oder nach dem Einsteigen beschädigt wird, ja einerlei, ob

---

[89]) So hat man, im Einklang mit dem Preuß. Ges. v. 3. Nov. 1838 § 25 in einem Fall, wo ein Schaffner auf dem Zug durch eine vom Dache der Station losgerissene Platte verletzt wurde, Haftpflicht angenommen. Entsch. des R.O.H.G. Bd. 12 Nr. 56; s. auch Bd. 14 S. 425.

[90]) Urth. v. 30. Juni 1880; s. Genzmer S. 16.

[91]) Wie auch schon das Ges. v. 3. Nov. 1838 § 25.

[92]) Daß in anderer Beziehung, z. B. wegen der Frage, ob §. 4 anwendbar, nöthig wird, dies zu konstatiren, ist natürlich nicht ausgeschlossen.

vor oder nach dem Billetnehmen; sofern es nur „bei dem Betriebe" geschehen ist. Denn dasselbe würde gelten, auch wenn dieselbe Person gar keine Absicht hatte mitzufahren. Es ist ebenso gleichgültig, ob und in welcher Weise der Beschädigte bei der Eisenbahn angestellt war. Denn die Eisenbahn würde gerade so haften, wenn derselbe überhaupt nicht angestellt gewesen wäre.

So allgemein sagt das Gesetz „ein Mensch", daß man für den Hauptsatz nicht einmal die Unterscheidung zu machen berechtigt ist: ob der Dritte, der getödtet oder verletzt wird, etwa unberechtigter Weise, gegen die Anordnung der Eisenbahn oder gegen die Anweisung ihrer Offizianten dem Betriebe sich genähert und so herbeigeführt hat, daß ihn der Unfall treffen konnte. Möglicherweise wird solches erheblich für den Begriff „eigener Schuld des Verletzten", welche die Eisenbahn in concreto von der Haftbarkeit befreit (s. unten Nr. 7, d). Bis erkennbar wird[93]), daß gerade die eigene Schuld, welche in jenem Verhalten gelegen, die Tödtung oder Verletzung herbeigeführt hat, haftet aber die Eisenbahn auch für die Beschädigung einer Person, die z. B. verbotswidrig die Barriere übersteigt, den Perron betritt, über die Bahn fährt und dergl. Die Haft ist auch da an sich begründet. Sie ist nur durch jenen besonderen Gegenbeweis abzuschütteln, sobald der Thatbestand vorliegt, daß ein menschliches Wesen bei dem Betriebe getödtet oder verletzt worden ist.

aa) Unter „getödtet" sind nicht blos diejenigen Fälle gemeint, bei denen der Tod auf dem Platze augenblicklich erfolgt. Aus §. 3 Nr. 1, indem er von Heilungsversuchen spricht, erhellt, daß es im Sinne dieses Gesetzes als Tödtung angesehen wird, auch wenn der Tod nicht unmittelbar eintritt; vorausgesetzt immer, daß er als Folge eines bei dem Betriebe erlittenen Unfalls sich darstellt[94]). Sonst könnte nicht von Heilungskosten im Falle der Tödtung die Rede sein. Ob der Tod später oder früher erfolgt, macht für die Begründung des Rechtsanspruchs nichts aus, kommt aber möglicherweise wegen der Verjährung in Betracht[95]). Auch ist festzuhalten, daß, wenn er nicht sofort erfolgt, keineswegs nur derjenige Tod als Tödtung im Sinne des Gesetzes erscheinen darf, der als Abschluß einer einzigen und zwar unmittelbar mit der Körperbeschädigung beginnenden Krank-

---

[93]) Bei dieser Fassung meiner Ansicht wird sich wohl Eger (S. 60) beruhigen können.

[94]) So auch Urth. des R.G. v. 27. Jan. 1883 bei Genzmer S. 34.

[95]) S. unten §. 8.

heit eintritt. Das Gesetz hat sich allerdings zunächst dieses Verhältniß vor Augen gestellt[96]). Allein unzweifelhaft ist und bleibt es nicht minder Tödtung, wenn der Tod erst nach mehreren vorausgegangenen Stadien der Krankheit, oder nach Pausen, vielleicht nur scheinbar, wiedergewonnener Gesundheit oder Heilung, dennoch nachweislich als durch die erlittene Verletzung verursacht angesehen werden muß[97]).

bb) Der Begriff „körperlich verletzt" ist, wie allgemein anerkannt wird[98]) im Sinne des Strafgesetzbuchs zu nehmen[99]). Er beschränkt sich also nicht auf äußere Verletzungen des Körpers, Verwundung oder Verstümmelung, sondern umfaßt auch innerliche Störungen der Gesundheit. Selbst Einwirkungen, die zunächst psychische sind, können nach §. 1 Grund zu Haftverbindlichkeit abgeben, sofern daraus eine Störung der Gesundheit erwachsen ist[100]). Nur muß immer festgehalten werden, daß blos die Körperverletzung in Betracht kommt, die einen nachweislichen Schaden verursacht [101]), sowie daß nach der oben dargestellten Auffassung diejenige nicht in Betracht kommt, die nicht ihre Entstehung dem mit der eigenthümlichen Gefährlichkeit verbundenen Betriebe der Eisenbahn verdankt[102]).

c) Die, vielleicht gerechtfertigte, Sorge vor maßloser Ausbeutung des weitschichtigen Begriffs der Körperverletzung, durch den sich zugleich auch der Begriff der Tödtung erweitert, da jeder Tod, der in Folge einer Körperverletzung eintritt, als Grund zu einem Anspruch aus Haftpflicht benutzt werden kann, wird einigermaßen gemildert durch die Erwägung, daß die thatsächlichen Unterlagen des Vordersatzes: „wenn — wird" nach allgemeinen Rechtsgrundsätzen nöthigenfalls von demjenigen bewiesen werden müssen, der den Anspruch erhebt. In Betreff des Ereignisses selbst und seiner Qualifikation als „bei dem Betriebe" erfolgt, hat der Beweis in der Regel keine sonderliche Schwierigkeiten. Wohl aber bildet der Nachweis mitunter

96) S. unten §. 3 vor Not. 10.

97) S. auch Eger S. 63 a. E. Genzmer S. 33 Nr. 5.

98) Eger S. 61.

99) Vgl. R.St.G.B. §§. 223. 224. 226. — Im Ges. v. 3. Nov. 1838 § 25 kommt der Begriff nicht vor.

100) Entsch. d. R.O.H.G. Bd. 21 S. 412.

101) Wie aus §. 3 des Gesetzes erhellt.

102) Entsch. des R.O.H.G. Bd. 14 S. 426. Ob darum Erkältung durch mangelhafte Heizung u. dergl. ganz ausfallen muß, wie Eger S. 62 meint, steht noch dahin.

schon der Thatsache der Körperverletzung oder Tödtung an sich, und namentlich der, wo nicht die unmittelbare Einwirkung sofort ersichtlich ist, jedenfalls zu liefernde Beweis, daß die behauptete Körperverletzung oder der erst später eingetretene Tod wirklich Folge des im Betriebe der Eisenbahn erlittenen Unfalls ist, in vielen der vorberührten Fälle, zumal bei nur innerer Gesundheitsstörung, eine erhebliche Schranke. Gerade von diesem nothwendig sich von selbst ergebenden Standpunkte aus — denn bei blos inneren Verletzungen, erst später auftretenden Störungen der Gesundheit und des Lebens ist Darlegung des Kausalzusammenhangs mit dem Unfall unerläßlich — bestätigt sich die oben gemachte Bemerkung[103]).

Daß diese Beweisführung, wenn sie nöthig wird, ihre Schwierigkeiten haben kann, liegt in der Natur der Sache. Unter Umständen wird es vielleicht, wie sich aus dem Obigen ergibt, schon schwierig darzuthun, daß der Unfall bei dem gefährlichen Betrieb der Eisenbahn erfolgt ist; noch mehr, möglicherweise, daß die Verletzung mit dem Betrieb in ursachlichem Zusammenhang steht, sowie endlich im Falle später erst eingetretenen Todes, auch, daß der Tod Folge der früher erlittenen Verletzung ist[104]). Indessen bedarf es jetzt keiner näheren Auseinandersetzung mehr, worin die Schwierigkeiten bestehen und wie sie zu überwinden sind. In allen den angedeuteten Richtungen erscheint die Beweisführung und Beweisprüfung, jetzt vollkommen frei. Die Partei hat volle Freiheit, dem Gericht jedes taugliche Material zu unterbreiten[105]), und das Gericht hat, ungehindert durch gesetzliche Beweisregeln, lediglich nach seiner aus der ganzen Verhandlung geschöpften Ueberzeugung die Feststellung der Wahrheit oder Unwahrheit zu gewinnen[106]). Darin muß füglich eine ebenso verständige, als bedeutende Erleichterung im Vergleich zu dem früheren Prozeßrecht erblickt werden.

3. Subjekt der Haftpflicht und daher Schuldner des daraus entspringenden Anspruchs ist der Betriebsunternehmer.

Dieser Ausdruck ist an Stelle des nach den heutigen Verhältnissen jedenfalls nicht mehr passenden[107]) „Gesellschaft" in §. 25 des

[103]) S. oben bei Not. 89. 90.

[104]) Eger S. 64—69.

[105]) Gegen die Ansicht von Frantz über die Beweislast erklärt sich Eger S. 69 mit Recht. Die Frage der Beweislast hat aber überhaupt nicht mehr die Bedeutung, wie im schriftlichen Prozeß; s. unten.

[106]) C.P.O. §. 259.

[107]) S. auch Eger S. 87.

Preußischen Gesetzes vom 3. November 1838 getreten. Ob der Unternehmer eine einzelne physische oder juristische Person, der Fiskus, eine Gemeinde, öffentlich rechtliche oder privatrechtliche Korporation, oder eine Gesellschaft ist, macht keinen Unterschied.

Soviel versteht sich von selbst, daß, soweit ein Betriebszweig oder Etablissement, z. B. Werkstätte, Gasanstalt u. dgl., schon aus objektiven Gründen[108]) gar nicht zu dem durch die Haftpflicht zu deckenden Eisenbahnbetrieb gehört, auch der Unternehmer desselben hier nicht weiter in Betracht kommt[109]).

Betriebsunternehmer ist diejenige Person, die es zu ihrem Geschäft macht, die Eisenbahnanlage ihrem Zwecke gemäß auszunutzen, oder, wie man sich auch ausdrücken kann, die den Betrieb der Eisenbahn in eigenem Namen und für eigene Rechnung ausübt. Nicht[110]) derjenige, der den Betrieb, sei es auch in eigenem Namen, aber auf Gefahr und Kosten eines Anderen ausführt; z. B. also nicht die Gesellschaft oder der Staat, wenn sie, wie mehrfach geschehen, den Betrieb einer Bahn für fremde Rechnung übernommen haben. Wohl aber derjenige, der, wenn gleich nicht Eigenthümer der Bahn, auf derselben zu eigenem Risiko den Betrieb erworben hat[111]). Der Eigenthümer kann zugleich Betriebsunternehmer sein, muß es aber nicht und ist, wenn er den Betrieb einem Andern übergeben hat, nicht der Haftpflichtige. Mit andern Worten: für den Begriff des Betriebsunternehmers ist nicht erforderlich, daß er Eigenthümer sei. Denn Betriebsunternehmer kann auch der sein, der eine fremde Bahn oder Bahnstrecke zu dem Transportgewerbe benutzt, das er selbständig auf eigene Rechnung ausübt.

Folgerichtig erscheint daher der Bauunternehmer, der den Bau der Eisenbahn lediglich für Rechnung des Eigenthümers ausführt, nicht als haftpflichtig[112]). Indessen wird doch zu erwägen sein, ob er nicht, falls er aus der Bauunternehmung sein eigenes Geschäft macht, insoweit wegen der Haftpflicht in Anspruch genommen werden

---

108) S. oben noch Not. 44.

109) Eger S. 101, IV, der an dieser Stelle noch einmal die fraglichen Betriebe resumirt.

110) Wie gegen Frantz S. 4 u. Kah S. 34 Eger S. 85 mit Recht ausführt.

111) Entsch. des R.O.H.G. Bd. 21 S. 175; Bd. 23 Nr. 1 unter b; des R.G. Bd. 1 S. 279; s. dazu Westerkamp S. 642.

112) Entsch. des R.O.H.G. Bd. 14 S. 425.

kann, als er seinerseits zum Zweck des Baues einen Betrieb auf Schienen eingerichtet hat. Seine Haftpflicht wird alsdann nicht abzuweisen sein, wenn die Meinung richtig ist, daß doch auch schon während der Bauzeit eine Haftpflicht begründet sein kann[113]), und nicht von vorn herein alles, was während derselben, obgleich schon Betrieb auf Eisenschienen und oft mit Lokomotiven vorhanden ist, geschieht, von dem Begriff des Eisenbahnbetriebs ausscheidet.

Besondere Beachtung fordert die Frage, welcher Unternehmer bei durchgehendem, d. h. über mehrere selbständige Bahnen hin sich bewegendem Verkehr als der Haftpflichtige zu betrachten ist. Als Regel muß gelten: derjenige ist haftbar, der Betriebsunternehmer der Strecke ist, auf welcher sich der Unfall ereignet. Denn man muß annehmen, daß das Gesetz den Begriff, so zu sagen, territorial auffaßt. Wer Betriebsunternehmer auf der betreffenden Bahnstrecke ist, der ist haftbar. Das folgt daraus, daß überhaupt gleichgültig erscheint, durch wen der Unfall herbeigeführt wird. Mithin muß angenommen werden, daß die Haftpflicht des Betriebsunternehmers einer bestimmten Eisenbahn unbedingt nur von dem einen Endpunkt bis zu dem andern reicht, andererseits aber auch sicher nicht ausgeschlossen ist, wenn Bedienstete einer angrenzenden Eisenbahn im durchgehenden Verkehr auf die seine mitübergehen. Der Unternehmer, der seine Leute auf eine andere Bahn mitschickt, wird dadurch noch nicht zu deren Betriebsunternehmer; mithin ist er auch nicht im Sinne des §. 1 haftbar. Das ist nur der eine Unternehmer, von dem sich sagen läßt, daß er diese Bahn in seinem Betriebe habe.

Dies hat bei dem Reichsoberhandelsgericht Anerkennung gefunden[114]). Nicht der Betriebsunternehmer, der den Zug abgehen läßt, erscheint ihm haftbar, auch nicht jeder der an dem durchgehenden Zug betheiligten Unternehmer für die ganze zu durchfahrende Distanz, sondern jeder auf seiner Strecke. Allein, durch Uebereinkunft, wonach der durchgehende Verkehr auf gemeinsame Rechnung erfolgen, mithin jede der betheiligten Unternehmungen für die Gesammtstrecke, und zwar alsdann wohl solidarisch[115]), haftbar sein, oder einer der betheiligten Unternehmer namentlich der den durchgehenden Zug ablassende allein die Haftpflicht für die ganze Strecke tragen soll, kann sich das Ver-

---

[113]) S. oben Not. 22 ff.

[114]) Entsch. des R.O.H.G. Bd. 22 S. 8.

[115]) Entsch. des R.O.H.G. Bd. 22 S. 8; Westerkamp S. 648 Not. 12.

hältniß unter den Betheiligten ändern[116]). Eine solche Uebereinkunft hat jedoch zunächst nur Wirkung für die Betheiligten bezüglich der Tragung der Haftpflicht. Eine ganz andere Frage ist, inwiefern derjenige, dem der Haftpflichtanspruch nach dem Gesetz zusteht, an eine solche Uebereinkunft gebunden ist. Das würde sich nur annehmen lassen, wenn darüber Erklärungen oder Veröffentlichungen erfolgt sind, von denen nach allgemeinen Grundsätzen angenommen zu werden vermöchte, daß sie geltende Norm geworden seien. Dies wird jedoch nicht leicht ersichtlich sein. Im Zweifel kann gewiß dem Haftpflichtberechtigten nicht abgeschnitten sein, sich an den Betriebsunternehmer der Unfallsstrecke zu halten.

Weiter fragt sich, wer haftpflichtig erscheint, wo ein konkurrirender Betrieb mehrere selbständige Unternehmer, wie auf Bahnhöfen, oder gewissen Strecken, in Folge Pacht-, Anschlußvertrags u. dgl. nicht selten der Fall ist, stattfindet[117]). Das territoriale Prinzip, wonach der Betriebsunternehmer der Unfallsstrecke haftet, weicht hier, wo auf demselben Terrain der Betriebsunternehmer mehrere sind, nicht aus. Wem die Strecke gehört, kann nicht entscheidend sein, da das Gesetz nicht den Eigenthümer, sondern den Betriebsunternehmer haftbar macht. Zunächst wird man annehmen müssen, daß von den Konkurrirenden derjenige anzugreifen ist, in dessen zu dem Konkurrenzbetrieb gehörigen Sonderbetrieb die Beschädigung erfolgt ist[118]). Dies setzt aber voraus, daß eben der Betrieb des einen Konkurrenten trotz der Konkurrenz als ein gesonderter erkannt werden kann. Ist das nicht möglich, liegt ein gemeinsamer Betrieb der mehreren Konkurrenten vor, so ist jeder derselben, und zwar solidarisch, haftpflichtig[119]). Wen die Schuld des Unfalls trifft, wird für die Frage des Regresses unter den betheiligten Unternehmern vielleicht erheblich, geht aber den Schadensersatzberechtigten nichts an.

Was das Verhältniß des Eisenbahnbetriebs zur Post betrifft[120]),

---

116) S. das bei Eger S. 91 angeführte Urth. des R.O.H.Gerichts vom 13. Nov. 1871.

117) Eger S. 88 ff.; Westerkamp S. 645 Lit. c.

118) S. Entsch. des R.O.H.Gerichts Bd. 9 S. 142 (in Bezug auf §. 25 des Ges. v. 3. Nov. 1838); Bd. 21 S. 266 (in Bezug auf §. 1 des Haftpflichtgesetzes) S. auch Eis. V.O.Blatt 1878 S. 77, über die daraus entspringende Beweispflicht des Klägers das. S. 80 unter a.

119) Das. Bd. 21 S. 361; Bd. 23 S. 1.

120) Das von Eger S. 99; Genzmer S. 39; Westerkamp S. 644 Lit. a berührt wird.

das sich nach einem eigenen Gesetz regelt[121]), so erscheint die Post zwar als Unternehmerin der Postbeförderung, nicht aber als Unternehmerin des Eisenbahnbetriebs. Dies gilt auch dann, wenn die Post sich nicht der Wagen der Eisenbahnverwaltung, sondern ihrer eigenen bedient. Immer ist es die Eisenbahnunternehmung, welche in ihrem Betrieb die Postwagen oder die Poststücke befördert. Mithin kann von einer Haftpflicht der Postverwaltung nach §. 1 nicht die Rede sein. Ob die Eisenbahnverwaltung, die auf Grund der Haftpflicht von einem Postbeamten in Anspruch genommen wird, bei der Postverwaltung Regreß suchen kann, ist eine Frage für sich. Sie ist gesetzlich dahin entschieden[122]), daß die Post das Geleistete zu ersetzen hat, falls nicht der Tod oder die Körperverletzung des Postbeamten durch Verschulden des Eisenbahnunternehmers oder einer von ihm im Eisenbahnbetrieb verwendeten Person herbeigeführt worden ist. Deshalb ist denn auch der Eisenbahnverwaltung vorgeschrieben, von der Erhebung des Ersatzanspruchs für die Verletzung eines Postbeamten der Oberpostdirektion des Unfallortes Mittheilung zu machen.

4. Der Betriebsunternehmer haftet für den entstandenen Schaden; vermöge gesetzlicher Verbindlichkeit[123]). Wem gegenüber, ergibt sich aus dem §. 3.

Seine Haft erstreckt sich auf alle Fälle, in denen die oben berührten Voraussetzungen zutreffen; gleichviel, ob die Körperverletzung durch seine eigenen Handlungen, oder durch Handlungen seiner Leute, oder durch Handlungen Anderer, Mitpassagiere oder irgendwelcher sonstigen Personen, oder endlich ohne eine positive Handlung irgend Jemandes durch den Zustand der zum Betrieb gehörigen Anlagen und Mittel herbeigeführt ist[124]). Es bedarf auch für die Haftpflicht keiner Unterscheidung, ob ein Verschulden des Unternehmers selbst, seiner Leute, oder Dritter vorliegt. Daß er für das Verschulden seiner Leute und Dritter, wenn ein solches vorhanden, mit einsteht, ist zweifellos. Es bezüglich des Verschuldens der eigenen Leute ausdrücklich auszusprechen in §. 1, wurde mit Recht für überflüssig erachtet[125]). Der Unternehmer steht ja sogar da ein, wo überhaupt ein Verschulden nicht zu erkennen oder geradezu Zufall zu unterstellen

---

[121]) R.Ges. vom 20. Dez. 1875 Art. 1. 2. 5.

[122]) In Art. 8 des in Not. 121 citirten Gesetzes.

[123]) S. oben Einleitung §. 4.

[124]) Eger S. 71—76.

[125]) Stenogr. Berichte S. 458; Drucks. Nr. 70, I.

ist, sofern nicht eine der im Folgenden zu berührenden Ausnahmen begründet erscheint. Dieser absolute Umfang der Haft ist es, in dem sich namentlich der Gesichtspunkt der Assekuranz, die der Unternehmer für alle in seinem Betrieb sich ereignenden Tödtungen und Körperverletzungen bis auf die besonderen Ausnahmefälle zu tragen hat, ausprägt.

Seine Verbindlichkeit ist eine primäre oder prinzipale. Der Berechtigte kann, wo noch ein anderer haftbar erscheint, stets in erster Linie den Betriebsunternehmer angreifen. Aus der Fassung des §. 1, erhellt, daß keine blos subsidiäre, bürgschaftmäßige Verbindlichkeit des Unternehmers gewollt ist; so sehr, daß es für unnöthig gehalten wurde, demselben die Einrede der Vorausklage noch ausdrücklich abzuschneiden[126]).

Den Anspruch, der nach dem gewöhnlichen Civilrecht möglicherweise dem Beschädigten, dessen Rechtsnachfolgern oder Angehörigen wegen Körperverletzung oder Tödtung gegen eine in dem Betriebe verwendete Person, Angestellten oder Arbeiter aus dessen Verschulden erwächst, läßt das vorliegende Gesetz unberührt. Soviel steht fest, der Schadensersatzanspruch gegen den Unternehmer selbst wird durch das Bestehen eines Anspruchs gegen einen einzelnen Schuldigen ebensowenig gestört, aufgehoben oder auch nur in zweite Linie geschoben, als umgekehrt. Der Berechtigte hat es in seiner Hand, gegen wen er vorgehen will. Wie sich sonst das Verhältniß beider Ansprüche stellt, darüber schweigt das Gesetz. Ob sich der auf Grund des §. 1 belangte Unternehmer darauf berufen mag, daß der Kläger schon von dem eigentlichen Urheber der Beschädigung oder sonst von einem Andern, namentlich von einem Versicherer[127]), Entschädigung erhalten hat und mithin nicht berechtigt ist, solche noch einmal bei dem Unternehmer zu fordern, ist eben so nach allgemeinen Rechtsregeln zu entscheiden, wie auch, ob es dem aus seinem Verschulden belangten Urheber der Beschädigung zu Statten kommt, daß der Unternehmer bereits hat zahlen müssen[128]).

---

[126]) Stenogr. Berichte S. 497. 624; Drucks. Nr. 70. 93, V.

[127]) Eger S. 84, Genzmer S. 35 a. E.

[128]) Vgl. auch §. 4. Wenn dieser von einer Anrechnung nichts sagt, so ist doch der Einwand, daß nach einmal erlangter Entschädigung von einem Schadensersatz nicht mehr die Rede sein kann, nicht abgeschnitten. Auch dann nicht, wenn man den Gesichtspunkt der Assekuranz festhält, sofern sie eben nur Schadensersatz in diesem Sinne bezweckt, d. h. Schadloshaltung insoweit, als nicht schon Entschädigung aus einer andern Quelle bezogen worden ist.

Nicht minder bleibt nach dem sonstigen Recht zu würdigen, welches Rechtsverhältniß etwa zwischen dem Betriebsunternehmer, der nach §. 1 entschädigen muß, und dem schuldigen Urheber, sei dieser nun einer seiner Leute, oder ein Dritter, wegen des Regresses entsteht. Denn es ist anzunehmen, wenngleich ausdrücklich nicht erwähnt, daß das Gesetz die Verbindlichkeit des Betriebsunternehmers nicht in dem Sinne als eine unbedingte hat ansehen wollen, daß demselben jeder Regreß gegen denjenigen abgeht, der ihn durch Schuld im Allgemeinen, oder, wenn er Bediensteter des Betriebs, sogar durch Schuld im Dienste, welche ganz speziell dem Betriebsherrn gegenüber zu verantworten ist, in die Lage gebracht hat, auf Grund des §. 1 in Anspruch genommen zu werden.

Existiren für den Berechtigten mehrere Schadensersatzpflichtige, so bleibt die Haftpflicht des Unternehmers, wie eine primäre, so immer auch eine solidarische. Die Einrede der Theilung ist ihm nicht gewährt[129]). Daß auch da, wo mehrere Betriebsunternehmer im Betriebe konkurriren, ein jeder solidarisch haftpflichtig erscheint, selbst dann, wenn ein gemeinsamer Betrieb im gemeinsamen Interesse auf derselben Strecke stattfindet, ist bereits erwähnt worden[130]).

Zur Realisirung des Rechts aus der Haftpflicht kann selbstredend nöthigenfalls das ganze Vermögen des Betriebsunternehmers in Anspruch genommen werden. Was das ist, Vermögen des Betriebsunternehmers, muß nach Individualität desselben beurtheilt werden[131]).

Haftpflichtig ist der Betriebsunternehmer für den dadurch, d. h. durch die Körperverletzung oder Tödtung, entstandenen Schaden[132]). Die Streichung der Worte „dadurch entstandenen" wurde trotz eines darauf gerichteten Antrags, der darauf hinwies, daß sie nur eine „logische Ergänzung" — sollte wohl heißen: selbstverständlich — seien, nicht beschlossen[133]). Man fühlte, daß es angemessen, wo nicht nothwendig sei, diesen direkten Hinweis auf den ursachlichen

---

[129]) S. darüber auch die in Not. citirten Verhandlungen u. ausführlich Westerkamp S. 646—649, der das nicht für so ausgemacht hält, wie Koch S. 141, Eger S. 78—80 u. A., wenn er auch schließlich beistimmt.

[130]) S. oben bei Not. 119.

[131]) Eger S. 101, V.

[132]) Was §. 1, korrekter gefaßt, besagen will, ist: Der Betriebsunternehmer einer Eisenbahn haftet für den durch Tödtung oder Körperverletzung eines Menschen, welche bei dem Betriebe der Eisenbahn erfolgt ist, entstandenen Schaden.

[133]) Stenogr. Berichte S. 440; Druckf. Nr. 65 unter 1 a.

Zusammenhang[134]) des Schadens mit der Körperverletzung oder Tödtung beizubehalten; zumal, wo es sich um Konstituirung einer eigenthümlichen Verbindlichkeit kraft Gesetzes handelte[135]). Mithin ist jeder Schaden, der in anderer Richtung entstanden ist, durch Sachbeschädigung, Zeitversäumniß u. dgl. ausgeschlossen[136]). Dieser ursachliche Zusammenhang bildet also eine weitere Voraussetzung des Schadensersatzanspruchs, deren Vorhandensein dem Richter, wenn er nicht von selbst klar ist, nöthigenfalls dargethan werden muß[137]). In der Beurtheilung waltet auch in dieser Beziehung freie Prüfung des Richters ob[138]). Natürlich steht dem Rechte aus der Haftpflicht nicht entgegen, daß die Schadenfolgen sich nicht unmittelbar nach dem Unfall, sondern erst später zeigen; wenn nur nicht erst nach Eintritt der Verjährung[139]). Welche Momente die Erkennung des Kausalzusammenhangs begründen, oder stören können, läßt sich abstrakt nicht bestimmen. Aus der Judikatur kann nur der gewiß richtige Ausspruch mitgetheilt werden, daß körperliche Disposition, durch welche die Schadenfolge begünstigt worden ist, die Annahme des nach §. 1 erforderlichen Kausalzusammenhangs nicht unbedingt ausschließt[140]).

Der Begriff „Schaden" erläutert sich aus §. 3 des Gesetzes. Das Gesetz will weder jeden Schaden irgend einer Art, der aus der Körperbeschädigung erwächst, ersetzt wissen, noch auch umgekehrt, als Grundlage eines jeden Anspruchs nach diesem Gesetze erst den Nachweis verlangen, daß überhaupt die Tödtung oder Körperverletzung für die Hinterbliebenen oder den Beschädigten die Bedeutung einer Vermögensbeeinträchtigung habe. Der Betriebsunternehmer soll für die in §. 3 als Schaden gekennzeichneten Kosten und Vermögensnachtheile, sobald diese aufgewendet, beziehungsweise eingetreten sind, haften. Darauf, welchen Einfluß das weiterhin für die Vermögenslage des Beschädigten hat, ob und in wiefern das Gesammtvermögen desselben dadurch geschmälert worden ist, kommt nichts weiter an. Das Gesetz erklärt eben die Heilungs- und Beerdigungskosten, die Erwerbsunfähig-

---

[134]) S. auch oben Not. 88 ff.

[135]) Darauf macht Eger S. 103 mit Recht aufmerksam.

[136]) Anders verhielt es sich nach §. 28 des Preuß. Ges. v. 3. Nov. 1838, welches sagt, „allen Schaden".

[137]) Eger S. 103.

[138]) Nach C.P.O. §. 259.

[139]) S. unten §. 8.

[140]) Entsch. des R.G. Bd. 6 S. 1.

keit und Einbuße des Unterhalts ein für alle Mal, bei dem Reichsten, wie bei dem Aermsten, für einen Schaden, der ersetzt werden muß, soweit nicht dafür nach dem besonderen Vorbehalt des §. 4 schon aus den dort bezeichneten anderen Quellen Ersatz zu Theil geworden ist[141]).

Da nur dieser Schaden, und kein anderer, das Objekt der hier begründeten Legalobligation bildet, so muß derjenige, der einen Anspruch erhebt, natürlich beweisen, daß gerade solche Kosten und Vermögensnachtheile entstanden, und zwar in Folge der Körperbeschädigung entstanden sind, wie sie §. 3 im Auge hat. Worin sie bestehen, ist zu §. 3 näher auseinanderzusetzen[142]).

5. Von der Haftverbindlichkeit des Betriebsunternehmers, die nach dem Dargestellten auch dann existirt, wenn ihn kein Verschulden trifft, wird aber eine Ausnahme gemacht durch den Nachsatz des §. 1, „wenn er beweist — verursacht ist“. Dieser Nachsatz enthält die allein möglichen Fälle, in denen der Betriebsunternehmer der Haftverbindlichkeit entgehen kann. Außerhalb der hier nachgelassenen Ausnahme haftet er unter den in dem Hauptsatz beschriebenen Voraussetzungen unbedingt. So hart das für manche Fälle klingen mag, so ist es doch von dem Gesetze gewollt, wie daraus hervorgeht, daß man die gerade gegen diesen Punkt gerichteten Bemängelungen und Abänderungen nicht genehmigt hat.

Die Fassung des Nachsatzes deutet an sich auf eine Beweis- oder Beweislastregel hin. Indessen ist darin keineswegs blos eine prozessualische Bestimmung zu erblicken. Vielmehr enthält der ganze §. 1 und damit auch der Nachsatz eine materiellrechtliche Norm, die eben deshalb auch nicht auf Fälle zurückwirken konnte, die vor dem Geltungsbeginn des Gesetzes sich zugetragen haben[143]). Der Nachsatz konstituirt in der That ein Recht der Eisenbahnunternehmung auf Befreiung von der Haftpflicht in den dort bezeichneten Fällen.

Die Geltendmachung dieser Befreiung gestaltet sich nun in der Regel als echte Einrede gegen den erhobenen Schadensersatzanspruch und nach allgemeiner Regel des Prozeßrechts hat derjenige, der die

---

[141]) Nur darauf bezieht sich der Satz in den Mot. S. 14 zu §. 5 a. E., daß das Gesetz nur Schadloshaltung, nicht Bereicherung zu Theil werden läßt.

[142]) S. unten zu §. 3 und über die Erleichterung des Beweises, die in §. 260 der C.P.O. liegt, die Bemerkungen zu §. 6.

[143]) Entsch. des R.O.H.Gerichts Bd. 11 Nr. 106; s. auch Busch's Arch. N. F. Bd. 7 S. 330; u. Urth. des R.G. vom 2. Dez. 1879 (s. Reichsanz. 1880 Nr. 3).

selbständige Einrede vorschützt, deren thatsächliche Unterlagen zu beweisen. Aus dieser Betrachtung erklärt sich die von einem verwandten Artikel des Handelsgesetzbuchs[144]) abweichende, die Beweislast betonende Fassung des Nachsatzes, welche sich an die des §. 25 des Preußischen Gesetzes vom 3. November 1838 anlehnt. Sonst liebt es die neuere Gesetzgebung mit Recht nicht mehr, sich mit der Festsetzung der Beweislast zu befassen. Für den früheren schriftlichen Prozeß war es in der That von besonderer Bedeutung, wenn ausdrücklich die Beweislast auf die Eisenbahnunternehmung gelegt wurde. Es war damit ausgedrückt, daß diese die Exemtion von der sonst nach dem Gesetz gegebenen Haftverbindlichkeit[145]) nicht nur behaupten, sondern auch zu beweisen habe, wenn ihr Anspruch auf Entledigung Erfolg haben soll. Selbstredend muß der Beweis, wobei das zu beachten, was zu §. 6 des Gesetzes zu bemerken ist, ein vollständiger und überzeugender sein, positiv darthun, daß die Voraussetzungen der Befreiung vorhanden sind. Gegenüber der im Uebrigen absoluten Haftverbindlichkeit genügt dem Richter, um die Eisenbahnunternehmung loszusprechen, nicht, daß es ungewiß, blos möglich oder wahrscheinlich erscheint, die Verletzung sei durch höhere Gewalt oder eigenes Verschulden des Verletzten erfolgt[146]). Es muß mit Gewißheit erkannt werden können, daß eine von der Haftpflicht befreiende Ursache der Verletzung vorliegt[147]).

Indessen hat die Beweislast, wie man sich vergegenwärtigen muß, in dem früheren schriftlichen Prozeß und unter der Herrschaft legaler Beweisregeln eine weit intensivere Bedeutung[148]), als in dem heutigen mündlichen Verfahren bei dem Prinzip der freien Beweisführung. Vom Standpunkte des ersteren aus ließ sich Befreiung von der Haftpflicht ohne förmlichen Beweis des Unternehmers, daß höhere Gewalt oder eigenes Verschulden den Unfall verursacht habe, der dann nach der gewöhnlichen Nomenklatur als Einreden- oder indirekter Gegenbeweis wider den Klageanspruch zu bezeichnen war, kaum als

[144]) H.G.B. Art. 395.

[145]) Entsch. des R.O.H.G. Bd. 21 S. 9. Wie sich das Verhältniß stellt, wenn die Haftpflicht obligatio ex delicto oder ex quasi delicto wäre, s. Eger S. 107, braucht nicht untersucht zu werden.

[146]) Beispiele aus der Judikatur s. bei Eger S. 109—111.

[147]) Daß z. B. Freisprechung des Eisenbahnbediensteten von Verschulden im Strafverfahren noch nicht auf höhere Gewalt oder eigenes Verschulden des Beschädigten schließen läßt, s. Entsch. des R.O.H.G. Bd. 14 S. 409.

[148]) S. darüber Endemann, das deutsche Civilprozeßrecht S. 677 ff.

möglich denken. Mindestens mußte es sehr zweifelhaft erscheinen, ob der Richter ohne förmlichen Beweis aus den Umständen des Falls die Befreiung folgern dürfe[149]). Ganz anders steht es nach dem jetzt geltenden Recht. Der Richter hat seine Ueberzeugung von der Wahrheit oder Unwahrheit aus dem ganzen Ergebniß der Verhandlung zu schöpfen. Darnach bestimmt sich auch, ob überhaupt noch Beweis nothwendig wird[150]). Die Beweislast erscheint nach den Grundsätzen der mündlichen Verhandlung von untergeordneter Bedeutung. Die mündliche Verhandlung wird als eine gemeinsame Thätigkeit, ein Zusammenwirken der Parteien betrachtet, bei dem die Zerspaltung in Akte von der einen und der anderen Seite, wie sie im schriftlichen Prozeß vorhanden ist, gar nicht aufrecht erhalten werden kann. Es wird erwartet, daß jede Partei, wenn sich Streit über erhebliche Thatsachen ergibt, zur Feststellung der richterlichen Ueberzeugung das beibringt, was ihrem Interesse entspricht. Der Richter braucht vorerst nicht darnach zu fragen, welche Partei von der Beweislast betroffen wird, sondern nur, ob für erhebliche Thatsachen erhebliche Beweise beigebracht sind. Hiernach und bei der Freiheit, die der richterlichen Ueberzeugung eingeräumt ist, bedarf es allerdings nicht in jedem Fall eines förmlichen Beweises des befreienden Grundes von Seiten des Eisenbahnunternehmers. Kann der Richter mit Sicherheit aus der Verhandlung entnehmen, was ja möglich ist[151]), daß in der That der Unfall aus höherer Gewalt oder eigenem Verschulden entstanden ist, so genügt das, um den Schadensersatzanspruch abzuweisen, ohne daß er erst noch förmliche Beweisführung zu erheischen braucht. Indem so in dem heutigen Verfahren die Beweislastregelung, auf die §. 1 lautet, großentheils in den Hintergrund tritt, zeigt sich umsomehr die Bedeutung des §. 1 als eine, die Haftpflicht materiellrechtlich beschränkende Vorschrift.

Uebrigens braucht auch der Betriebsunternehmer sich keineswegs nur auf sein Einrederecht zurückzuziehen. Hat er ein Interesse dabei, so kann er sein Recht auf Befreiung von der Haftpflicht wegen höherer Gewalt oder eigenen Verschuldens des Beschädigten auch durch Fest-

---

[149]) Wie Eger S. 108 unter Polemik gegen meine Aeußerung in Aufl. 2 S. 19 (nicht 14) behauptet.

[150]) Endemann, Komm. zur C.P.O. Bd. 2 S. 64.

[151]) Ob häufig und ob daher die ganze Frage, die Eger S. 108 aufgeworfen hat, auch jetzt sonderliche praktische Bedeutung hat, steht dahin.

stellungsklage[152]) zur Geltung bringen. Dabei liegt ihm dann erst recht ob, die Voraussetzungen darzulegen. Natürlich ist auch Demjenigen, der aus der Haftpflicht Ansprüche erheben will, nicht verwehrt sich der Feststellungsklage zu bedienen; selbst in der Richtung, daß er die Nichtexistenz höherer Gewalt oder eigenen Verschuldens zur Anerkennung bringen will. Wie da die Beweislast sich stellt, kann sehr die Frage sein.

Da der Entschädigungsanspruch erst in zwei Jahren, von dem Unfall, oder gar von dem Tode an gerechnet, verjährt[153]), kann allerdings der Betriebsunternehmer zu erwägen haben, ob er nicht, um sich die Befreiung zu sichern, zeitig die Feststellungsklage erheben, oder um sich den später vielleicht nicht mehr nachholbaren Beweis der höheren Gewalt oder des eigenen Verschuldens zu sichern, baldigst Beweisaufnahme zu ewigem Gedächtniß oder, wie es jetzt heißt, zur Sicherung des Beweises[154]), oder sonstige Konstatirung veranlassen mag.

Wenn es heißt, daß der Unfall auf die eine oder andere Weise verursacht sein müsse, so ist der Ausdruck „Unfall" weder striktest im gewöhnlichen Wortverstande, noch auch im technischen Sinne als Zufall (casus) zu nehmen. Der Ausdruck scheint mehr der Abwechselung oder der Kürze halber gewählt worden zu sein. Man trifft unzweifelhaft das Richtige, wenn man statt „der Unfall" substituirt: „die Tödtung oder Körperverletzung". Man wird das sogar entschieden festhalten müssen. Man darf nicht interpretiren: „das Ereigniß, durch welches die Tödtung oder Körperverletzung entstanden ist". Denn es ist denkbar, daß das Ereigniß (Unfall) durch höhere Gewalt herbeigeführt, die dabei vorgekommene Tödtung aber nicht Folge der höheren Gewalt, sondern einer konkurrirenden anderen und daher von dem Unternehmer zu vertretenden Ursache ist. Wenn z. B. durch den Blitz ein Waggon in Brand geräth, so ist der Betriebsunternehmer gewiß nicht von der Haft für Beschädigungen frei, welche nicht Folge dieses Naturereignisses, sondern mangelhafter Anordnungen, Nichtanhalten des Zugs, Nichtöffnen der Wagen u. s. w. sind.

Der Unfall muß verursacht sein, d. h. der konkrete Unfall muß nachweislich, und den Nachweis hat der Betriebsunternehmer nöthigenfalls zu liefern[155]), seine Ursache haben

---

[152]) Nach C.P.O. §. 231.

[153]) S. unten §. 8.

[154]) Vgl. C.P.O. §. 447 ff.

[155]) Westerkamp S. 655 a. E.

a) entweder in höherer Gewalt. Dieser Ausdruck ist derselbe wie in Art. 395 des Handelsgesetzbuchs, der die Haft des Frachtführers regelt. Es ist daher begreiflich, daß die Auslegungen und Versuche der Begriffsbestimmung, die dort unternommen worden sind, hieher übertragen werden. Zugleich aber hat man auch §. 25 des Gesetzes vom 3. November 1838 benutzt, um eine Definition zu finden, da aus den Motiven zu §. 1 zu entnehmen schien, daß es sich mehr nur um einen anderen Ausdruck, als um einen anderen Sinn gehandelt habe. In jenem §. 25 hieß es: „durch unabwendbaren äußeren Zufall". In den Verhandlungen des Reichstags[156]) bei der zweiten[157]) und bei der dritten[158]) Lesung wurden allerlei Versuche zu einer Präzisirung des, wie aus den mit Art. 395 gemachten Erfahrungen hinlänglich bekannt war, zu großen Zweifeln Anlaß gebenden[159]) Ausdrucks „höhere Gewalt" (vis major, force majeure) gemacht; aber vergebens. Mehrfach wies man sogar darauf hin, daß eine genauere Definition unmöglich; und alles lediglich auf Erkenntniß der konkreten Umstände zu stellen sei[160]). Vollends bieten die Erwägungen im Schooße des Bundesraths oder der freien Reichstagskommission[161]) keine genügende Anhaltspunkte.

Indessen läßt sich die Doktrin hier so wenig, wie bei Art. 395, nehmen, schematisch eine bestimmtere Definition aufzusuchen[162]). Sie

---

[156]) S. über diese Eger S. 115—117; Westerkamp S. 651—652.

[157]) Drucks. Nr. 65 nnter 1, b, wo „unabweisbarer äußerer Zufall" substituirt, und dann der zwar dem Preuß. Gesetz entlehnte, nichtsdestoweniger klassische Satz hinzugefügt werden sollte: „die gefährliche Natur des Unternehmens ist als befreiender Zufall nicht anzusehen." S. dazu S. 441, 451, 456, 457; abgelehnt 458.

[158]) Hier wurde versucht, nachdem ein darauf bezüglicher Antrag Nr. 70 I in zweiter Lesung gefallen, S. 458, mit einem neuen Antrag (93, I) den Satz hineinzubringen, daß die Beschädigung durch Angestellte oder Arbeiter in Ausführung ihrer Dienstverrichtungen nicht als höhere Gewalt im Sinne dieses Gesetzes anzusehen. Dieser geschraubte Satz fand auch Vertheidiger, s. S. 582, 589 (s. dagegen S. 589, 591), wurde aber abgelehnt, S. 593. Das Wahre daran ist selbstverständlich.

[159]) Endemann, H.R. §. 155 Not. 6.

[160]) S. St.B. S. 207 z. A. Die Beiträge einzelner Reden zur Definition oder Exemplifikation haben natürlich für die richterliche Ansicht wenig Bedeutung; s. auch S. 445.

[161]) S. darüber die Mittheilung St.B. S. 458.

[162]) Am ausführlichsten Eger, der S. 119—124 zunächst die Auslegung des §. 25 des Gesetzes v. 3. Nov. 1838, sammt der Darstellung der Haft ex recepto, auf der §. 25 fußen soll, und des Art. 395 unternimmt.

stützt sich dabei theils auf die Auslegungen vorangegangener Gesetze, theils was am meisten praktischen Erfolg verspricht, auf Aussprüche der höchsten reichsgerichtlichen Instanz.

Der letzteren zufolge ist höhere Gewalt, unterschieden von Zufall, ein äußeres, durch elementare Naturkräfte, schädigende Wirkung von Naturereignissen oder auch durch Menschenkräfte herbeigeführtes Ereigniß, das den Unfall verursacht hat und dessen Schadenswirkung durch geeignete Vorkehrungen nicht zu vermeiden war[163]). Dabei wird verlangt, daß die Unabwendbarkeit des Ereignisses selbst oder seiner Folgen eine objektive sei. Blos subjektive, in der Person des Unternehmers gelegene würde nur als Zufall erscheinen, und von der Haft für diesen gewährt das Gesetz keine Befreiung. Unabwendbarkeit aber kann nicht identifizirt werden mit absoluter Unmöglichkeit der Abwendung; sondern sie ist vorhanden, wenn bei vollster, nach den Umständen zu bemessender Sorgfalt durch Einrichtungen, Vorkehrungen oder Handlungen, die mit dem bezweckten Erfolg in vernünftigem Verhältniß stehen, die Abwendung nicht zu erzielen ist[164]).

Im Einzelnen läßt sich daraus zunächst die Negative ersehen, daß von dem, was als Folge des eigenen Betriebs des Unternehmers erscheint, nichts unter den Begriff der höheren Gewalt fallen kann. Der Unternehmer haftet unbedingt für den guten Zustand seiner Anlagen und Betriebsmittel, ohne sich auf Unabwendbarkeit eines Mangels derselben berufen zu können. Er muß für die gehörige Beschaffenheit sorgen[165]); freilich nicht für absolut vollkommene, jede denkbare Sicherheitsmaßregel beobachtende, sondern für eine den Verhältnissen entsprechende[166]). Der Betriebsunternehmer haftet ferner unbedingt, d. h. ohne sich mit Unabwendbarkeit entschuldigen zu können, für die Handlungen aller seiner Leute. Zweifellos für alle diejenigen, welche sie innerhalb ihrer Dienstfunktion vornehmen[167]). Indessen wird man auch nicht umgekehrt annehmen können, daß der Unternehmer für Handlungen seiner Leute unbedingt nicht hafte, die sie außerhalb ihrer Dienstbefugnisse vornehmen[168]). Denn sicher es ist eine

---

[163]) S. das Urth. des R.G. vom 2. Dez. 1879 (Reichsanz. 1880 Nr. 3).

[164]) Entsch. des R.O.H.G. Bd. 2 S. 247; Bd. 8 S. 26.

[165]) Eger S. 125; Westerkamp S. 653.

[166]) Wie Westerkamp a. a. O. gegen Eger mit Recht bemerkt.

[167]) Die Entsch. des R.G. Bd. 1 S. 253 sagt freilich vorsichtig nur „in der Regel".

[168]) Vgl. Eger S. 76; s. dagegen S. 125—129; Genzmer S. 44.

Konsequenz des Grundgedankens, wonach der Unternehmer für die ordnungsmäßige Handhabung des Betriebs zu sorgen hat, daß ihm auch die Haft für außerdienstliche Handlungen seiner Leute zufallen kann. Nichts ist natürlicher, als daß er dafür einzustehen hat, daß diese selbst außerhalb ihres unmittelbaren Dienstes Handlungen unterlassen, die als bei dem Betrieb vorgenommen anzusehen und Ursache von Personenbeschädigungen geworden sind[169]. Offenbar lassen sich die durch die Handlungen der eigenen Leute verursachten Unfälle, wenigstens nicht durchweg, mit höherer, d. h. unabwendbarer Gewalt auf gleiche Stufe stellen, da der Unternehmer ihnen gegenüber durch seine Dienstgewalt ganz andere Mittel hat, auf die Vermeidung solcher Handlungen im Allgemeinen, auch außerhalb des nächsten Kreises der speziellen Dienstfunktionen, einzuwirken, als dies bei Dritten möglich ist.

Dagegen müssen zwar nicht unbedingt, aber können als höhere Gewalt erscheinen

aa) Naturereignisse, wie Blitzschlag, Ueberschwemmung, Felssturz, Sturm u. dgl., die unabhängig von unmittelbarer menschlicher Einwirkung durch elementare Kräfte herbeigeführt werden. Die Wirkungen solcher Kräfte, die in der Gewalt und Benutzung von Menschen stehen, wie die Dampfkraft, Elektrizität u. dgl. gehören nicht hieher. Kann aber Befreiung von der Haftpflicht wegen solcher Ereignisse nur dann eintreten, wenn Unabwendbarkeit anzunehmen ist, so muß namentlich erwogen werden, daß es sich keineswegs blos um Unabwendbarkeit des Naturereignisses selbst handelt. Die von der Haftpflicht befreiende Wirkung ist nur dann begründet, wenn sich zugleich ergiebt, daß auch die schädigenden Folgen des Naturereignisses bei Anwendung voller Sorgfalt und der den Verhältnissen entsprechenden Mittel nicht abzuwenden waren. Versuch prophylaktischer oder dem Naturereigniß nachfolgender Abwendung der Schadenswirkungen mit allen denkbaren Mitteln kann auch hier nicht verlangt werden. Ob die Abwendung in diesem Sinne möglich war, läßt sich nur nach Gestalt der Sache im einzelnen Fall beurtheilen. Eine abstrakte Kasuistik kann unmöglich feste Sätze aufstellen[170].

---

169) Westerkamp S. 654 bestreitet dies.

170) Als ein Beispiel dient die von Eger S. 132 u. Genzmer S. 48 angeführte Entsch. des R.O.H.G. vom 5. Okt. 1875, wonach die Eisenbahnverwaltung schuldig erklärt wurde, bei Eisglätte die Perrons zur Verhütung von Unfällen zu bestreuen.

Unter den Begriff der Naturereignisse fallen übrigens nicht blos solche, welche von allgemeinerer oder größerer objektiver Bedeutung sind, sondern es können dahin auch solche zu rechnen sein, die nur einzelne Personen oder auch nur eine einzige treffen, sofern dadurch ein Betriebsunfall herbeigeführt wird[171]).

bb) Handlungen Dritter, d. h. nicht im Dienst des Betriebsunternehmers stehender Personen. Daß auch solche unter den Begriff der höheren Gewalt fallen können, hat das Reichsgericht ausdrücklich anerkannt[172]). Soviel ist gewiß, daß, da der Betriebsunternehmer nur für die bei dem Betriebe vorfallenden Tödtungen und Körperverletzungen haftet, auch für die Befreiung von der Haft überhaupt nur solche Handlungen Dritter in Betracht kommen, die eine Tödtung oder Körperverletzung bei dem Betrieb der Eisenbahn verursacht haben. Aber irgend eine Handlung, die „bei dem Betriebe" geschehen ist, auszuschließen, bietet der Ausdruck des Gesetzes keinen Grund. Nicht einmal Handlungen, die ein Verbrechen involviren, sind, wenn sie bei dem Betrieb ausgeführt werden, ganz ausgeschlossen. Unbestreitbar ist die Annahme, daß für Verbrechen auf der Bahn der Unternehmer nicht einstehe, nur dann dem Gesetz entsprechend, wenn an Verbrechen gedacht wird, die den Betrieb gar nichts angehen[173]). Worauf es einzig ankommt, ist, ob die Eisenbahnverwaltung im Stande war, die Vornahme der Handlung selbst, oder den Eintritt der Tödtung oder Körperverletzung, die sie verursacht hat, abzuwenden[174]). Darnach ergibt sich, daß die Haftpflicht für Tödtungen oder Körperbeschädigungen, die durch Zerstörungen an der Bahnanlage im Krieg, durch Aufruhr u. dgl. verursacht worden sind, in der Regel zessirt; wenigstens insoweit, als nicht etwa gesagt werden muß, daß die Eisenbahnverwaltung immerhin die konkrete Tödtung oder Verletzung durch Anwendung der ihr zu Gebote stehenden Mittel hätte abwenden können. Die Abwendung der Zerstörung, welche die Ursache des Unfalls bildet, wird in solchen Fällen meist schon ohne Weiteres als nicht in der Macht derselben gelegen erscheinen.

Wo dagegen Handlungen eines Einzelnen, oder nur meh-

---

[171]) So z. B. plötzlich eintretende Geistesstörung, s. Entscheid. des R.G. vom 9. Juli 1880 bei Genzmer S. 49.

[172]) Entsch. des R.G. Bd. 1 S. 253.

[173]) Vgl. Eger S. 132 g. E. u. die dort cit. Autoren.

[174]) Ich gestehe hier zu, daß meine von Eger S. 133 bemängelte Aeußerung in der 2. Auflage nicht aufrecht zu halten ist.

rerer Einzelnen, verbrecherische oder nicht verbrecherische, in den Betrieb eingegriffen und einen Unfall verursacht haben, wird eine zweifache Erwägung anzustellen sein. Einmal, ob die Betriebsunternehmung, die solchen Handlungen Einzelner gegenüber in einer ganz anderen Lage ist, als gegenüber Handlungen, denen sie der Natur der Sache nach überhaupt nicht zu widerstehen vermag, dieselben hätte vermeiden können; wie Auflegung eines Hindernisses auf die Schienen, Ueberfahrt eines Wagens über die Bahn u. dgl.; sodann, wenn diese Frage verneint wird, immer noch, ob sie nicht trotz der Unmöglichkeit, die Ursache zu hindern, deren Folge, die Personenbeschädigung, hätte abwenden können. Die Fragen lassen sich wieder nur von dem Gesichtspunkt aus beantworten, ob von der Eisenbahnverwaltung alles gethan worden ist, was ihre volle Sorgfalt erheischt und unter den obwaltenden Umständen zu thun möglich war. Eine absolute Garantie der Körperintegrität wird der Eisenbahnverwaltung nicht zugemuthet; nicht einmal, wie bereits bemerkt, Erschöpfung aller abstrakt denkbaren Mittel[175]). Es bleibt mithin immer im Wesentlichen eine Frage des einzelnen Falls, ob die Handlung eines Dritten, die als Ursache eines Unfalls erscheint, wegen ihrer Unabwendbarkeit, diese in dem stets festzuhaltenden relativen Sinn verstanden, zur höheren Gewalt gerechnet werden darf.

b) Oder in eigenem Verschulden des Getödteten oder Verletzten.

Verschulden ist die, sei es in positiver Handlung, sei es in Unterlassung, hervortretende Nichtanwendung der obliegenden Sorgfalt; hier gerichtet auf Vermeidung von Tödtung oder Körperverletzung.

Bei handlungsunfähigen Personen kann natürlich von Verschulden nicht die Rede sein. Der Unfall, der durch ein Kind oder einen Wahnsinnigen verursacht wird, kann höchstens unter dem Gesichtspunkt der höheren Gewalt erheblich werden[176]).

Welcher Grad des Verschuldens vorliegt, ob es ein gröberes oder leichteres ist, bedarf nicht der Untersuchung[177]). Jedes erweisliche Verschulden, auch geringster Art[178]), verdient Berücksichtigung.

---

[175]) Dahin gehört die Zumuthung, s. Sten. Berichte S. 216, nöthigenfalls längs der Bahn perpetuirlich im Interesse der Sicherheit patrouilliren zu lassen.

[176]) Entsch. des R.G. Bd. 1 S. 276; s. auch oben Not. 171.

[177]) Entsch. des R.O.H.G. Bd. 19 S. 294.

[178]) Entsch. des R.G. v. 13. Juli 1880 (s. Blum's Ann. Bd. 2 S. 357), Urth. des R.O.H.G. v. 27. Febr. 1877 (s. Eger S. 136).

Ebensowenig ist Vorsatz und Fahrlässigkeit, kontraktliches und außerkontraktliches[179]) Verschulden zu unterscheiden.

Es handelt sich nur um das eigene Verschulden **des Getödteten** oder Verletzten selbst. Das Verschulden **anderer Personen** bei eigener Schuldlosigkeit desselben dient **nicht zur Exkulpation** des Unternehmers. Nach dem ausdrück**lichen Wortlaute** kommt es dem letztern nicht zu Statten, **daß, während** er selbst für sich und seine Leute durchaus **schuldfrei ist**, Verschulden irgend Jemandes die Tödtung oder Verletzung veranlaßt hat, sondern es muß ersichtlich sein, nöthigenfalls nachgewiesen werden, daß es ein Verschulden ist, welches dem Getödteten oder Verletzten als eigenes zugerechnet werden kann[180]).

Der Betriebsunternehmer erscheint daher von der Haftpflicht nicht befreit, wenn den Verletzten kein Verschulden trifft, mag auch Verschulden eines Andern den Unfall herbeigeführt haben, und stets nur dem durch eigenes Verschulden Verunglückten gegenüber von der Haftpflicht befreit, nicht aber gegenüber einer andern Person, die, ohne daß ihr Verschulden zugerechnet zu werden vermag, wenn auch bei demselben Unfall, verunglückt ist[181]).

Es ist ferner erforderlich, daß das eigene Verschulden als die Ursache der Tödtung oder Körperverletzung erkannt wird. Es genügt nicht schon die Möglichkeit; es muß der Kausalzusammenhang ersichtlich sein. Dieser muß je nach Bedürfniß förmlich bewiesen werden[182]). Daraus erhellt also, daß nicht schon jedes Verschulden, das der Getödtete oder Verletzte begangen hat, namentlich durch Uebertretung der bestehenden Sicherungsvorschriften des Eisenbahnbetriebs, den Anspruch aus der Haftpflicht zerstört, sondern nur dasjenige Verschulden, welches die wirkende Ursache der konkreten Tödtung oder Körperverletzung darstellt[183]). Sonst würde z. B. eine reglementswidrig ohne Billet fahrende Person an der Haftpflicht gar keinen Antheil haben, was sicher das Gesetz nicht beabsichtigt. Ob der ursachliche Zusammenhang

---

[179]) Entsch. des R.G. Bd. 1 S. 50, wonach auf die allg. Prinzipien über außerkontraktliches Verschulden nicht zurückzugehen ist.

[180]) Eger S. 135; s. bes. über den Fall des Durchbrechens der Barriere aus Nachlässigkeit des Fuhrmanns, wodurch ein Anderer beschädigt wird, Westerkamp S. 659 Nr. 2.

[181]) S. gegen Frantz S. 5, die Ausführung von Eger S. 136.

[182]) Beispiele s. bei Westerkamp S. 659 Nr. 3. — Ueber den Einfluß der Nichtzuziehung eines Arztes s. Entsch. des R.G. Bd. 1 S. 46.

[183]) Eger S. 140—141; anders möglicherweise, wenn unbefugt die Lokomotive bestiegen, in den bereits fahrenden Zug eingesprungen wird, u. dgl.

vorhanden, ist, wenn nicht Landesgesetze[184]) darüber Bestimmungen enthalten, Frage freier thatsächlicher Beurtheilung[185]).

Ob nun ein Verschulden in diesem Sinne vorliegt, kann nicht ohne Rücksicht auf die Person entschieden werden. Dabei ist allerdings nicht reinweg das individuelle Wesen des Getödteten oder Beschädigten maßgebend[186]). Vielmehr muß immer geprüft werden, was unter gleichen Umständen an Sorgfalt von einer Person gleicher Art zu verlangen ist. Aber das will nicht besagen, daß durchweg für alle Personen der Begriff der Sorgfalt absolut derselbe sei. Selbstverständlich müssen neben der Beschaffenheit des konkreten Falls auch subjektive Momente, Alter, Geschlecht, Gesundheit, Bildung, Lebensstellung u. dgl. in Betracht gezogen werden, um darnach zu erkennen, welche Fähigkeit zu Gebote stand, um die Beschädigung zu vermeiden; jedoch immer nur so, daß nicht allein was der Beschädigte, sondern auch was ein Anderer von gleichem Wesen bei gleicher Lage der Dinge zu thun oder zu lassen schuldig ist, erwogen wird.

In dieser Hinsicht ergibt sich namentlich ein Unterschied zwischen Andern und Eisenbahnangestellten. Es leuchtet ein, daß man die Sorgfalt, die von den letzteren nach ihrem Beruf, der dadurch bedingten Einsicht und, wenn sie im Dienst sich befinden, nach dessen Erfordernissen vielfach eigens zu bemessen hat; den Umfang derselben theils erweiternd, theils beschränkend.

Es liegt in der Natur der Sache, daß ein Verschulden vorzugsweise in der fahrlässigen oder absichtlichen Mißachtung der Anordnungen gefunden wird, welche zur Sicherung des Eisenbahnbetriebs und zur Abwendung der aus demselben entspringenden Gefahren getroffen sind; allein ohne daß darauf der Begriff des Verschuldens zu beschränken wäre. Sehr wohl kann auch in einer Handlung oder Unterlassung Verschulden erblickt werden, die mit den allgemeinen oder speziellen Anordnungen, Reglements, Instruktionen des Eisenbahnbetriebs, in demselben ergangenen Befehlen u. dgl. gar nichts zu schaffen hat[187]).

Handelt es sich um Kontravention gegen derartige Anordnungen oder Befehle, so kann bei der Beurtheilung, ob dieselbe ein Verschulden darstellt, die Frage nach der Verbindlichkeit der Anordnungen

---

[184]) Wie das Preuß. L.R. I, 6 §§. 25. 26.

[185]) Entsch. des R.O.H.G. Bd. 19 S. 175.

[186]) Eger S. 137; Westerkamp S. 656—657; Genzmer S. 49.

[187]) So auch das von Eger S. 139 angeführte Urth. des R.O.H.Gerichts vom 7. Sept. 1875.

oder Befehle, sowie auch nach dem Kennen oder Kennenmüssen nicht umgangen werden. Inwiefern die Reglements oder sonstigen Erlasse nicht blos für das Eisenbahnpersonal, sondern auch für das gesammte Publikum verbindlich werden, ist hier nicht zu entwickeln[188]); ebensowenig, wie es mit der Verbindlichkeit der Dienstinstruktionen für die Beamten und der von den Beamten erlassen werdenden Befehle für die davon Betroffenen steht. Nur darauf sei hingewiesen, daß nicht blos die mit Kenntniß, sondern auch die ohne Kenntniß geschehene Zuwiderhandlung als Verschulden erscheinen kann; entweder weil die Zuwiderhandlung nicht um der Unkenntniß willen entschuldbar, oder weil schon die Unkenntniß verschuldet ist und so der Zuwiderhandlung den Karakter des Verschuldens aufprägt.

Außerdem muß festgehalten werden, daß eine Handlung oder Unterlassung darum, weil sie gegen eine verbindlich erlassene und gehörig bekannt gewordene Anordnung verstößt, noch nicht unter allen Umständen als Verschulden zu betrachten ist[189]). Das bloße Bestehen der Anordnung rechtfertigt die Befreiung wegen Zuwiderhandlung nicht, wenn von der Eisenbahnverwaltung die zur Ausführung erforderlichen Maßregeln unterlassen, oder die Nichtbeachtung der Anordnung von Seiten ihrer Organe so geduldet worden ist, daß füglich der Glaube entstehen konnte, daß Beobachtung nicht geboten sei[190]). Dagegen kann Folgsamkeit gegen Befehle derjenigen Organe, welche solche zu erlassen im Allgemeinen befugt sind, und deren Kenntniß und Pflichtmäßigkeit zu vertrauen ist, niemals als Verschulden gelten, selbst wenn diese Organe ohne oder gegen bestehende Vorschriften handeln[191]). Der konkreten Würdigung fällt schließlich noch anheim, ob nicht sogar die bewußte Uebertretung in gehöriger Kraft und Ausführung begriffener Maßregeln kein Verschulden ersehen läßt. Denn es gibt Umstände, unter denen dieselbe nicht blos verzeihlich, sondern sogar geboten erscheinen mag.

Zur Verdeutlichung wird der Hinweis auf eine Reihe von Beispielen dienen, die aus der Rechtsprechung der obersten Instanz bei-

---

188) S. darüber, insbes. mit Bezug auf das Betriebs- und Bahnpolizeireglement Endemann, Busch's Arch. für H.R. Bd. 1.

189) Westerkamp S. 658.

190) Entsch. des R.O.H.G. Bd. 15 S. 165; Bd. 23 S. 1; das R.G. (in Anwendung auf Dienstinstruktion) Bd. 1 S. 48; vgl. auch Bd. 4 S. 23. — Arch. für Eis. 1880 S. 36.

191) Entsch. des R.O.H.G. Bd. 19 S. 26.

zubringen sind[192]). Mit Handlungen anderer Personen beschäftigen sie sich weniger, desto mehr mit denen der Eisenbahnangestellten.

In der ersteren Richtung ist nur zu erwähnen, daß Aussteigen aus nicht angehaltenen Pferdeeisenbahnwagen nicht als Verschulden aufgefaßt worden ist, wo der Verletzte seine Absicht auszusteigen dem Kondukteur gemeldet und dieser unterlassen hatte, das volle Stillstehen des Wagens herbeizuführen[193]); ferner daß das ungehörige Betreten des vorderen Trittbretts eines Pferdeeisenbahnwagens ein eigenes Verschulden darstellt[194]). Ebenso ist als Verschulden erschienen das Ueberspringen der Geleise vor einer dem Herrannahen begriffenen Lokomotive[195]).

Was die Eisenbahnarbeiter betrifft, so ist anerkannt worden, daß es kein Verschulden ist, wenn sie aus Veranlassung des Dienstes die Schienen überschreiten oder sich auf den Geleisen aufhalten[196]). Dasselbe gilt von den Rangirern, die über die Geleise hingehen, während verbotswidriges Stehenbleiben derselben auf dem Trittbrett der sich bewegenden Lokomotive Verschulden ist[197]). Ueberhaupt kann bei einem Eisenbahnbediensteten der Umstand, daß er sich bei dem Betrieb in eine gefährliche Situation begeben hat, nur dann ein Verschulden in sich schließen, wenn man sagen muß, daß sich ein vorsichtiger Eisenbahnbediensteter in diese Gefahr nicht begeben haben würde, oder daß er es dabei an der gehörigen Vorsicht habe fehlen lassen[198]).

Verletzung der Dienstanweisung ist zwar in der Regel ein die Haftpflicht aufhebendes Verschulden; aber doch nicht immer. Unausführbarkeit der Anweisung oder Verletzung unter den Augen, mit stillschweigender Billigung des Vorgesetzten[199]), steht der Annahme des Verschuldens entgegen[200]).

Ferner ist es kein Verschulden, wenn der Beamte, weil er so

---

192) S. Eger S. 146—158; Genzmer S. 50—55.

193) Urth. des R.O.H.G. v. 30. Okt. 1878 (Genzmer S. 53 Lit. q).

194) Entsch. d. R.O.H.G. Bd. 21 S. 237.

195) Urth. des R.O.H.G. v. 5. Februar 1879 (Genzmer S. 54 Lit. s).

196) Entsch. des R.O.H.G. Bd. 8 S. 202 u. Genzmer S. 53 Lit. n.

197) Genzmer S. 53 Lit. p. Das. S. 52 Lit. k.

198) Urth. des R.O.H.G. v. 13. Juli 1880, s. Genzmer S. 54 Lit. e) und v. 15. Febr. 1876 (daselbst Lit. f). — Ueber Verschulden bei dem Rangiren s. Urth. des R.G. v. 4. Juli 1881 im Arch. für Eis. 1881 S. 423.

199) Welches Vorgesetzten s. auch Entsch. des R.O.H.G. Bd. 19 S. 26.

200) S. das. Bd. 15 S. 165; vgl. auch Genzmer S. 52 Lit. k.

sehr von seinem Dienst in Anspruch genommen ist, die Gefahr nicht wahrnimmt[201]), oder wenn er in gerechtfertigter Aufregung, in der Absicht Gefahren abzuwenden oder zu retten, die sonst zu erwartende Umsicht vermissen läßt[202]); wie denn auch Diensteifer, der entgegen der Dienstanweisung geübt wird, darum keineswegs immer zum Verschulden wird[203]).

Nichts weniger als sicher erscheint endlich, wie es mit dem konkurrirenden Verschulden des Verletzten zu halten sei. Als konkurrirend ist blos dasjenige zu bezeichnen, das mit einem Verschulden der Bahnverwaltung zusammentrifft. Wenn es, ohne daß Verschulden der Bahnverwaltung ersichtlich wird, mit einem Unfall, den die Bahnverwaltung an sich nach dem Gesetz zu vertreten hat, zusammentrifft und als Ursache der Verletzung erkannt wird, ist es ja ausdrückliche Bestimmung des §. 1, daß dann die Haftpflicht hinwegfällt.

Ueber die Bedeutung der Konkurrenz von Verschulden lauten die Vorschriften des Civilrechts keineswegs übereinstimmend[204]). Da der §. 1 keine ausdrückliche Vorschrift in dieser Richtung enthält, fragt sich, ob nicht auf das sonstige Civilrecht zurückzugreifen sei. Dies hat jedoch das Reichsoberhandelsgericht in Anbetracht der Verschiedenheit der Partikularrechte verneint und erklärt, daß die Frage nach allgemeinen Rechtsgrundsätzen zu beantworten sei[205]). Indessen ist durch seine Judikatur keineswegs volle Klarheit erzielt worden. Es ist aus derselben Folgendes zu entnehmen:

Zuvörderst bedarf es der genauen Prüfung, ob in dem Verhalten, das, weil es den bestehenden Anordnungen zuwiderläuft, an sich als Verschulden aufgefaßt werden könnte, wirklich ein konkurrirendes Verschulden liegt. Denn möglicherweise ist dies nach den Umständen des Falls nicht anzunehmen[206]).

Läßt sich aber wirklich ein konkurrirendes Verschulden des Verletzten erkennen, so muß die Prüfung darauf gerichtet sein, ob speziell das Verschulden des Betriebs oder aber das Verschulden des Verletzten als die eigentliche Ursache der Verletzung betrachtet werden

---

201) Genzmer S. 52 Lit. g.

202) Das. S. 53 Lit. o u. Entsch. des R.O.H.G. Bd. 22 S. 313.

203) S. das Urth. des R.G. v. 7. Dez. 1880 (Blum's Ann. Bd. 3 S. 193).

204) Westerkamp S. 660 a. E. bis 661.

205) Entsch. des R.O.H.G. Bd. 20 S. 135; s. auch Bd. 16 Nr. 32.

206) Beispiele, wie Herausspringen aus dem Wagen bei drohendem Zusammenstoß u. s. w. s. bei Eger S. 162 ff.

muß. Ergibt sich, daß es das schuldhafte Benehmen des Letzteren ist, welches diese Folge hervorgerufen hat, so ist der Betriebsunternehmer nicht haftpflichtig. Auf diese Konsequenz leitet §. 1 unmittelbar hin. Stellt sich dagegen heraus, daß schon das Verschulden des Betriebs die volle Ursache war, so erscheint es gleichgültig, ob nun noch ein Verschulden des Verletzten hinzugetreten ist. Zur Befreiung von der Haftpflicht liegt dann kein Grund vor. In diesen, verhältnißmäßig selteneren Fällen, wo die Konkurrenz gelöst werden kann, kommt dann natürlich auch auf Abwägung des Grades der beiderseitigen Verschuldung nichts an.

Kann dagegen nicht entschieden werden, ob man das Verschulden des einen oder das des anderen als Ursache der Beschädigung oder Tödtung zu betrachten hat, handelt es sich in der That um ein Zusammentreffen beider zur Hervorbringung des Effekts, so gilt es als das natürlichste, die Prüfung, welches Verschulden nach seiner Beschaffenheit als das extensiv oder intensiv größere und daher einflußreichere sich darstellt[207]). Daß hierbei das richterliche Ermessen unter Würdigung der konkreten Umstände weiten Spielraum hat, ergibt sich von selbst.

§. 2.

B. Anderer Unternehmungen.

Wer ein Bergwerk, einen Steinbruch, eine Gräberei (Grube) oder eine Fabrik betreibt, haftet, wenn ein Bevollmächtigter oder ein Repräsentant oder eine zur Leitung oder Beaufsichtigung des Betriebes oder der Arbeiter angenommene Person durch ein Verschulden in Ausführung der Dienstverrichtungen den Tod oder die Körperverletzung eines Menschen herbeigeführt hat, für den dadurch entstandenen Schaden.

Der §. 2 hat einen von §. 1 wesentlich verschiedenen Zuschnitt. An keinem anderen Paragraphen ist bei der Berathung des Gesetzes mehr kritisirt und amendirt worden[1]). Man vermißte theils ein leitendes Prinzip, welches den Gegensatz zu §. 1 zu rechtfertigen geeig-

[207]) S. auch Entsch. des R.O.H.G. Bd. 16 S. 111 u. Bd. 20 S. 135.

[1]) S. über die Verhandlungen auch Eger S. 166—169. 170.

net sei. Die Motive und die Vertheidiger des Gesetzes vermochten dafür nur einen sehr zweifelhaften Grund in der vermeintlich größeren Gefährlichkeit der Eisenbahnen geltend zu machen. Theils hielt man die Abgrenzung des Kreises derjenigen Unternehmungen, auf welche sich allein nach dem Inhalte des §. 2 die Haftbarkeit erstrecken sollte, für willkürlich und strebte mindestens nach Erweiterung desselben.

Allein trotz, vielleicht auch wegen der Fülle von Abänderungsvorschlägen ging die Regierungsvorlage ohne alle Einbuße aus dem Kampfe hervor. Nicht nur wurde der Antrag, an Stelle der §§. 1 und 2 die Haft, wie sie §. 1 Eisenbahnen auferlegt, dem Betrieb aller gewerblichen Anlagen ohne Unterschied aufzuerlegen[2]), sowie der Antrag, wenigstens das Bergwerk der Eisenbahn gleichzustellen[3]), sondern auch jeder Antrag auf Ausdehnung des §. 2 auf weitere Unternehmungen oder Betriebsarten[4]) verworfen.

1. Nach §. 2 ist haftpflichtig, wer eines der im Folgenden noch näher zu bezeichnenden Etablissements betreibt. Es fällt auf, daß in dem Vordersatz der §. 2 zur Bezeichnung des haftbaren Subjekts eine andere Ausdrucksweise ergriffen worden ist, als in §. 1. Da nicht das Mindeste entgegengestanden hätte, anschließend an die Redeweise des §. 1 zu sagen: der Betriebsunternehmer eines Bergwerks, Steinbruchs u. s. w., wird man unwillkürlich versucht, hinter dem verschiedenen Ausdruck eine materielle Verschiedenheit zu suchen. Man könnte daher auf den Gedanken kommen, §. 2 nur auf denjenigen zu beziehen, der faktisch einen derartigen Betrieb ausübt, während der Unternehmer des Betriebs keineswegs gerade selbst thätig zu sein braucht[5]); und man käme dann möglicherweise z. B. zu einer Haft

---

[2]) Schulze-Delitzsch und Genossen; Nr. 71, I der Drucksachen; vgl. St. B. S. 447, 593. — Daß das das einzige Konsequente war, leuchtet ein. S. über die maßgebenden legislatorischen Erwägungen meinen Einl. §. 2 Not. 2 cit. Aufsatz.

[3]) Ulrich; Nr. 74; vgl. S. 458; und dann nochmals die ausführliche Debatte über die Bergwerke in dritter Lesung S. 582—88, wo aber der wiederholte Antrag (Nr. 79) ebenfalls fiel; S. 593.

[4]) Es handelte sich besonders darum, „andere gewerbliche Anlagen", sowie insbesondere den Betrieb von „Dampfmaschinen oder Triebwerken" hineinzubringen. Jeder derartige Antrag rief dann wieder Unteramendements hervor. Vgl. Drucks. Nr. 65, 2; 71, II und III; 72; 73, I; 93, II und III. S. die Uebersicht, die Lasker in 2. Lesung gab, S. 464; die Regierung war gegen jede Erweiterung, S. 477; die Reg.-Vorlage angenommen S. 481. — Ueber die Versuche in 3. Lesung s. S. 594 und das gleiche Schicksal ders. S. 598.

[5]) S. auch Eger S. 171 ff.; Genzmer S. 65; Westerkamp S. 664.

z. B. blos des Betriebsdirektors, nicht aber der hinter demselben stehenden Aktiengesellschaft. Indessen ist bei der Berathung ein solcher Gegensatz zu §. 1 nirgends betont worden. Es ist daher mit Recht allgemein angenommen worden, daß das Gesetz auch hier den Betriebsunternehmer meint und nur aus redaktionellen Rücksichten, vielleicht auch ohne irgend welche besondere Rücksichten, sich des anderen Ausdrucks bedient[6]).

Mithin kommt auch hier nichts darauf an, ob der Betriebsunternehmer zugleich Eigenthümer ist[7]), oder ob er den Betrieb eines fremden Etablissements ausübt, wenn dies nur in eigenem Namen und auf eigene Rechnung geschieht[8]).

Vorausgesetzt wird, daß der Betrieb eröffnet ist, sich bereits im Gange befindet. Vorbereitungen des Betriebs fallen überhaupt nicht unter §. 2[9]). So namentlich nicht die Bauten zur Errichtung des Etablissements[10]). Die Betriebseröffnung aber genügt zu der Anwendung des §. 2. Ob sie eine den polizeilichen oder administrativen Vorschriften entsprechende ist[11]), braucht nicht untersucht zu werden. Sicher hat das Gesetz nicht die Absicht, den Unternehmer, der sich gegen solche Vorschriften verfehlt, der Haftpflicht zu entledigen. Zugleich muß im Hinblick auf §. 1 auch hier festgehalten werden, daß nicht alles und jedes, was anläßlich des Betriebs erfolgt, als der Haftpflicht unterliegend zu betrachten ist[12]). An sich gehört hieher nur die Thätigkeit in den zu dem Betrieb bestimmten Räumlichkeiten, nicht was außerhalb derselben gethan wird, wie der Transport nach und von jenen Räumlichkeiten; wenigstens in der Regel[13]). Doch kann es sein, daß auch eine außerhalb der Geschäftsräume vorge-

---

6) So auch Entsch. des R.O.H.G. Bd. 20 S. 13; Bd. 21 S. 176; Bd. 22 S. 311.

7) Entsch. des R.O.H.G. Bd. 16 S. 4.

8) Daß haftpflichtig ist, wer den gesammten Betrieb einem Anderen so übergeben hat, daß ihm alle Produkte zu festem Preis überlassen werden müssen, s. Entsch. des R.O.H.G. Bd. 21 S. 175.

9) Entsch. des R.O.H.G. Bd. 20 S. 13. — Was die Betriebseröffnung ist s. Eger S. 175—176.

10) Entsch. des R.O.H.G. Bd. 25 S. 219. — S. auch Westerkamp S. 667 unter c.

11) Vgl. Eger S. 176.

12) Eger S. 172. 205.

13) Entsch. des R.O.H.G. Bd. 22 S. 311; des R.G. vom 22. Septbr. 1880 (Blum's Ann. Bd. 2 S. 494).

nommene Arbeit als zum Geschäftsbetrieb im Sinne des §. 2 anzusehen ist. Worauf es ankommt ist[14]), daß der ursachliche Zusammenhang zwischen dem Unfall und der Thätigkeit, die als Betrieb des Etablissements erscheint, erkennbar wird[15]).

Fraglich erscheint aber, ob nicht innerhalb des Umkreises der von dem Betriebe erfüllt wird, doch noch eine weitere Abgrenzung nach dem Momente der Gefährlichkeit stattzufinden hat. Oder soll sich §. 2 auf alles, was zum Betrieb gerechnet werden muß, beziehen, ohne daß die Gefährlichkeit, die für den Umfang der Haftpflicht nach §. 1 so wichtig erscheint[16]), in Betracht gezogen wird? Das Reichsoberhandelsgericht hat diese Frage insofern bejaht, als es die Haftpflicht wenigstens auf den gesammten technischen und mechanischen Betrieb der betreffenden Etablissements erstreckt[17]). Allein dies entspricht gewiß nicht dem Grundgedanken des Gesetzes[18]). Auch läßt sich dann nicht absehen, warum nur von dem technischen und mechanischen Betrieb die Rede sein soll. Man hat füglich nur die Wahl, entweder den ganzen Betrieb oder nur den gefährlichen Theil desselben unter §. 2 zu stellen. Das erstere führt zu Folgerungen, die das Gesetz nicht hat wollen können. Es müßte dann auch für eine Menge in dem Betrieb vorkommender Neben- und selbst Haupthandlungen gehaftet werden, denen es an besonderer Gefährlichkeit gebricht und die vielleicht bei anderen, der Haftpflicht nicht unterstellten Betriebsarten in ganz gleicher Weise vorkommen. Man wird daher füglich annehmen dürfen, daß auch bei Anwendung des §. 2 das Kriterium der Gefährlichkeit anzulegen ist. Darauf deutet auch das mit dem Haftpflichtgesetz in Zusammenhang stehende Unfallversicherungsgesetz vom 6. Juli 1884 durch Absatz 7 seines §. 1 hin. Woraus die Gefährlichkeit entspringt, ist auch hier an sich gleichgültig. Nicht entfernt wird etwa erfordert, daß der Betrieb mit Benutzung von Dampf- oder anderen Maschinen von statten geht[19]). Allein daß gerade die Anwendung von Maschinen den Betrieb gefahrvoll machen kann, ist klar[20]).

Sind mit einem der in §. 2 genannten Etablissements Anlagen

---

[14]) Ein Beispiel s. Entsch. des R.O.H.G. Bd. 25 S. 201.

[15]) Entsch. des R.G. Bd. 1 S. 47.

[16]) S. oben §. 1 Not. 77 ff.

[17]) Entsch. des R.O.H.G. Bd. 21 S. 276.

[18]) S. oben Einl. §. 3 u. Eger S. 208—209.

[19]) Entsch. des R.G. Bd. 4 S. 26.

[20]) Eger S. 210—211.

verbunden, deren Betrieb nicht als integrirender Bestandtheil desselben[21]), sondern als ein selbständiges Nebengewerbe erscheint, so kann natürlich deren Betrieb nicht schon darum, weil sie mit dem Hauptetablissement in Verbindung stehen oder dessen Zwecken dienen, für haftpflichtig gehalten werden. Vielmehr bedarf es dann der Untersuchung, ob der Nebenbetrieb für sich unter §. 2, oder gar, sofern er in einer für das Etablissement bestimmten Eisenbahn besteht[22]), unter §. 1 fällt. Denn, daß auch ein Bergwerk, eine Fabrik u. s. w., die einem anderen Unternehmen dient, an dem §. 2 betheiligt sein kann, versteht sich von selbst. Darum gehört auch eine Fabrik[23]), ein Steinbruch u. s. w. den eine Eisenbahnunternehmung für ihre Zwecke betreibt, vollständig unter §. 2.

Der Kreis der an der Haft des §. 2 betheiligten Unternehmungen ist bestimmt beschrieben[24]), eine Ausdehnung mithin nicht zulässig. Darnach bleibt namentlich die gesammte Bauunternehmung außerhalb dieses Gesetzes, während die Anfertigungen von vielen Bestandtheilen, die zu den Bauunternehmungen gebraucht werden, als fabrikmäßige unter §. 2 gehören.

Die hieher gehörigen Unternehmungen sind folgende:

a) Bergwerke. Die Motive bemerken, daß damit „alle Bergwerke ohne Ausnahme" gemeint seien. Sie heben insbesondere hervor, daß dieselbe Haftbarkeit nicht blos die kraft des Bergregals oder des Berghoheitsrechtes beliehenen, sondern auch diejenigen Bergwerke treffen soll, bei welchen das Recht zum Betriebe aus dem Grundeigenthum fließt[25]). Unzweifelhaft fällt unter den Begriff des Bergwerks jeder Betrieb, groß oder klein, auf entsprechenden Anlagen, welcher die Gewinnung unterirdischer Schätze[26]) irgend einer Art in bergmännischer Weise zum Zwecke hat. Hüttenwerke, Hochöfen, Auf-

---

[21]) Eger S. 211, III.

[22]) S. oben §. 1 Not. 44 ff.

[23]) Wenn auch der Betrieb einer Maschinenwerkstätte nicht unter die Gewerbeordnung fällt; s. Entsch. des R.G. Bd. 8 Nr. 38.

[24]) Daß das absichtlich geschehen, s. Stenogr. Berichte S. 203. — S. auch Eger S. 202 und Entsch. des R.G. Bd. 8 Nr. 12.

[25]) Wie bes. im Königreich Sachsen nach dem Berggesetz vom 16. Juni 1868 §. 4 und in den vormals Kursächsischen Theilen der Preußischen Provinzen Sachsen, Brandenburg u. Schlesien nach dem Ges. vom 22. Februar 1869. Mot. S. 10 Nr. 1.

[26]) Welche die hauptsächlichsten, aber nicht einzigen sind, s. Preuß. Berggesetz. v. 24. Juni 1865 §. 1.

bereitungsanstalten[27]) u. dgl. gehören ebenso unzweifelhaft nicht unter den Ausdruck „Bergwerk". Es kann sich nur darum handeln, ob sie unter eine andere Rubrik des §. 2 gestellt werden können. Auch wenn ein Bergwerk mit einem Etablissement, das nicht an der Haft Theil nimmt, noch so eng verbunden ist, bezieht sich die Haftbarkeit des §. 2 allein auf das Bergwerk. Aber auf das Bergwerk auch überall. Der §. 2 will den gesammten bergmännischen Betrieb treffen. Die Haftbarkeit greift also auch da Platz, wo das Bergwerk nicht gerade als selbständig für sich bestehendes oder Hauptetablissement erscheint. Sie gilt da, wo dasselbe in irgend welcher Verbindung mit einem andern Betrieb steht, nicht minder als da, wo das Bergwerk als untergeordnetes Accessorium einer anderen und zwar außerhalb des §. 2 stehenden Anlage betrieben wird. Wo immer ein Betrieb stattfindet, der als Bergwerk bezeichnet werden muß, kommt der Rechtssatz des §. 2 zur Anwendung. Man hat vielfach versucht, eine genauere Definition des Begriffs „Bergwerk" zu finden; allein mit wenig Erfolg. Die Behauptung, daß der Begriff von der Stellung unter bergpolizeilicher Aufsicht abhängig sei[28]), erscheint ungerechtfertigt[29]); und die Umschreibung, wonach unter Bergwerk gemeinhin jede Anlage zu ersehen sein soll, welche der Gewinnung von unterirdischen Mineralien nach bergtechnischen Regeln bezweckt, erspart nicht weitere Prüfung, sondern verschiebt sie nur. Es muß dann gefragt werden, was eben Betrieb nach technischen Regeln ist. Dies abstrakt zu bestimmen, und darnach im einzelnen Fall zu prüfen, ob der Betrieb von solcher Beschaffenheit sei, wird sich oft so schwierig erweisen, daß man auch mit dieser vermeintlichen Präzisirung des Begriffs wenig gewonnen sieht.

Aus der Rechtsprechung des Reichsoberhandelsgerichts ist nichts weiter zu erwähnen, als daß die Anlegung eines Tunnels nicht als Bergwerksbetrieb gilt[30]); sowie daß wegen des Begriffs „Bergwerk" nicht etwa auf das Partikularrecht zu verweisen, vielmehr für die

---

[27]) Aufbereitungsanstalten (Wäschen, Pochwerke) und Hütten können als Fabriken (s. d) gelten. Vgl. auch Jacobi S. 24 a. E.; Eger S. 181. — Ueber das Forum der Klage gegen den Bergwerksbesitzer nach Preuß. Recht s. Entsch. des R.O.H.G. Bd. 16 Nr. 2, ist jetzt nichts mehr zu sagen; dasselbe bestimmt sich nach der C.P.O. bes. §. 22.

[28]) Eger S. 178.

[29]) Westerkamp S. 666.

[30]) Entsch. Bd. 20 S. 3.

Anwendung des Haftpflichtgesetzes, das Reichsgesetz einheitlich auszulegen ist[31]).

b) Steinbrüche. Sie werden neben den Bergwerken eigens erwähnt, „weil zweifelhaft sein konnte, ob diese unter die Bezeichnung Bergwerk zu subsumiren sein würden". Ob der Steinbruch unter oder über der Erde betrieben wird, ist einerlei. Das Gesetz macht keine Unterscheidung[32]). Zwischen unterirdischen Steinbrüchen und Bergwerken zu unterscheiden, ist daher, da diese nur als unterirdisch gedacht werden können, keine Veranlassung. Man hat unter Steinbrüchen solche Anlagen zu verstehen, welche die Gewinnung von Steinen bezwecken. Ob nur dann, wenn der Betrieb nach technischen Regeln und unter polizeilicher Aufsicht stattfindet[33]), ist dieselbe Frage, wie bei den Bergwerken. Ob die gewonnenen Steine von dem Unternehmer für sich benutzt, oder sonstwie verwerthet worden, ist gleichgültig. Jedenfalls muß aber ersichtlich sein, daß es um die gewerbemäßige Gewinnung und Benutzung der Steine zu thun ist. Wenn Steine aus anderem Grund weggebrochen werden, z. B. um einen Eisenbahntunnel auszuführen[34]) u. dgl., so leidet der Begriff des Steinbruchs keine Anwendung; selbst dann nicht, wenn die so gebrochenen Steine nebenbei eine Verwerthung finden[35]).

c) Gräbereien. Das sind Anlagen zu gewerbemäßiger Gewinnung von Mineralien oder Erdarten, die an oder nahe der Oberfläche lagern, durch Ausgraben. Die Motive rechnen dahin beispielsweise Mergel-, Kies-, Sand-, Thon-, Lehmgruben. Wenn sie gleich als Unterarten der „Bergwerke" betrachtet werden könnten, so sind sie doch darum in §. 2 erwähnt worden, weil nach der gewöhnlichen Auffassung die Gewinnung der Fossilien in oberflächlicher Lagerstätte von dem eigentlichen Bergbau unterschieden wird[36]). Auch hier kommt es darauf an, daß Gewinnung der betreffenden Materialien der Zweck des Betriebs ist. Ausgrabungen zu anderem Zweck, zur Fundamentirung eines Gebäudes oder zur Herstellung eines Eisenbahneinschnitts u. dgl., gehören nicht hieher[37]).

---

[31]) Entsch. Bd. 25 S. 145.

[32]) Mot. S. 10 a. E.

[33]) Das behauptet Eger S. 182—183.

[34]) Entsch. des R.G. Bd. 8 S. 57.

[35]) Entsch. des R.O.H.G. Bd. 20 S. 3 ff.

[36]) Entsch. des R.O.H.G. Bd. 23 S. 403.

[37]) Entsch. des R.O.H.G. Bd. 20 S. 3; Bd. 23 S. 403.

d) Fabriken. Dieser Begriff erweist sich am meisten unsicher. Das erkannten die Motive des Entwurfs an[38]), verzweifelten aber an der Möglichkeit einer brauchbaren Definition und glaubten die Entscheidung lediglich dem richterlichen Ermessen überlassen zu müssen. In den Verhandlungen der Kommission und des Plenums des Reichstags ist mehrfach die Unsicherheit gerügt und nach genauerer Fixirung gestrebt worden[39]).

Es erhellt aus denselben soviel, daß der Versuch, mit Rücksicht auf die Gefährlichkeit, gewerbliche Anlagen von Dampfkesseln, Triebwerken u. dgl. ausdrücklich mit heranzuziehen, auch wenn sie nicht als Fabriken erscheinen, nicht gebilligt worden ist[40]). Ferner auch, daß man das Baugewerbe[41]), so wie den Landwirthschaftsbetrieb, auch wenn dazu Dampfkräfte, Wasserkräfte, Triebwerke u. s. w. angewendet werden, absichtlich ausgeschlossen hat; was freilich nicht hindert, daß mit dem Baugewerbe oder der Landwirthschaft, für deren Zwecke bestimmt, Fabriken verschiedener Art verbunden und betrieben werden, auf die §. 2 vollständig Anwendung leidet[42]). Auch muß als ausgemacht gelten, daß nur solche Fabrikation den Begriff der Fabrik erfüllt, die in einer dazu errichteten Anlage vor sich geht. Der Begriff verlangt ein Etablissement, in dem die Unternehmung betrieben wird. Fabrikation im Wege der sogenannten Hausindustrie fällt nicht unter §. 2[43]).

Im Uebrigen ist man zu einer näheren Definition nicht gekommen. Im Ganzen wird unter Fabrik ein Etablissement zu verstehen sein, in welchem die Bearbeitung oder Verarbeitung von Materialien, die Naturprodukte oder selbst schon Erzeugnisse einer Bearbeitung sein mögen, in größerem Umfange betrieben wird. Dafür läßt sich jetzt auch die Begriffsbestimmung in dem Unfallsversicherungsgesetz[44]) anführen, insofern gewerbemäßige Bearbeitung oder Verarbeitung von Gegenständen erheischt wird[45]); wogegen es unzulässig

---

[38]) Mot. S. 11.

[39]) Stenogr. Berichte S. 207 ff. — S. die ausführlichen Mittheilungen bei Eger S. 187 ff.

[40]) Eger S. 190, III.

[41]) Stenogr. Berichte S. 207. 464 Entsch. des R.G. Bd. 8 Nr. 12.

[42]) Genzmer S. 63 a. E.

[43]) Westerkamp S. 667.

[44]) Vom 6. Juli 1884 §. 1 Abs. 4.

[45]) Das dort aufgestellte Erforderniß eines Betriebs mit mehr als zehn Arbeitern, bleibt hier außer Betrachtung.

erscheint, die unbedingte Ausdehnung des Begriffs auf jederlei, sei es auch den geringsten, Betrieb zur gewerbemäßigen Erzeugung von Explosionsstoffen oder explodirenden Gegenständen, so sehr auch dafür die Gefährlichkeit zu sprechen scheint, unter das Haftpflichtgesetz rückwärts zu erstrecken[46]).

Mit welchen Mitteln der Betrieb ausgeübt wird, ob mit Dampfkraft u. s. w. ist nicht entscheidend; wie denn auch zu einer Unterscheidung zwischen besonders gefährlichen und nicht oder nicht besonders gefährlichen Fabriken nach §. 2 keine Handhabe geboten ist.

Ebensowenig hat man Ursache eine Unterscheidung, darnach zu machen, ob der Betrieb stattfindet zum Zwecke handelsmäßigen Absatzes[47]) der Produkte von Seiten des Fabrikanten, oder für Andere, welche die Produkte absetzen oder verbrauchen wollen, oder lediglich zum Zweck der Befriedigung des eigenen Bedarfs des Unternehmers[48]). Darum gehören auch die Werkstätten der Eisenbahnen, die Hüttenwerke[49]), die ausschließlich dem Betriebe von Bergwerksunternehmungen dienen, und selbst solche Betriebe, die lediglich für ein Baugewerbe, für eine Landwirthschaft[50]) oder sonst ein nicht als Fabrik zu bezeichnendes Etablissement bestimmt sind, hieher.

Am schwierigsten aber wird die Abgrenzung des Fabrikbetriebs, der immerhin als ein umfangreicherer, größerer und wichtigerer betrachtet werden muß, gegen denjenigen kleineren Betrieb, der nur als ein handwerkmäßiger bezeichnet zu werden verdient.

Wie sich auch schon anläßlich des Handelsgesetzbuchs, welches das Handwerk besonders auszuscheiden sucht, genugsam gezeigt hat[51]), wird es nach den heutigen Lebensverhältnissen völlig unmöglich, eine einigermaßen zuverlässige Grenze zwischen Fabrik und Handwerk zu ziehen[52]). Selbst wenn das Handelsgesetzbuch direkt oder indirekt eine

---

[46]) Nach Abs. 5 daselbst hat für die Anwendung des Unfallversicherungsgesetzes das Reichsversicherungsamt zu entscheiden, welche Betriebe unter den Begriff Fabriken fallen.

[47]) Genzmer S. 63 Abs. 3.

[48]) Entsch. des R.O.H.G. Bd. 24 S. 103.

[49]) Entsch. des R.O.H.G. Bd. 14 S. 196.

[50]) S. in Anwendung auf eine Ziegelei Entsch. des R.O.H.G. Bd. 22 S. 415.

[51]) Vgl. Goldschmidt, Hdb. I §. 46; von Hahn, Komm. II S. 32; Endemann, Handelsrecht, §. 5 Note 19. S. darüber auch ausführlich Eger S. 199 bis 200.

[52]) Darüber sprechen sich auch einige gedruckte Bemerkungen des Abg. Dr. Tellkampf zu Nr. 16 der Drucksachen aus.

Definition enthielte, würde es doch fraglich erscheinen, ob sie ohne Weiteres auch der Interpretation dieses Gesetzes zu Grunde gelegt werden dürfte.

Auf die Gewerbeordnung vom 21. Juni 1869 §. 127 fg. verweisen die Motive nur, um die Unterlassung jeder Definition zu rechtfertigen. So muß denn durchweg die richterliche Prüfung im einzelnen Falle entscheiden, ob es sich um ein Fabrikunternehmen handelt. Der Praxis ist nach dieser Seite hin eine große Gewalt über die Anwendung des Gesetzes eingeräumt. Sie wird allerdings auf den Gegensatz von großem und kleinem Betrieb Gewicht zu legen haben[53]). Aber es leuchtet ein, daß für die Würdigung, welcher Betrieb als ein größerer und daher fabrikmäßiger, welcher andererseits als ein kleinerer und daher handwerkmäßiger anzusehen ist, eine Menge von thatsächlichen Momenten erheblich werden kann, die sich unmöglich in einer abstrakten Formel zusammenfassen lassen. Nahe genug liegt es dabei, auch der größeren oder geringeren Gefährlichkeit des Betriebs einige Einwirkung zu verstatten[54]). Indessen fehlt es allerdings dafür in §. 2 an jedem Ausdruck[55]).

Ist der Begriff der Fabrik gegeben, so umfaßt derselbe das ganze der betreffenden Fabrikation gewidmete Etablissement mit allen seinen Zubehörungen; auch die Eisenbahnen, wenn sie nur Theile desselben sind[56]). Der gesammte innerhalb dieses lokalen Umfangs geübte Betrieb fällt unter §. 2. Indessen gilt es doch keineswegs völlig ausgeschlossen, daß auch auf Betriebshandlungen, die außerhalb vorgenommen werden, also nicht unmittelbar zu der Thätigkeit in der Fabrik gehören, der §. 2 Anwendung finden könne[57]).

2. Die Haft der hiernach in Betracht kommenden Unternehmungen hat das Gesetz nur in einer einzelnen Richtung geregelt.

Die Voraussetzung, unter der die Haftpflicht nach §. 2 eintritt, ist nach dem Zwischensatz „wenn — herbeigeführt hat" des §. 2 Verschulden einer in dem Betrieb angestellten Person, welches Tödtung oder Körperverletzung herbeigeführt hat.

---

53) Als Beispiele der Judikatur s. Entsch. des R.O.H.G. v. 25. April 1876 s. Genzmer S. 64 u. das R.G. Bd. 4 Nr. 26 über Bierbrauerei; v. 26. März 1878 (das. S. 64) über eine Dampfmühle von 4 Mahlgängen

54) S. auch oben Not. 44.

55) Eger S. 196 a. E.

56) S. darüber oben §. 1 Not. 13.

57) Entsch. des R.O.H.G. Bd. 22 S. 311.

a) Die Personen, deren Verschulden den Betriebsunternehmer haftbar machen kann, sind bestimmt aufgezählt. Eine Ausdehnung des Personenkreises wurde bei der Berathung des Gesetzes zwar angestrebt, aber von dem Regierungskommissar erfolgreich bekämpft[58]). Das Verschulden anderer Angestellten, als der hier genannten, fällt so wenig unter das Haftpflichtgesetz, als das eigene Verschulden des Unternehmers selbst[59]). Namentlich fehlt es an aller und jeder Haft des Unternehmers für Verschulden der in dem Unternehmen beschäftigten gewöhnlichen Arbeiter[60]). Wenn ein einfacher Arbeiter in dem Bergwerk oder der Fabrik durch schuldhaftes Handeln eine Tödtung oder Körperverletzung herbeigeführt hat, so kann deshalb der Unternehmer nach diesem Gesetz nicht in Anspruch genommen werden[61]). Insofern haben nicht nur Dritte, sondern auch die Arbeiter desselben Etablissements gegen die Gefahr ihrer Person aus schuldhaftem Verhalten irgend eines Mitarbeiters bei dem Unternehmen keine Garantie der Entschädigung[62]).

Die in §. 2 aufgestellten Kategorien wird man freilich so weit fassen müssen, als es dem gewählten Ausdruck nach möglich ist. Aber andere Klassen in dieselben hineinzuschieben, erscheint unthunlich[63]).

Der §. 2 erstreckt sich:

aa) auf Bevollmächtigte. Auch dieser Begriff gibt mangels jeder näheren Bezeichnung im Gesetz zu Zweifeln Anlaß[64]). Bevollmächtigter ist derjenige, der die Befugniß zur Stellvertretung durch Ertheilung einer Vollmacht erhalten hat. Dabei muß aber erwogen

---

[58]) Stenogr. Berichte S. 478; s. auch Eger S. 221.

[59]) Eger S. 241. — S. darüber auch unten zu §. 10 Not. 147 ff.

[60]) Wie dies nach Cod. civ. art. 1384 der Fall. Vergl. auch Entsch. des R.O.H.G. Bd. 11 S. 89.

[61]) Demgemäß hat das R.O.H.G. Bd. 14 S. 196 in einem Falle, wo die Beschädigung dem einen Dampfhammer bedienenden Maschinisten zur Last fiel, die Entschädigungspflicht der Eisenbahn abgelehnt. Dagegen Jacobi S. 25.

[62]) Man hat namentlich in Bezug auf Bergwerke weitläufig zu rechtfertigen gesucht, weshalb der Unternehmer unmöglich für die Handlungen eines jeden Arbeiters einstehen könne. Vgl. dagegen die Verhandlungen des 6. Juristentages, Bd. 1 S. 45 fg.; sowie die Verhandlungen und Beschlüsse des volkswirthschaftl. Kongresses von 1868 zu Mainz.

[63]) So bemängelt Eger S. 222 mit Recht die Entsch. des R.O.H.G. Bd. 18 S. 216, wonach der Theilhaber einer Fabrik, u. Bd. 21 S. 175, wonach der selbständige Akkordübernehmer zu den Personen gezählt worden ist, deren Verschulden der Unternehmer zu decken hat.

[64]) S. Eger S. 224—229.

werden, daß die Ertheilung der Vollmacht keineswegs immer eine ausdrückliche zu sein braucht. Sie kann auch eine stillschweigende sein, schon aus der thatsächlichen Duldung der Ausübung der betreffenden Dienstfunktionen erhellen; und dies ist überall der Fall, wo Jemand zu einer Funktion bestellt wird, welche nach ihrer Beschaffenheit die Stellvertretung von selbst mit sich bringt. Daher ist denn auch der Antrag, neben den Bevollmächtigten ausdrücklich noch Beamte zu nennen, abgelehnt worden[65]). Sie fallen, soweit sie zur Stellvertretung berufen sind, von selbst kraft ihrer Anstellung unter die Bevollmächtigten und fallen davon aus, soweit sie keine Stellvertretungsbefugniß haben.

Man kann ferner nicht etwa entscheidendes Gewicht darauf legen, daß die Vollmacht unmittelbar von dem Betriebsunternehmer ausgehe. Die Bevollmächtigung kann sehr wohl auch von Organen oder Stellvertretern des Betriebsunternehmers in dessen Namen, zumal an Bevollmächtigte untergeordneter Art, erfolgen. Der Umfang der Bevollmächtigung kann ein sehr verschiedener sein und die Verschiedenheit desselben macht für die Anwendung des §. 2 keinen Unterschied. Es handelt sich auch nicht blos um die Uebertragung von Funktionen, die sonst dem Betriebsunternehmer selbst zukämen. Der Betriebsunternehmer kann Vollmacht zu allem, was der Betrieb mit sich bringt, ertheilen. Er gibt sich Stellvertreter, weil er für seine Person außer Stande ist, alles selbst zu thun. Daraus ergibt sich das unendlich mannigfaltige Bedürfniß, sich Stellvertreter zu bestellen und die unendliche Verschiedenheit des äußeren Umfangs und der inneren Bedeutung der Vollmacht. Es läßt sich darnach namentlich nicht behaupten[66]), daß die Vollmacht sich insonderheit auf die Leitung des Betriebs beziehen müsse. Die Bevollmächtigung bezieht sich überhaupt auf Thätigkeit im Betrieb.

Da in §. 2 jede Beschränkung durch Verweisung auf bestimmte Richtungen der Thätigkeit im Betriebe fehlt, möchte man einerseits sich geneigt fühlen, als Bevollmächtigten im Sinne des §. 2 einen Jeden zu behandeln, der irgend eine Befugniß erhalten hat, im Geschäft thätig zu sein. Indessen muß man zugeben, daß dies zu Konsequenzen führen würde, von denen sich nicht annehmen läßt, daß sie

---

[65]) Stenogr. Berichte S. 177; Drucks. Nr. 65.

[66]) Wie Eger S. 225 gegen meine irrthümliche Ansicht in der 2. Auflage S. 55 ausführt.

das Gesetz gewollt hat[67]). Die Haftung würde sich dann selbst auf Buchhalter, Kassirer u. s. w. erstrecken. Immerhin sind sie in dem Betriebe des Geschäfts kraft Uebertragung gewisser Funktionen als Bevollmächtigte thätig. Der Betriebsunternehmer müßte auch für deren Verschulden, durch das innerhalb ihrer Befugniß oder auch, wenn sie darüber hinausgreifen, eine Körperverletzung verursacht wird, haften.

Obwohl denkbar das Gesetz so weit gehen könnte, erscheint dies doch nach dem Zweck des Haftpflichtgesetzes schwerlich beabsichtigt. Ob aus den Worten „in Ausführung der Dienstverrichtungen" viel zu folgern ist, steht dahin[68]). Aber allerdings erscheint es aus inneren Gründen[69]), zumal wenn man hier wieder einmal die Rücksicht auf die Gefährlichkeit als leitenden Gedanken der Haftpflicht in Erwägung zieht, trotz des ungemessenen Ausdrucks in §. 2 glaublich, daß nur die Bevollmächtigten in Betracht kommen sollen, die in dem technischen Betrieb angestellt sind. Der mechanische Betrieb besitzt nicht die Gefährlichkeit, welche die Haftpflicht rechtfertigt und die nur für diesen bevollmächtigten Personen fallen daher hier aus. In diesem Sinn hat denn auch das Reichsgericht geurtheilt[70]). Unter den Bevollmächtigten des technischen Betriebs aber ist kein Unterschied zu machen. Jeder in seinem Dienstkreise, mag dieser ein engerer oder weiterer sein, gehört hieher. Der Ausdruck „Bevollmächtigter ist, wie auch der Ausdruck „Repräsentant" im weitesten Sinne zu fassen; so, daß nicht blos die unter dem Betriebsunternehmer stehenden Funktionäre des technischen Betriebs, sondern sogar solche, welche die Betriebsarbeit für eigene Rechnung akkordmäßig und selbständig übernehmen, dazu zu rechnen sein sollen[71]).

An die Befugniß, mit Dritten Rechtsgeschäfte abzuschließen[72]), kann der Begriff des Bevollmächtigten nicht geknüpft werden. Es handelt sich nach §. 2 nicht um Verschulden in Vertragsverhältnissen, sondern nur um Verschulden bei der Ausübung von Dienstfunktionen.

Daraus ergibt sich, daß für Dritte zunächst nicht die Kenntniß von dem Bestehen der Vollmacht und deren Umfang, sondern der

[67]) Wie ich a. a. O. in der 2. Auflage in Aussicht nahm.

[68]) Mit Eger S. 229.

[69]) S. darüber unten bei Not. 88.

[70]) Entsch. des R.G. v. 9. Okt. 1880 (Blum's Ann. Bd. 2 S. 495).

[71]) Entsch. des R.O.H.G. Bd. 21 S. 175; s. aber dagegen Westerkamp S. 672.

[72]) So Westerkamp S. 671.

Umstand in Betracht kommt[73]), daß die betreffende Person bei dem Betriebe in einer Stellung funktionirt, welche sie als bevollmächtigt erscheinen läßt. Nach §. 2 haftet aber der Betriebsunternehmer nur „für den Bevollmächtigten," d. h. für denjenigen, der wirklich, sei es ausdrücklich oder stillschweigend, bevollmächtigt ist, nicht für denjenigen, der sich ohne oder gegen seinen Willen in dem Betrieb Befugnisse angemaßt hat. Nun liegt es freilich nahe genug, daß in einem organisirten Geschäft eine Ausübung von Befugnissen, welche Vollmachtertheilung voraussetzt, ohne oder gegen den Willen des Unternehmers nicht leicht vorkommen wird, sowie daß Arbeiter und Dritte annehmen dürfen, derjenige, der ihnen in einer Bevollmächtigung voraussetzenden Stellung gegenübertritt, sei wirklich ein solcher; allein von einer unbedingten Mithaft des Unternehmers auch für solche, die in Wahrheit keine Bevollmächtigte sind, weiß §. 2 nichts. Wenn sich ergibt, daß gar keine Vollmacht, auch nicht durch thatsächliche Duldung der Thätigkeit im Betriebe, vorhanden war, fehlt die Brücke zu der Haft des Unternehmers nach §. 2. Nach allgemeinen Rechtsgrundsätzen kann dann wohl noch gefragt werden, ob nicht dem Unternehmer darum, weil unbefugte Thätigkeit in dem Betrieb möglich gewesen ist, ein Verschulden vorgeworfen werden kann, und andererseits, ob nicht für Arbeiter und Dritte der Umstand, daß der Mangel der Vollmacht bekannt oder bei gehöriger Sorgfalt erkennbar war, in die Wagschale fällt. Offenbar entspricht das den natürlichen Verhältnissen und der Tendenz des Haftpflichtgesetzes nicht, daß darauf etwas ankommen soll. Nichts destoweniger wird man anerkennen müssen, daß §. 2 zu Prüfungen dieser Art Raum läßt, da die Haftpflicht auf den Grund des Nichtvorhandenseins einer Bevollmächtigung abgelehnt werden kann.

bb) auf Repräsentanten. Warum diese neben den Bevollmächtigten eigens erwähnt werden, ist auch nicht ganz einfach einzusehen. An Repräsentanten in dem Sinn, daß darunter solche zu verstehen sind, welche als selbständige Geschäftsleute, Agenten[74]) u. dgl., die Vertretung eines Geschäfts übernehmen, läßt sich nicht denken. Nach den Worten „in Ausübung der Dienstverrichtungen" können nur solche gemeint sein, die sich in den Dienst des Geschäfts als Glieder

---

[73]) Mit der kurzen Bemerkung bei Eger S. 227 oben ist die Frage nicht abgethan.

[74]) Endemann H.R. §. 163 Not. 9; v. Hahn, Komm. zum H.G.B. Art. 272 §. 18.

desselben eingefügt haben[75]). Vorwiegend scheint man im Anschluß an den Gebrauch dieser Bezeichnung bei Gewerkschaften solche Bevollmächtigte im Auge gehabt zu haben[76]), die nicht blos für den technischen, sondern für einen umfassenderen oder den ganzen Betrieb Vertreter sein sollen. Indessen ist das, da der Ausdruck „Repräsentant" nur eine Uebersetzung des Ausdrucks „Stellvertreter" darstellt und, da die Repräsentanz ebenso aus Bevollmächtigung hervorgehen muß wie die Eigenschaft eines Bevollmächtigten, keineswegs ganz sicher.

Nimmt man den Begriff in dem Sinne umfassender Vertretung, so gehören unter denselben auch die Vorsteher einer Aktiengesellschaft, Genossenschaft, Gewerkschaft oder Korporation. Denn sie sind Organe der Gesammtheit, welche als solche Geschäftsinhaberin und Betriebsunternehmerin ist[77]). Allein dasselbe gilt auch füglich von dem Theilhaber oder offenen Gesellschafter einer offenen oder Kommanditgesellschaft[78]), der, ebenwohl als Organ oder Repräsentant der Gesellschaft, die als solche Inhaberin und Unternehmerin des Betriebs ist, erscheint, wenn man nicht der Gesellschaft als solcher alle Wesenheit absprechend, die Gesellschafter selbst als Betriebsunternehmer hinstellt[79]). Ungleich fraglicher erscheint es, ob auch derjenige, welcher akkordmäßig den selbständigen Betrieb übernommen hat, wenn nicht als Bevollmächtigten, doch als Repräsentanten des Eigenthümers sich betrachten darf[80]).

cc) auf Personen, die angenommen sind, von dem Betriebsunternehmer oder dessen Organen, zur Leitung oder Beaufsichtigung des Betriebs oder der Arbeiter. Auch dieser Ausdruck läßt an Deutlichkeit viel zu wünschen übrig. Es will zunächst nicht gelingen, denselben, wie man doch erwarten sollte, in einen bestimmten Gegensatz zu den Bevollmächtigten zu bringen. Wer zur Leitung oder Beaufsichtigung des Betriebs oder der Arbeiter angestellt ist, hat kraft seiner Bestellung und in dem ihm überwiesenen Umfang Befugnisse erhalten. In der Bestellung liegt also, selbst

---

75) Eger S. 230 a. E. Westerkamp S. 672.

76) Eger a. a. O.

77) S. auch Entsch. des R.O.H.G. Bd. 19 S. 396.

78) Entsch. des R.O.H.G. Bd. 18 S. 216; u. Urth. des R.G. v. 20. Okt. 1880 (Blum's Ann. Bd. 2 S. 496).

79) Vermöge der sog. Sozietätstheorie; s. Westerkamp S. 672 Not. 29, die freilich auch vom R.O.H.Gericht acceptirt ist.

80) Das thut das R.O.H.G. in der oben Art. 70 citirten Entscheidung.

wenn man sie zunächst auf einen Dienstmiethe- oder Arbeitsvertrag, der mit dem Angestellten abgeschlossen ist, zurückführt, immer zugleich eine Auftragsertheilung, nämlich die mit der Bestellung verbundenen Funktionen auszuüben, die man ebensogut als Bevollmächtigung zu denselben bezeichnen kann. Den Begriff der Bevollmächtigung auf die Ertheilung der Befugniß zu Rechtsgeschäften zu beschränken ist an sich kein Grund. Ist doch die Ertheilung der Prozeßvollmacht nach dem Wesen des heutigen Prozesses, der keine Quasikontraktsnatur seiner Hauptvorgänge mehr kennt, auch keine Vollmacht zu Rechtsgeschäften, und doch eine echte Bevollmächtigung. Die Ermächtigung, kraft deren Jemand zur Leitung und Beaufsichtigung des Betriebs, Handhabung der Ordnung, Erlaß von Befehlen und Anordnungen u. dgl. befugt sein soll, erscheint immerhin als ein Mandat oder eine Bevollmächtigung. Sie setzt den Angestellten durch Auftrag in Rapport nach außen mit allen denen, welche seine Funktionen angehen. Den Begriff der Bevollmächtigung hier als ganz heterogen zu behandeln, paßt um so weniger, als bei der Kategorie der Bevollmächtigten[81]) erkannt werden muß, daß auch dort der Begriff der Bevollmächtigung nicht in der Uebertragung der Stellvertreterschaft zu Rechtsgeschäften, sondern zur Thätigkeit im Betriebe wurzelt. Von dieser Seite her den Begriff der zur Leitung oder Beaufsichtigung berufenen Arbeiter gegensätzlich klar machen zu wollen[82]), will daher nicht gelingen. Mag man auch einräumen, daß diese Kategorie zur Erweiterung des Personenkreises noch hinzugefügt worden ist, weil man annahm oder fühlte, daß sie unter den anderen, diese in dem gerichtlichen Sinne genommen, nicht ohne weiteres mitbegriffen seien, so ist damit für die genauere Definition des Umfangs wenig gewonnen. Kaum mehr, als daß Arbeiter, die mit Beaufsichtigung anderer Arbeiter nichts zu schaffen haben, ausgeschieden bleiben, also Verschulden derselben nicht durch Haft des Betriebsunternehmers gedeckt wird; selbst dann nicht, wenn dadurch ein Arbeiter oder Angehöriger des Etablissements beschädigt worden ist[83]). Aber welche Klassen unter die allgemein gehaltene Bezeichnung positiv gehören, läßt sich unmöglich allgemeingültig und erschöpfend auf-

---

[81]) S. oben Not. 64 ff.

[82]) So viel gegen die Ausführung u. Polemik Egers S. 234—235.

[83]) Ueber die mögliche Haft nach sonstigem Civilrecht, bes. nach Cod. civ. art. 1384 f. Eger S. 242—243.

zählen[84]). Es ist keineswegs sicher, daß die Bezeichnungen überall gleichmäßig gebraucht werden. Bei manchen erscheint es selbst Denen, welche um jeden Preis eine abstrakte Festsetzung anstreben möchten, unerläßlich auf konkrete Würdigung zu verweisen; wie bei Vorarbeitern[85]), Maschinisten und Kesselwärtern, die man nicht hieher rechnen mag, weil Diejenigen, welche zur Leitung oder Beaufsichtigung einer Maschine, Anlage u. dgl. bestellt sind[86]), nicht als zur Leitung des Betriebs oder Beaufsichtigung der Arbeiter berufen gelten können[87]).

Kommen als Bevollmächtigte nur diejenigen in Betracht, welche in dem technischen Betrieb thätig sind[88]), dann läßt sich die Konsequenz, daß auch hier nur Leitung des technischen Betriebs und Beaufsichtigung der in diesem verwendeten Arbeiter in Betracht zu ziehen ist, nicht ablehnen. Leitung und Beaufsichtigung im Sinne des §. 2 werden zwar häufig zusammentreffen; allein dies ist nicht nöthig. Nach der Fassung des Gesetzes genügt es, wenn das eine oder das andere Moment zutrifft. Auf den Umfang der betreffenden Funktionen kommt für die Anwendung des §. 2 nichts an. Sie findet, wo die Leitung oder Beaufsichtigung eine auf einzelne Theile des Betriebs beschränkte ist, ebenso gut statt, wie da, wo diese eine umfassendere ist. Die Haft tritt selbst bei Verschulden gewöhnlicher Arbeiter ein, soweit sie nicht blos mit gewöhnlichen Dienstverrichtungen, sondern zugleich irgendwie mit Leitung oder Beaufsichtigung Anderer befaßt sind[89]). Dies gilt auch für diejenigen, welche nur eine Maschine oder Anlage zu bedienen haben, sobald ihnen dabei auch eine Leitung oder Beaufsichtigung zukommt. Auch begründet es keinen Unterschied, ob die Bestellung des Arbeiters zu solcher Funktion eine definitive oder vorübergehende ist[90]). Nur wird jedenfalls erheischt, daß er zu solchem

---

[84]) Eger S. 237 nennt aus dem Bergwerksbetrieb Betriebsführer, Steiger, Obersteiger, Aufseher, Inspektoren u. s. w., aus dem Fabriksbetrieb Dirigenten, Inspektoren, Werkstättenvorsteher, Maschinenmeister, Werkführer, Werkmeister u. s. w., insofern sie sich nicht schon an sich als Bevollmächtigte qualifiziren (!).

[85]) S. Entsch. des R.O.H.G. v. 5. Juni 1878 bei Eger a. a. O., s. auch Entsch. des R.G. Bd. 1 S. 28.

[86]) Entsch. des R.O.H.G. Bd. 14 S. 196.

[87]) Eger S. 238—239.

[88]) S. oben bei Not. 69.

[89]) So in Anwendung auf einen für die Aufwindevorrichtung eines Retortenhauses angestellten Werkführer. Entscheidung des R.G. Bd. 3 Nr. 3; ein ähnlicher Fall Bd. 8 Nr. 7.

[90]) So auch, wenn ein gewöhnlicher Arbeiter als Aufseher gebraucht wird; Entsch. des R.O.H.G. Bd. 23 S. 46.

Zweck angenommen worden ist. Auf das Verschulden eines Arbeiters, der unbefugt die Leitung oder Beaufsichtigung ergriffen oder seinen Wirkungskreis überschritten hat, erstreckt sich die Haftpflicht des Unternehmers nicht[91]).

b) Es muß ein Verschulden einer der vorgenannten Personen in Ausführung ihrer Dienstverrichtungen vorliegen. Verschulden des Betriebsunternehmers selbst, wenngleich dasselbe sich auf den Betrieb bezieht, insbesondere in der Unterlassung der zur Abwendung von Körpergefährdung erforderlichen Vorrichtungen besteht[92]), hat das Haftpflichtgesetz nicht in sein Bereich gezogen. Noch weniger Verschulden anderer im Betrieb thätiger Personen oder Dritter. In diesen Richtungen kann nur die hier nicht näher zu erörternde Frage aufgeworfen werden, ob nach sonstigen Rechtsnormen eine Haftung des Urhebers oder auch über den Urheber hin des Betriebsunternehmers existirt[93]).

Womit es §. 2, im Gegensatz zu §. 1, vollends nicht zu thun hat, ist die etwaige Haft für solche Unglücksfälle, bei denen ein Verschulden gar nicht ersichtlich ist. Der Anspruch nach §. 2 erheischt zu seiner Begründung Verschulden einer der bezeichneten Personen, während der Anspruch nach §. 1 lediglich die Thatsache der Körperverletzung oder Tödtung erheischt, gegen die dann erst vertheidigungsweise die Frage angeregt werden kann, ob ein Verschulden, des Verletzten ersichtlich ist.

aa) Der Begriff des Verschuldens, der auch hier nicht nach dem Landesrecht, sondern einheitlich auszulegen ist[94]), ist, wie sonst, identisch mit Mangel der obliegenden Sorgfalt, der sich in positiver Handlung oder in Unterlassung kund thun kann[95]). Der Umfang der Pflichten und der Grad der darnach innezuhaltenden Sorgfalt, wonach bemessen werden muß, ob ein Verschulden anzunehmen, läßt sich nur nach der Stellung des Bevollmächtigten, Repräsentanten,

---

91) Es gilt hier analog das oben bei Not. 73 Bemerkte. S. auch Entsch. des R.O.H.G. v. 3. Okt. 1877 bei Eger S. 236.

92) S. oben Not. 59 ff.

93) Eger S. 245; Westerkamp S. 674, namentlich über die Hauptbestimmungen der Gew.Ord. und darauf bezügliche Entscheidungen des R.O.H.Gerichts. Vgl. auch Genzmer S. 77 ff. unter d. e. f. k.

94) Entsch. des R.G. Bd. 1 S. 48 (s. auch Entsch. v. 14. Dez. 1880 in Blum's Ann. Bd. 3 S. 74).

95) Entsch. des R.O.H.G. Bd. 12 S. 303.

Leiters des Betriebs oder Beaufsichtigers der Arbeiter erkennen. Darnach ist namentlich zu prüfen, was sie vermöge specieller Anweisung oder nach der von ihnen zu erwartenden Einsicht und Pflichtmäßigkeit von selbst an Sicherungsmaßregeln zu treffen oder zu beobachten haben.

So wenig über die prinzipielle Bedeutung des Ausdrucks „Verschulden" Zweifel sein kann[96]), so bunt gestaltet sich die Anwendung bei der unendlichen Verschiedenheit der thatsächlichen Vorkommnisse. Die Judikatur hat in dieser Richtung die reichste Gelegenheit gefunden, ihren Scharfsinn zu üben[97]). Es mögen aus dem reichen Material nur einige der wichtigsten Entscheidungen der obersten Reichsinstanz als Beispiele hervorgehoben werden.

Als Verschulden hat man angesehen die Verabsäumung der Pflicht eines Aufsehers, gegen ungeeignetes Verhalten der Arbeiter einzuschreiten[98]); die Ertheilung eines Befehls von Seiten eines Aufsehers, dem der Arbeiter Folge zu leisten hatte, auch wenn der Befehl der Weisung eines höheren Vorgesetzten widersprach[99]); der Befehl einer Aufsichtsperson an einen gewöhnlichen oder unerfahrenen Arbeiter zur Vornahme einer gefährlichen Handlung, bei dem unterlassen wurde, ihn gehörig zu erläutern[100]); die Anstellung jugendlicher oder unerfahrener Arbeiter bei einer gefährlichen, nur Erfahrenen zuzumuthenden Arbeit von Seiten eines Werkführers[101]); Ordnungswidrigkeit eines Angestellten, diese freilich nicht unbedingt, sondern nur, wenn dabei die Folgen vorherzusehen waren, wenn derselbe namentlich auf die voraussichtlichen Gefahren aufmerksam gemacht worden ist[102]); Verbot oder Abmahnung von dem Gebrauch der angeordneten oder geeigneten Schutzmaßregeln u. dergl.[103]).

Dagegen wurde nicht als Verschulden betrachtet: Unterlassung einer Belehrung der Arbeiter, denen bei gefährlichen Arbeiten genügende

---

96) Es gilt in dieser Hinsicht das oben §. 1 nach Not. 175 bemerkte.

97) Eger S. 247—264; Genzmer S. 76—81.

98) Entsch. des R.O.H.G. Bd. 12 S. 303.

99) Das. Bd. 19 S. 26.

100) Entsch. v. 23. Juni 1876; s. Eger S. 255, s. auch Entsch. des R.G. vom 10. Dez. 1879 (Blum's Ann. Bd. 1 S. 209).

101) Entsch. des R.G. v. 27. Dez. 1879 (Blum's Ann. Bd. 1 S. 204), s. auch das. Bd. 2 S. 400.

102) Entsch. des R.G. v. 29. Sept. 1880 (das. Bd. 2 S. 493).

103) Entsch. des R.G. v. 25. Febr. 1881 (das. Bd. 3 S. 413).

eigene Kenntniß zuzutrauen war[104]); Verfahren des Angestellten nach der Anordnung eines höheren Vorgesetzten, der die von ihm gehegten und geäußerten Bedenken hinsichtlich der Gefährlichkeit nicht weiter geltend macht, u. s. w.[105]).

bb) Es wird verlangt in §. 2, daß das Verschulden von einem der speziell bezeichneten Angestellten in Ausführung seiner Dienstverrichtungen begangen worden ist.

Ueber die Auslegung dieser Worte sind verschiedene Ansichten zu Tage getreten. Einige[106]) haben dieselben für gleichbedeutend nehmen wollen mit „im Betriebe", oder „im Dienst". Dazu bewog, daß sonst eine Beschränkung der Haftpflicht eintritt, von deren Berechtigung man sich schwer überzeugt. Es leuchtet ein, wie sehr sie eingeengt wird, wenn der Betriebsunternehmer sich nicht nur jederzeit dadurch von der Haft loszumachen berechtigt sein soll, daß er behauptet und nachweist, der Angestellte, der den Unfall verschuldet hat, habe außerhalb seines Dienstkreises gehandelt, sondern wenn sogar von demjenigen, der Schadensersatz sucht, dargethan und bewiesen werden muß, daß sich das Verschulden des Angestellten innerhalb des Dienstkreises desselben bewegt. Offenbar drängt es dahin, den Betriebsunternehmer, wie füglich für die Existenz der nöthigen objektiven Einrichtungen, so auch für die ganze subjektive Thätigkeit seiner Angestellten, die den Betrieb erfüllt, verantwortlich zu machen, ihn also auch dann haften zu lassen, wenn der einzelne Angestellte über seine speziell angewiesene Stellung hinausgreift. Zumal der Arbeiter oder Dritte in vielen Fällen nicht ermessen kann, wie weit die Dienstbefugniß reicht.

Dagegen haben Andere[107]), festhaltend an dem Wortlaut, nur dasjenige Verschulden eines Angestellten als durch die Haftpflicht des Betriebsunternehmers gedeckt angesehen, welches in den speziellen Wirkungskreis des ersteren fällt, mithin den Betriebsunternehmer für nicht haftbar erklärt, sobald das Verschulden in Handlungen oder Unterlassungen liegt, die diesem Wirkungskreis nicht zugerechnet werden können. Wobei dann selbstredend die Beurtheilung, ob der Angestellte das Verschulden innerhalb oder außerhalb seiner von dem Unternehmer oder einem höheren Vorgesetzten bestimmten, oder mangels solcher Be-

---

104) Entsch. des R.O.H.G. Bd. 15 S. 92; s. auch Entsch. des R.G. Bd. 4 Nr. 5.

105) Entsch. des R.G. v. 28. Sept. 1880 (Blum's Ann. Bd. 2 S. 567).

106) So Kah S. 77 u. ich in der 2. Aufl. S. 37—38.

107) Eger S. 265 ff.; Westerkamp S. 675; Genzmer S. 81.

stimmung nach den „gewöhnlichen" Begriffen zu bemessenden Sphäre begangen hat, oft erhebliche Schwierigkeiten macht.

Auf die Gründe für die eine oder die andere Ansicht näher einzugehen, kann man sich ersparen. Das Reichsoberhandelsgericht hat sich, wenn auch nicht mit absoluter Gewißheit, doch hinlänglich deutlich für die engere Auslegung entschieden[108]). Ohnedem hat die Frage viel an Bedeutung verloren, seit das Unfallversicherungsgesetz erlassen worden ist.

c) Das Verschulden eines Angestellten in Ausführung der Dienstverrichtungen muß den Tod oder die Körperverletzung eines Menschen herbeigeführt haben.

In Bezug auf die Begriffe „Tod oder Körperverletzung" kann lediglich auf das verwiesen werden, was zu §. 1 bemerkt worden ist[109]). Schädigungen der Gesundheit, welche Folgen der ganzen Art des Betriebs, einer gesundheitsschädlichen Fabrikation u. dergl. sind, gehören schon deshalb nicht hieher, weil sie nicht aus einem die Haftpflicht begründenden Verschulden hervorgehen. Der Begriff „Mensch" umfaßt hier, wie in §. 1[110]), nicht blos die Arbeiter, sondern auch jeden Dritten, der, was freilich hier sehr viel seltener vorkommt, als bei dem Eisenbahnbetrieb, auf die in §. 2 beschriebene Weise getödtet oder verletzt wird. Daß es sich nur um Tödtung und Körperverletzung im Betriebe handelt, folgt daraus, daß nur Verschulden in den Dienstverrichtungen Grund zur Haftpflicht abgibt.

Durch das Wort „herbeigeführt", dem kein anderer Sinn beizulegen ist, als dem in §. 1 gebrauchten Wort „verursacht", wird ausgedrückt, daß zwischen dem Verschulden und dem Unfall ein ursachlicher Zusammenhang bestehen muß[111]). Der Tod oder die Körperverletzung muß als Folge, sei es als direkte, sei es als indirekte, des Verschuldens, dessen sich einer der betreffenden Angestellten in Ausführung seiner Dienstverrichtung schuldig gemacht hat, erkannt werden. Bloße Möglichkeit des Kausalzusammenhangs genügt nicht[112]).

Da eben §. 2 den Betriebsunternehmer nur für die Folgen des

---

[108]) S. die Entsch. v. 9. Nov. 1875 (Bd. 19 S. 28) u. v. 3. Okt. 1877 Eger S. 271.

[109]) S. oben §. 1 Not. 98 ff.

[110]) S. oben §. 1 Not. 91 ff. und die Entsch. des R.O.H.G. v. 6. März 1877 (Calm, Rechtsgrunds. Bd. 3 S. 192).

[111]) Entsch. des R.G. Bd. 10 S. 65.

[112]) Entsch. des R.G. Bd. 1 Nr. 23.

Verschuldens der im Betriebe angestellten Personen, welche er näher bezeichnet, haftbar erklärt, so erweist sich der Umfang der Haftpflicht des Unternehmers für Tödtung und Körperverletzung im Vergleich zu §. 1 wesentlich beschränkt. Aus dem Erforderniß des Kausalzusammenhangs mit dem Verschulden eines Angestellten ergibt sich, daß, wie schon bemerkt[113]), die Fälle, in denen nur eigenes Verschulden des Betriebsunternehmers selbst, in Bezug auf die von ihm zu treffenden Einrichtungen und Sicherungsmaßregeln des Betriebs oder auf die gesammte Arbeitsthätigkeit, die er selber in dem Betrieb ausübt, und selbst Verschulden in der Auswahl, Anstellung und Instruirung seiner Leute vorliegt, ausgeschlossen bleiben. Die Haftpflicht zessirt ferner, wenn eigenes Verschulden des Verletzten sich als die wahre Ursache des Unfalls darstellt[114]); wobei es freilich sorgsamer Untersuchung bedarf, ob eigenes Verschulden angenommen werden kann, zumal in den Fällen, in welchen auf Befehl eines Aufsehers gegen bestehende Anordnungen gehandelt worden ist[115]). Konkurrirt eigenes Verschulden mit einem nach §. 2 von dem Betriebsunternehmer zu vertretenden, so muß dasselbe gelten, wie da, wo eigenes Verschulden bei einem von der Eisenbahn nach §. 1 zu vertretenden Unfall konkurrirt[116]). Es ist also auch hier zunächst zu prüfen, ob als Ursache nur das eigene, oder nur das Verschulden des Angestellten zu betrachten ist[117]), eventuell welchem Verschulden die größere Wichtigkeit und Wirksamkeit zur Erzeugung des Erfolgs beizumessen ist[118]). Ebenso wird zu verfahren sein, wenn Verschulden des Betriebsunternehmers mit Verschulden eines Angestellten zusammentrifft. Das Zusammentreffen eigenen Verschuldens des Verletzten und Verschuldens des Betriebsunternehmers selbst dagegen bleibt hier außer Acht, da weder das eine noch das andere für den Haftpflichtanspruch in Betracht kommt.

Endlich folgt von selbst, daß von Haftpflicht auch nach §. 2 nicht die Rede sein kann, wenn sich als die Ursache des Unfalls höhere Gewalt ergibt; aber auch hier, daß sich immerhin an das als höhere

---

113) S. oben Not. 59.

114) Entsch. des R.G. Bd. 7 S. 34.

115) Entsch. des R.G. v. 23. Nov. 1880 (Blum's Ann. Bd. 3 S. 76).

116) S. oben §. 1 Not. 204.

117) Entsch. des R.O.H.G. Bd. 12 S. 303.

118) Entsch. des R.O.H.G. Bd. 16 S. 111, s. auch Bd. 20 S. 135 u. weiter Eger S. 280—283, Westerkamp S. 676 unter c.

Gewalt aufzufassende Ereigniß ein Verschulden anschließen kann, das mit der Haftpflicht zu decken ist.

Das prozessualische Verhältniß der Behauptung, daß der Unfall Folge eigenen Verschuldens des Verletzten oder höherer Gewalt sei, braucht kaum noch besonders berührt zu werden. Ob deren Bewahrheitung als Gegenbeweis zu betrachten, das zu untersuchen ist keine Veranlassung mehr. Den Begriff des Gegenbeweises nach dem früheren Prozeßrecht kennt die C. P. O. nicht mehr[119]). Es steht so, daß derjenige, der als Kläger den Haftpflichtanspruch geltend macht, die Voraussetzungen desselben, also die Entstehung des Unfalls aus einem von dem Betriebsunternehmer zu vertretenden Verschulden darzulegen und zu beweisen hat. Dem gegenüber wird sich allerdings die entgegengesetzte, wenn sie wahr ist, die Haftpflicht beseitigende Behauptung, daß der Unfall durch Zufall oder durch ein von dem Betriebsunternehmer nicht zu vertretendes Verschulden verursacht worden sei, regelmäßig, nämlich sofern dies nicht schon aus der Darstellung des Klägers hervorgeht, als eine Einrede und deren Beweis also als Einredebeweis darstellen[120]), den der Beklagte liefern muß, um der Verurtheilung zu entgehen. Indessen muß auch hier darauf aufmerksam gemacht werden, daß die Beweislast gar nicht mehr die Bedeutung hat, wie in dem früheren schriftlichen Verfahren[121]).

3. Sind alle diese Voraussetzungen erfüllt, so haftet der Betriebsunternehmer in dem hiernach gegebenen Umfang, für den dadurch entstandenen Schaden.

a) Ueber den Karakter der solchergestalt nach §. 2 begründeten Verbindlichkeit des Betriebsunternehmers ist bereits erwähnt worden, daß dieselbe, obgleich man sie füglich gleich der aus §. 1 begründeten als eine obligatio ex lege auffassen könnte, meist als Quasideliktionsobligation betrachtet wird. Bezüglich der Frage, ob die Haft des Unternehmers eine prinzipale oder subsidiäre ist, und in welchem Verhältniß sie zu der Haft steht, die etwa noch einen Anderen trifft, gilt ganz dasselbe, was zu §. 1 bemerkt wurde[122]). Auch die Haft des §. 2 wird natürlich von dem Betriebsunternehmer, mag er eine

---

119) Endemann, Komm. Bd. 2 S. 65.

120) Genzmer S. 84 g. E.

121) C.P.O. §. 255 und Endemann, Komm. Bd. 2 S. 61. 64. Ueber die Beweislast nach dem Preuß. L.R. vgl. Entsch. des R.G. Bd. 3 Nr. 3. 10; und dann weiter Bd. 7 S. 34.

122) S. oben §. 1 Not. 123 ff.

physische Einzelperson, eine Gesellschaft, Genossenschaft, Korporation u. s. w. sein, mit dem ganzen Vermögen, nicht etwa blos mit demjenigen, das in dem Etablissement steckt, getragen[123]).

b) Aus den Voraussetzungen ergibt sich, daß sie keineswegs alle Unfälle des Betriebs umfaßt, sondern nur diejenigen, die in einem Verschulden bestimmter in dem Betrieb thätiger Personen, und zwar dieser nur, soweit sie sich in ihrem speziellen Dienstkreis bewegen, ihre Ursache finden. Es kann mithin aus §. 2, wie an betreffender Stelle schon bemerklich gemacht worden ist nicht nur, wenn höhere Gewalt oder Zufall, oder wenn eigenes Verschulden des Verletzten den Tod oder die Körperverletzung herbeigeführt hat, sondern auch, wenn das Verschulden von einer der bestimmten Personen außerhalb ihres Dienstkreises, geschweige denn, wenn es von einer anderen am Betriebe betheiligten Person, sei es auch im Betriebe selbst, begangen ist, oder endlich, wenn Verschulden des Betriebsunternehmers selbst als Ursache des Unfalls vorliegt, ein Anspruch nicht hergeleitet werden.

Verschulden des Betriebsunternehmers selbst vermag einen Anspruch nach §. 2 überhaupt nicht zu begründen; weder wenn es in einem sonstigen Verhalten desselben besteht, noch auch wenn demselben Mangel an Sorgfalt, vielleicht sogar Zuwiderhandlung gegen die von ihm nach Gesetz oder höherer Anweisung zu beobachtenden Vorschriften in der Herstellung oder Erhaltung der für die Sicherheit des Betriebs erforderlichen oder angemessenen Einrichtungen oder Vorkehrungen zur Last fällt. Damit befaßt sich das Haftpflichtgesetz überhaupt nicht.

In der letzteren Richtung verdient erwähnt zu werden, daß zu §. 2 seiner Zeit ein Zusatz beantragt wurde[124]), dahin gehend:

> Der Betriebsunternehmer haftet ferner, wenn er nicht beweist, daß diejenigen Vorkehrungen getroffen waren, welche bei der Einrichtung des Betriebes zur Abwendung eines solchen Unfalls erforderlich sind.

An diesen Antrag schlossen sich mehrere Unteranträge an[125]), von denen einer wenigstens für gewisse Betriebsarten eine Präsumtion aufstellen und den Betriebsunternehmer zum Beweise des Vorhandenseins aller erforderlichen Vorrichtungen nöthigen wollte. Das alles wurde

[123]) Vgl. auch Eger S. 220.

[124]) Drucks. Nr. 65 unter 2, d. Zur Würdigung s. St.B. S. 166.

[125]) Drucks. Nr. 70, III; 71, II; 73, II; vergl. St.B. S. 469 ff.

jedoch abgelehnt. Daraus kann aber nicht geschlossen werden, daß das Gesetz den vorgeschlagenen Satz reprobirt habe. Viele hielten denselben nur für überflüssig oder nicht hieher gehörig. Mithin hindert Nichts, darin, daß der Betriebsunternehmer die nach Vorschrift oder gewissenhafter Sorgfalt aus der Natur des Betriebes gebotenen Vorkehrungen selbst zu treffen oder anzuordnen unterlassen hat, ein eigenes Verschulden desselben zu erkennen, das ihn unmittelbar für den Schaden haften macht, wenn darin die Ursache liegt, daß die Verletzung eingetreten ist oder nicht verhütet werden konnte. Ebensowenig ist die Erwägung gehindert, in wiefern der Mangel solcher Vorkehrungen, der dem Geschäftsherrn zur Last fällt, etwa für die bestellten Aufsichtspersonen die Bedeutung hat, daß deren Handlungsweise darum frei vom Verschulden erscheint.

Allein in dieser, wie in den anderen nicht unter §. 2 fallenden Richtungen kann immer nur die Frage aufgeworfen werden, ob nach dem sonstigen Recht ein Verschulden vorliegt, vermöge dessen der Betriebsunternehmer für die Tödtung oder Körperverletzung, auch Anderer, vor allen Dingen aber seiner Arbeiter, zu haften hat[126]).

Was insbesondere die Sorge für gehörige Schutzvorrichtungen anlangt, so kommen namentlich die darauf bezüglichen Bestimmungen der Gewerbeordnung[127]) für die Frage, ob Verschulden, in Betracht. Im Uebrigen kann nur auf das bürgerliche Recht verwiesen werden; und da spielt denn immer die bekannte Bestimmung des Code civil eine Hauptrolle[128]), wonach eine so umfassende Haft des Unternehmers für Schädigungen von Personen und Sachen, die durch den Betrieb verursacht werden, existirt, wie sie andere Rechte, namentlich das gemeine, nicht kennen.

c) Die Haft erstreckt sich auf den dadurch, d. h. durch die Tödtung oder Körperverletzung entstandenen Schaden. Was das heißen will, ergibt sich aus den Bemerkungen zu §. 1, der den gleichlautenden Ausdruck erhält[129]). Es muß also nicht blos der ursachliche Zusammenhang zwischen dem Verschulden und dem Tod oder

126) Vgl. auch unten zu §. 9 bei Not. 9.

127) R.G.Ord. §. 107 bezw. §. 120. — S. darüber die Entsch. des R.G. Bd. 5 Nr. 17; Bd. 6 Nr. 16; Bd. 7 Nr. 125; Bd. 8 Nr. 12. 38 und daß diese Bestimmungen auch für die Etablissements der Eisenbahnen, die unter §. 2 fallen, gelten, Bd. 8 Nr. 12.

128) Cod. civ. art. 1384; s. oben.

129) S. oben §. 1 Not. 132 ff.

der Körperverletzung, sondern auch die Existenz eines Vermögensschadens und dessen ursachlicher Zusammenhang mit der Tödtung oder Körperverletzung dargethan werden[130]).

4. Der enge Umfang, in dem nach §. 2 die Haftpflicht des Betriebsunternehmers wirksam wird, ist der Grund gewesen, aus dem mannigfach Klagen über die Unzulänglichkeit dieser Vorschrift erhoben worden sind. Wenn man auch nicht zu weiter reichender Fürsorge für die Körperintegrität sonstiger Personen Grund fand, so erschien es doch, bei der Sorge, die man immer mehr dem Interesse des Arbeiterstandes zuwenden zu müssen glaubte, unthunlich, sich mit der beschränkten Sicherung der Arbeiter und ihrer Familien gegen Schaden durch Tod oder Körperverletzung im Betrieb zu behelfen, welche §. 2 des Haftpflichtgesetzes darbot.

Zunächst ist durch das Gesetz über die Krankenversicherung vom 15. Juni 1883 für die in Bergwerken, Salinen, Aufbereitungsanstalten, Brüchen und Gruben, in Fabriken und Hüttenwerken, beim Eisenbahn- und Dampfschiffahrtsbetriebe u. s. w., gegen Gehalt oder Lohn beschäftigten Personen[131]), also jedenfalls für die in den Etablissements, welche §. 2 bezeichnet, thätigen Arbeiter, eine zwangsweise Versicherung eingeführt, vermöge deren sie bei eintretender Krankheit Krankenunterstützung, bestehend in freier ärztlicher Behandlung sammt Beschaffung der Arzneien und Heilmittel, und bei Erwerbsunfähigkeit ein die Hälfte des ortsüblichen Tagelohns betragendes Krankengeld erhalten[132]). Indessen endet diese Krankenunterstützung spätestens mit Schluß der dreizehnten Woche seit Beginn der Krankheit. Zu diesem Behufe bestehen Gemeindeversicherungs- und Ortskrankenkassen, deren Einrichtung hier nicht ausführlicher darzustellen ist. Um des Zusammenhangs mit dem Haftpflichtgesetz[133]) willen erscheint namentlich die Bestimmung wichtig, wonach die Arbeitgeber ein Drittel der Beiträge, welche auf die von ihnen beschäftigten versicherungspflichtigen Personen entfallen, aus eigenen Mitteln zu leisten haben[134]).

Daneben kommen Betriebs- oder Fabrikkrankenkassen, Bau- und Innungskrankenkassen, Knappschafts-, eingeschriebene und andere Hülfs-

---

[130]) Wie, s. unten zu §. 6.

[131]) S. zur näheren Bestimmung des Personenkreises die §§. 1—3 des Gesetzes.

[132]) S. die §§. 6—8, 20—21 des Ges.

[133]) S. unten §. 4 Nr. 4.

[134]) Vgl. Ges. §. 52 Abs. 1; mit der Beschränkung des Abs. 2.

kassen in Betracht[135]). Den Arbeitgebern ist untersagt, die Bestimmungen des Gesetzes durch Verträge zu beschränken. Darauf abzielende Vereinbarungen haben keine rechtliche Wirkung[136]).

Auf solche Weise ist also für denjenigen Schadensersatz, der auf Grund eines erlittenen Unfalls wegen der Heilungskosten oder wegen des Vermögensnachtheils, der während der Krankheit durch Erwerbsunfähigkeit oder Verminderung der Erwerbsunfähigkeit erlitten wird, unabhängig von dem Haftpflichtgesetz gesorgt worden. Die nach dem Krankenversicherungsgesetz versicherten Personen haben insoweit gar nicht mehr Ursache, auf Grund des Haftpflichtgesetzes Ansprüche zu erheben, als sie nach dem ersteren einen Anspruch aus der Versicherung besitzen. Natürlich ist jede weitergehende Forderung, welche das Haftpflichtgesetz gewährt, nicht abgeschnitten. Jedenfalls aber kann der Betriebsunternehmer das, was der Haftpflichtberechtigte auf Grund dieser Krankenversicherung empfängt, da die Voraussetzung des §. 4 des Haftpflichtgesetzes zutrifft, von seiner Haftpflichtleistung in Abzug bringen[137]).

Sehr viel weiter geht das Unfallsversicherungsgesetz vom 6. Juli 1884.

Ohne das Arbeiterrecht, das sich aus dessen Inhalt ergibt, näher darzustellen, muß hier wenigstens angeführt werden, welchen Einfluß dasselbe auf die Anwendung des §. 2 des Haftpflichtgesetzes äußert.

Das Unfallversicherungsgesetz vom 6. Juli 1884 bezieht sich noch auf andere als die in §. 2 bezeichneten Arten von Unternehmungen[137a]). Indessen braucht an dieser Stelle nicht näher berührt zu werden, auf welche. Was uns allein interessirt, ist, daß dasselbe die Unternehmungen des §. 2, Bergwerke, Steinbrüche, Gräbereien und Fabriken mitumfaßt; letztere in der oben bereits erwähnten Definition genommen. Alle in solchen Unternehmungen beschäftigten Arbeiter und Betriebsbeamten, letztere jedoch nur, sofern ihr Jahresverdienst an Lohn oder Gehalt zweitausend Mark nicht übersteigt[138]), werden gegen die Folgen der bei dem Betrieb sich ereignenden Unfälle nach Maßgabe des Gesetzes versichert[139]). Doch kann für solche

---

135) Ges. §§. 59—75.

136) Ges. §. 80.

137) S. oben Not. 133.

137a) Ueber den ersten Entwurf und seine Berathung im Reichstag, die nicht zum Ziel führe, s. Westerkamp S. 623, V.

138) Vorbehaltlich des §. 2 des Gesetzes.

139) R.G. v. 6. Juli 1884 §. 1 Abs. 1.

Betriebe, welche unter die oben angeführten Kategorien gehören, die aber mit Unfallgefahr für die darin beschäftigten Personen nicht verknüpft sind, durch Beschluß des Bundesraths die Versicherungspflicht ausgeschlossen werden[140]).

Hiernarch existirt also eine Versicherung der Arbeiter gegen Unfälle des Betriebs, dem sie angehören, in umfassendster Weise. Nicht blos sind sie gegen solche Unfälle gedeckt, die durch Verschulden, und zwar, weit über §. 2 des Haftpflichtgesetzes hinaus, irgend Jemandes herbeigeführt werden, sondern auch gegen solche, die aus Zufall oder höherer Gewalt entstanden sind. Es wird nicht einmal gesagt, daß der Versicherungsanspruch bei eigenem Verschulden des Arbeiters wegfalle.

Die Versicherung gewährt im Falle der Körperverletzung für die Zeit vom Beginn der vierzehnten Woche[141]) seit Eintritt des Unfalls Ersatz der Heilungskosten, sowie eine näher bestimmte Rente für die Dauer der Erwerbsunfähigkeit[142]); im Falle der Tödtung außerdem Ersatz der Beerdigungskosten, sowie eine den hinterbliebenen nach einem näher geordneten Maßstab zu zahlende Rente[143]). An Stelle dieser Leistungen kann in gewissem Umfang Verpflegung in einem Krankenhaus treten[144]). Die Verpflichtungen der Kranken- und Unterstützungskassen, Gemeinde- oder Armenverbände sind völlig unberührt geblieben[145]).

Insoweit haben daher die Arbeiter und deren Familien, auf Grund des Verhältnisses, in dem sie zu dem Betrieb stehen, bei jedem Unfall, von dem die Person bei dem Betrieb betroffen wird, Anspruch auf Versicherung, ohne daß nach den Voraussetzungen des §. 2 des Haftpflichtgesetzes zu fragen ist. Wie die Versicherung von statten geht und was sie leistet, worüber sich das Gesetz ausführlich verbreitet, ist hier nicht auszuführen.

Soweit aber ein Anspruch des Arbeiters oder seiner Hinterbliebenen nach Maßgabe des Unfallversicherungsgesetzes existirt, kann ein Anspruch auf Schadensersatz wegen des Unfalls gegen den Betriebsunternehmer oder gegen den Bevollmächtigten, Repräsentanten oder

---

140) S. das. Abs. 7.

141) Vgl. den oben in Not. 138 cit. §. 2.

142) S. Ges. §. 5.

143) S. Ges. §. 6.

144) Ges. §. 7.

145) Ges. §. 8.

Betriebsaufseher nur dann geltend gemacht werden, wenn durch strafgerichtliches Urtheil festgestellt ist, daß der Unfall von ihm vorsätzlich herbeigeführt worden. Von dieser Voraussetzung tritt jedoch eine Befreiung ein, falls diese strafgerichtliche Feststellung wegen Todes- oder aus einem anderen in der Person gelegenen Grund nicht erfolgen kann[146]). Alsdann beschränkt sich aber der Anspruch lediglich auf denjenigen Betrag, welcher dem Berechtigten nach den bestehenden gesetzlichen Bestimmungen über dasjenige hinaus zukommt, was er nach dem Unfallversicherungsgesetz zu fordern hat[147]). Das heißt: es kann zunächst verlangt werden, was nach dem Unfallversicherungsgesetz gebührt, unter das auch der vorsätzlich verursachte Unfall gehört; sodann aber der Mehrschaden, der nach sonstigem Recht geltend gemacht werden kann. Das sonstige Recht aber ist theilweise, nämlich insofern der Betriebsunternehmer auf Grund eines von seinem Bevollmächtigten, Repräsentanten oder zur Leitung oder Beaufsichtigung bestellten Arbeiters in Dienstverrichtung vorsätzlich herbeigeführten Unfalls angegriffen wird, das Haftpflichtgesetz, in allen übrigen Fällen das gewöhnliche bürgerliche Recht.

Wegen der Unfälle, welche die Arbeiter treffen, hat daher §. 2 des Haftpflichtgesetzes nur noch eine sehr verminderte Bedeutung. Sie finden ihre Deckung, bis auf die erwähnte Bestimmung über den Anspruch auf höhere Entschädigung bei vorsätzlicher Verursachung des Todes oder der Körperverletzung, in der Versicherung, die das neue Gesetz geschaffen hat. Der §. 2 behält aber noch seinen vollen Werth für die freilich minder zahlreichen Fälle, in denen Personen, die nicht in dem Betrieb als Arbeiter thätig sind, verletzt oder getödtet werden. Für die Arbeiter aber ist solchergestalt eine Sicherung gegen die Folgen eines Unfalls bei dem Betrieb dem sie angehören, erzielt, die weit über das Haftpflichtgesetz hinaus geht.

146) S. Ges. §. 97.
147) S. Ges. §. 95.

II. Der vermöge der Haftpflicht zu leistende Schadensersatz.

---

§. 3.

A. Regelmäßiger Umfang desselben.

Der Schadenersatz (§§. 1. und 2.) ist zu leisten:

1) im Falle der Tödtung durch Ersatz der Kosten einer versuchten Heilung und der Beerdigung, sowie des Vermögensnachtheils, welchen der Getödtete während der Krankheit durch Erwerbsunfähigkeit oder Verminderung der Erwerbsfähigkeit erlitten hat. War der Getödtete zur Zeit seines Todes vermöge Gesetzes verpflichtet, einem Andern Unterhalt zu gewähren, so kann dieser insoweit Ersatz fordern, als ihm in Folge des Todesfalles der Unterhalt entzogen worden ist;

2) im Fall einer Körperverletzung durch Ersatz der Heilungskosten und des Vermögensnachtheils, welchen der Verletzte durch eine in Folge der Verletzung eingetretene zeitweise oder dauernde Erwerbsunfähigkeit oder Verminderung der Erwerbsfähigkeit erleidet.

Die Folge der Haftpflicht besteht nach den §§. 1 und 2 darin, daß der haftpflichtige Betriebsunternehmer für den durch die Tödtung oder Körperverletzung entstandenen Schaden einzustehen hat[1]). Ueber diesen Gesichtspunkt der Verbindlichkeit zum Schadensersatz ist bereits

---

[1]) Die nichtsweniger als glückliche Fassung, wonach der Schadensersatz zu leisten ist durch „Ersatz" der Kosten u. s. w. ist in dem Reg.Entwurf, in dem es hieß „durch Erstattung" u. s. w., von dem Reichstag beliebt worden. Stenogr. Berichte S. 483. 598.

das Nöthige bemerkt worden. In den §§. 3 und 4 bestimmt das Gesetz, was unter dem von dem Betriebsunternehmer zu leistenden Schadenersatz zu verstehen ist; in §. 3, wie der Schadenersatz regelmäßig beschaffen sein soll, in §. 4, wie sich derselbe unter Umständen mindern kann. In welcher Weise und zu welchem Recht die gerichtliche Zubilligung des Schadenersatzes dann zu erfolgen hat, verfügt §. 7. Aus der Definition des Umfangs ergibt sich zugleich und ist daher hier mit darzustellen, wer berechtigt ist, in dem einen oder dem anderen Fall den Anspruch auf Schadenersatz zu erheben. Zur Anwendung auf Arbeiter ist seit Erlaß des Unfallversicherungsgesetzes nur noch insoweit, als sie nicht nach diesem gedeckt sind und noch Ansprüche aus der Haftpflicht geltend machen können, Gelegenheit. Davon abgesehen gelten die §§. 3 und 4 für alle Personen, denen aus den §§. 1 und 2 ein Anspruch erwachsen ist.

Vorweg muß daran erinnert werden, daß die Forderungen, welche als auf Schadenersatz gerichtet bezeichnet werden, gleichviel ob sie Delikts- oder Quasideliktsansprüche sind oder nicht, lediglich als vom Gesetz dargebotene anzusehen sind. Das Gesetz nennt das, was nach seinem Willen, weil dafür die besonderen Gründe, von denen zu den §§. 1 und 2 die Rede war, maßgebend erschienen, gewährt werden soll, Schadenersatz. Deshalb erscheint auch, wie unten noch näher auseinanderzusetzen[2]), derjenige Anspruch aus §. 3 Nr. 1, der auf Ersatz des entgangenen Unterhalts geht, nicht als Alimentenanspruch.

Was Schadenersatz auf Grund der Haftpflicht ist, bestimmt §. 3 durch Aufstellung der allein in Betracht kommenden Kategorien des Ersatzes. Sie sind vollständig auseinander zu halten. Obwohl aus demselben Unfall stammend, hat doch jede der verschiedenen Forderungen ihre besonderen Voraussetzungen, möglicherweise ihre besondere Gläubigerschaft und ihr besonderes Schicksal. Mithin dürfen sie wie sich auch bei der Frage der Einrechnung nach §. 4 zeigt, niemals unter dem Gesammtbegriff des Schadensersatzes zusammen geworfen werden.

Behufs der Begriffsbestimmung des Schadenersatzes auf das Landesrecht zurückzugreifen, verbietet sich von selbst[3]). Allein so gewiß §. 3[4]) die einzige Norm dafür liefert, wieweit in den Fällen der

---

[2]) S. unten Not. 55.

[3]) Entsch. des R.O.H.G. Bd. 19 S. 396.

[4]) Daß §. 3 so wenig, wie das ganze Gesetz, rückwirkende Kraft auf Fälle

§§. 1 und 2 von dem Betriebsunternehmer Schadenersatz zu leisten ist[5]), ebenso gewiß schließt er nicht aus, daß nach Landesgesetz auch in den Fällen, auf welche die §§. 1 und 2 Anwendung leiden, Schadenersatz noch in anderer Richtung oder über den Betrag hinaus, den §. 3 gewährt, verlangt werden kann. So ist es insbesondere möglich, daß nach §. 25 des Preußischen Gesetzes vom 3. November 1838 weitergehender Schadensersatz zuzuerkennen ist[6]). Der §. 9 Abs. 2 des Haftpflichtgesetzes weist ausdrücklich darauf hin, daß gleich wie nach Abs. 1 das Landesrecht, wonach die Haft noch für andere Unfälle eintritt, so auch in den Haftpflichtfällen der §§. 1 und 2 dasjenige, welches Entschädigung in höherem Betrag oder noch in anderen Richtungen gewährt, als §. 3 ausspricht, unberührt bleibt.

Ganz außerhalb des vorliegenden Gesetzes liegt vollends die Frage, ob der haftpflichtige Betriebsunternehmer sich wegen dessen, was er an Entschädigung leisten muß, bei einem Andern, namentlich bei demjenigen, der den Unfall verschuldet hat, erholen kann[7]). Darüber entscheidet das sonstige bürgerliche Recht.

Ob man dasjenige, was nach §. 3 von dem Betriebsunternehmer gefordert werden kann, unter den Begriff des wirklichen Schadens oder des entgangenen Gewinns bringen soll, hat höchstens bei der einen Rubrik des vermögensrechtlichen Schadens Interesse[8]). Im Uebrigen genügt es daß eben §. 3, wenn auch nicht bis in's Einzelne, vielmehr die genauere Bemessung der Richterpflicht überlassend, doch im Allgemeinen festsetzt, in welchen Richtungen sich die Zubilligung des Schadenersatzes bewegen darf. Weiter gibt es keinen Entschädigungsanspruch gegen den Betriebsunternehmer. Beispielsweise kann eine Entschädigung wegen erlittener Verunstaltung[9]), oder Schmerzensgeld auf Grund des §. 3 nicht verlangt werden[10]).

Der Ausdruck „Schadenersatz" deutet von vorn herein darauf

---

hat, die vor seinem Geltungsbeginn liegen, s. Eger S. 294 u. Entsch. des R.O.H.G. Bd. 11 S. 339, erscheint kaum der Erwähnung bedürftig.

5) Entsch. des R.O.H.G. Bd. 12 S. 303.

6) S. darüber die von Eger S. 286—290 mitgetheilten Entscheidungen; und Entsch. des R.G. Bd. 3 S. 86.

7) S. ein Beispiel Entsch. des R.G. v. 4. Juli 1881 (Archiv für Eis. 1881 S. 423).

8) S. unten nach Not. 32.

9) Entsch. des R.O.H.G. Bd. 19 S. 396.

10) Entsch. des R.G. Bd. 1 Nr. 101. Ob auf Grund sonstigen Rechts ist eine andere Frage.

hin, daß es sich niemals um Bereicherung des Berechtigten handeln soll, sondern nur um Ausgleichung der Vermögensnachtheile, die erlitten worden sind; und um diese nur unter den bestimmten Gesichtspunkten, die §. 3 anführt. Der Schadenersatz gestaltet sich verschieden, je nachdem Tödtung, oder nur Körperverletzung eingetreten ist.

1. Im Falle der Tödtung. Der Begriff ergibt sich aus den §§. 1 und 2. Es sind die Fälle gemeint, in denen als nachweisbare, unmittelbare oder mittelbare Folge des Unfalls, für den der Betriebsunternehmer einzustehen hat, der Tod eines Menschen eingetreten ist. Alsdann sind zu ersetzen

a) die Kosten einer versuchten Heilung. Das Wort „einer“ ist gleichbedeutend mit „der etwa“. Die Heilungskosten kommen in Betracht, wenn vor Eintritt des Todes eine Heilung versucht worden ist. Natürlich kann es sich auch um mehrere Heilungsversuche handeln.

Die Rubrik umfaßt alles, was zum Zwecke der Abwendung des Todes, und zwar nicht blos da, wo mehr oder minder Aussicht auf Erfüllung dieses Zweckes vorhanden war, sondern auch da, wo Unwahrscheinlichkeit oder Unmöglichkeit der Erhaltung des Lebens vorlag, aufgewendet worden ist; also auch die Aufwendungen, durch die nur eine Besserung des Zustandes, Verminderung der Schmerzen u. dgl.[11]), selbst bei unheilbarem Zustand, hat erzielt werden sollen. Hieher gehören die Kosten ärztlicher Behandlung, der Medikamente, Wartung, Ernährung, Bäder u. s. w.[12]); auch die Anschaffung künstlicher Körpertheile[13]), die besondere Pflege, deren der Verletzte bedurft hat[14]).

Gebührende Moderation empfängt diese weitgreifende Rubrik durch die selbstverständliche Annahme, daß nicht etwa unbedingt dasjenige gefordert werden kann, was aufgewendet worden ist, sondern nur dasjenige, was verständigerweise nach der Beschaffenheit des Falls und nach den Verhältnissen der betreffenden Person als nothwendige oder angemessene Aufwendung erscheint. Unangemessene oder übermäßige Aufwendungen finden keinen Ersatz; wobei freilich leicht Zweifel entsteht, ob der Kläger die Nothwendigkeit oder Angemessenheit, oder

---

[11]) Eger S. 297; Entsch. des R.G. v. 9. Okt. 1880 (Blum's Ann. Bd. 2 S. 569).

[12]) Eger S. 298 a. E.; Westerkamp S. 680.

[13]) Entsch. des R.G. v. 13. April 1880 (Blum's Ann. Bd. 1 S. 579); s. dag. Westerkamp S. 681 Not. 6.

[14]) Entsch. des R.G. Bd. 3 S. 2.

der Beklagte das Gegentheil zu behaupten und zu beweisen hat[15]). Mindestens zweifelhaft erscheint auch, wenn man daran festhält, daß das Gesetz nur Entschädigung, nicht Bereicherung will, ob nicht von den zu erstattenden Heilungskosten abzuziehen ist, was sonst für den Verletzten, falls er nicht verletzt worden wäre, zu seinem Unterhalt hätte aufgewendet werden müssen[16]).

Indessen ist noch daran zu erinnern, daß für die Arbeiter die Heilungskosten durch das Krankenversicherungs- und das Unfallversicherungsgesetz[17]) großentheils so gedeckt sind, daß deshalb ein Anspruch aus dem Haftpflichtgesetz gar nicht erhoben zu werden braucht[18]).

b) Beerdigungskosten. Diese werden nach den vorliegenden Bestimmungen jedenfalls ersetzt, obgleich sich zweifeln läßt, ob sie in Wahrheit verdienen so unbedingt für ersatzbedürftig zu gelten[19]).

Um von dem Ersatz derselben reden zu können, wird vorausgesetzt, daß sie von einem Anderen bereits aufgewendet worden sind[20]). Was man am meisten erwartet hätte, wäre in Rücksicht auf die Fälle, wo der Tod augenblicklich erfolgt oder wo aus irgend einem Grunde Niemand anders für die Beerdigung sorgt, die Verpflichtung des haftbaren Unternehmers, die Beerdigung auf seine Kosten den Verhältnissen gemäß zu bewirken. Davon sagt aber der Satz ebensowenig etwas, wie davon, daß der Unternehmer sich von der hier konstituirten Verbindlichkeit durch Selbstbesorgung der Beerdigung befreien könne. Nur eine Pflicht zum Ersatz ist konstituirt. Dieser kann natürlich niemals die wirklich aufgewendeten Kosten übersteigen. Ob aber alle aufgewendeten zu ersetzen, richtet sich nach denselben Gesichtspunkten, die für die Höhe des Kurkosten-Ersatzes angegeben wurden. Uebermäßige Aufwendungen müssen auch hier ihre Moderation finden.

Ob als Kosten der Beerdigung auch die Kosten eines Leichentransports von dem Orte des Todes bis zu dem Ort der Beerdigung

---

15) Eger S. 297; Westerkamp S. 681 Not. 4.

16) S. gegen die von mir in der 2. Aufl. S. 41 u. Eger S. 299 vertretene Ansicht, daß dieser Abzug gerechtfertigt sei, Westerkamp S. 681 Not. 5.

17) S. oben zu §. 2 Not. 138. Dieses Gesetz hat nur für die in §. 2 des Haftpflichtgesetzes genannten Unternehmungen, nicht für §. 1 Bedeutung.

18) S. oben zu §. 2 Not. 131 ff. — Dieses Gesetz gilt auch für einen Theil der im Eisenbahnbetrieb beschäftigten Personen, ist also auch bei einem unter §. 1 des Haftpflichtgesetzes gehörigen Unfall zu beachten.

19) S. dageg. Eger S. 300.

20) Wer der Ersatzberechtigte sein kann, s. unten bei Not. 146.

zu ersetzen sind, läßt sich allgemeinhin weder bejahen noch verneinen. Es kann darüber nur nach Beschaffenheit der konkreten Verhältnisse, der objektiven und subjektiven, entschieden werden. Auch die Beerdigungskosten sind übrigens den Arbeitern nach dem Unfallversicherungsgesetz jetzt schon in anderer Weise so gesichert, daß sie sich auf das Haftpflichtgesetz nicht mehr zu berufen brauchen[21]).

c) Der Vermögensnachtheil, den der Getödtete während der Krankheit durch Erwerbsunfähigkeit oder Verminderung der Erwerbsfähigkeit erlitten hat.

Ueber diesen Passus ist im Bundesrath und Reichstag viel hin- und her verhandelt worden[22]).

Sicher wird nur der Vermögensnachtheil ersetzt, welcher hier definirt ist. Also nur derjenige, den der Getödtete selbst erlitten hat und der deshalb als sein eigener erscheint; nicht der Schaden, der, wenn auch durch Verletzung veranlaßt, als Schaden eines Andern angesehen werden muß. Nicht einmal der Schaden, den die Familie erfährt, kommt in Anschlag. Alles, was sie zu fordern hat, ist höchstens unter den geeigneten Voraussetzungen der Ersatz für den ihr durch den Tod entzogenen Unterhalt[23]). Mithin existirt auch kein selbständiges Recht einer Versicherungsanstalt, oder sonst eines Entschädigungsverpflichteten gegen den Betriebsunternehmer, wegen dessen, was sie an Entschädigung haben leisten müssen. Sie können höchstens vermöge Uebertragung der für den Verletzten entstandenen Haftpflichtforderung[24]) einen Anspruch geltend machen.

aa) Nur der Vermögensnachtheil soll Gegenstand des Ersatzes sein, den der Getödtete während der Krankheit erlitten hat.

Der Ausdruck ist, wahrscheinlich durch den Satzbau veranlaßt, inkorrekt. Sicher ist nicht die Meinung, daß eine jede „während" der Krankheit erlittene Erwerbsbeeinträchtigung vergütet werden soll. Vielmehr ist nur die Erwerbsbeeinträchtigung gemeint, welche durch die Krankheit verursacht wird. Durch die Krankheit, d. h. durch die Gesundheitsstörung; nämlich, wie in Gedanken hinzuzufügen, durch diejenige, welche sich als Folge einer der in §. 1 oder §. 2 beschriebenen Unfälle darstellt.

---

[21]) S. oben zu §. 2 Not. 143.

[22]) Eger S. 300—302.

[23]) S. unten Not. 40 ff.

[24]) S. die Entsch. des R.O.H.G. v. 9. Juni 1874 bei Eger S. 302.

Zwischen der Verletzung und dem tödtlichen Ausgange aber können, selbst wenn man zunächst nur einen Zeitraum von zwei Jahren in Betracht ziehen will[25]), sehr wohl mehrere Krankheiten liegen, während das Gesetz nur von „der" Krankheit mit tödtlichem Erfolg spricht[26]). Unmöglich aber hat die Entschädigung für eine der tödtlichen letzten Krankheit vorausgegangene, zeitweise dem Anscheine nach beendigte Krankheit abgeschnitten werden sollen. Getraut man sich nicht, das ohne weiteres hinein zu interpretiren, so kann man allenfalls sagen: In solchem Falle liegt zunächst eine Körperverletzung vor, in Bezug auf welche nach Nr. 2 eine jede als Folge derselben zu betrachtende zeitweise oder dauernde Erwerbsunfähigkeit in Anschlag kommt. Tritt nun in der Folge nach neuer Erkrankung in ursachlichem Zusammenhange mit der erlittenen Verletzung der Tod ein, so kann man doch den Schadensersatzanspruch nicht schlechter stellen; vielmehr kann es sich alsdann nur darum handeln, zu der durch die Körperverletzung bedingten Entschädigung dasjenige hinzuzufügen, was wegen des weiter eingetretenen, früher nicht in Anschlag zu bringenden Erfolges (der Tödtung) hinzukommen muß[27]).

In der Beschränkung auf die Zeit während der Krankheit liegt gerade ein wesentlicher Unterschied von der Behandlung des Vermögensnachtheils nach Nr. 2 des §. 3.

bb) Nicht jeder Vermögensnachtheil kommt in Rechnung, sondern nur derjenige, den der Getödtete durch Erwerbsunfähigkeit oder Verminderung der Erwerbsfähigkeit erlitten hat.

Diese Rubrik wird besonders wichtig da, wo nicht in Folge des Unfalls der Tod eintritt. Allein es soll doch auch, wenn hintennach in Folge des Unfalls der Tod eingetreten ist, nach Nr. 1 des §. 3 nachträglich der Vermögensnachtheil ausgeglichen werden, der durch eine dem Tode vorausgegangene, mit dem Unfall ebenwohl in Kausalzusammenhang stehende Krankheit herbeigeführt worden ist. Während es sich dort um die Ausgleichung des Nachtheils für die gesammte Zeit von der Verletzung an bis zu dem Tode handelt, von dem noch ungewiß ist, wann er eintreten wird und ob er als Folge des Unfalls, welcher die Verletzung verursacht hat, betrachtet werden kann, handelt es sich hier nur um die Ausgleichung, welche auf Grund

---

[25]) Nach §. 8; vgl. unten.

[26]) Vgl. oben zu §. 1 Nr. 3, a.

[27]) S. dagegen Eger S. 304, der diesen Ausweg nicht gelten lassen will.

des durch den Unfall verursachten Todes, bei Nr. 1 für einen vergangenen Zeitraum, bei Nr. 2 auch für die Zukunft, begehrt wird. Es erhellt sofort, daß die Schwierigkeiten dieser Rubrik sich noch besonders häufen in der Anwendung zu Nr. 2 des §. 3. Dies gilt namentlich von der Art, wie der Schadensersatz zu bemessen ist. Was sich darauf bezieht, wird, um Wiederholungen zu vermeiden, unten[28]) dargestellt werden, weil dort manches zu dem hinzukommt, was hier zu erwähnen wäre. Indessen müssen doch schon an dieser Stelle die maßgebenden Begriffe erläutert und die daraus sich ergebenden Grundsätze des Schadensersatzes aufgestellt werden.

Erwerb im objektiven Sinn ist allgemeinhin das neue, bisher nicht besessene wirthschaftliche Gut, welches Jemand seinem Vermögen, sei es, um das Vermögen dauernd zu vermehren, sei es, um das erworbene Gut zu verzehren, hinzufügt. Erwerb wird auch der Zuwachs genannt, den vorhandenes Vermögen durch seine produktive Eigenschaft erfährt. Die Früchte eines Grundstücks, die Zinsen eines Kapitals u. dergl. sind auch Erwerb des Eigenthümers. Allein hier muß der Begriff des Erwerbs beschränkter gefaßt werden. Der §. 3 spricht von der Erwerbsfähigkeit nicht des sachlichen Vermögens, sondern des Getödteten oder Verletzten. Mithin handelt es sich hier nur um den Erwerb, der durch Thätigkeit oder Arbeitsleistung erzielt wird, wogegen derjenige, der, ohne Bethätigung der Arbeitskraft, aus Sachengut lediglich vermöge der ihm innewohnenden Produktivkraft erwächst, hier nicht als Erwerb in Betracht kommt. Freilich erweist sich schon diese Unterscheidung in manchen Fällen prekär. Ohne alle Mitwirkung von Arbeit gibt es überhaupt kaum eine Produktivität des Sachengutes. Der Bezug von Zinsen eines Geldkapitals, von Pacht- oder Miethgeld, u. s. w. setzt immer eine gewisse Arbeit voraus; und es gibt genug Fälle, in denen gefragt werden kann, ob die Produktivität mehr Eigenschaft der Sache, oder mehr Folge der aufgewendeten Arbeitskraft ist. Man wird also, wenn es nach §. 3 auf subjektive Erwerbsfähigkeit ankommt, gar manchmal erst sorgfältig zu prüfen haben, ob es sich um einen durch Thätigkeit erzielten, oder nur unter nebensächlicher Mitwirkung solcher, wesentlich aus Sachenproduktivität fließenden Erwerb handelt. Das kann selbst bei dem Rentier oder Kouponabschneider nicht ganz verleugnet werden[29]).

---

[28]) S. unten nach Not. 91.

[29]) Vgl. Stenogr. Berichte S. 598.

Hält man fest, daß als Erwerb nur das gelten soll, was Produkt der Arbeit, Aequivalent der zu dem Zwecke der Erlangung aufgewendeten Arbeitskraft ist, so muß der weiteste Begriff der Arbeit untergelegt und auf die Definition der Erwerbsthätigkeit und Erwerbsfähigkeit bezogen werden. Es gehört hieher sowohl körperliche, als auch geistige; sowohl künstlerische, wissenschaftliche, als auch industrielle, gewerbliche, handwerkmäßige, Hand- und Tagelohnarbeit; sowohl berufsmäßige, mag sie als selbständiger Beruf oder Geschäft, oder mag sie im Dienste eines Andern, in öffentlichem oder privatem, geübt werden, als auch unselbständige; und nicht blos diejenige, welche als eine wirthschaftlich nützliche oder produktive, sondern auch die wirthschaftlich nicht nützliche oder unproduktive, insofern sie demjenigen, der sie übt, zum Erwerbe dient[30]); kurz, jederlei Thätigkeit, welche in der Absicht und mit dem Erfolg entwickelt wird, ein Aequivalent zu erzielen. Das Aequivalent, der Lohn oder die Vergütung kann für sich allein stehen, oder auch mit anderen werthvollen Gegenleistungen, wie bei dem Staatsdiener mit Gewährung eines Rangs, besonderen Schutzes der Person u. s. w. verbunden sein. Es kann in Geld, oder in anderen materiellen Gütern bestehen, als Stück oder Zeitlohn zu bezeichnen sein. Selbstredend kann nur der Erwerb in Betracht kommen, der als ein erlaubter für erlaubte Erwerbsthätigkeit erscheint; nicht derjenige, der dem Gesetz oder sonstiger verbietender Vorschrift, in der Dienstanweisung, dem Dienstvertrag u. s. w. zuwiderläuft[31]).

Im aktiven Sinn bezeichnet Erwerb auch das Erwerben, die Thätigkeit, welche auf Erlangung von Vergütung irgend welcher Art gerichtet ist; meist, aber nicht nothwendig oder ausschließlich, um gerade darin die einzige oder doch hauptsächlichste Grundlage der materiellen Existenz zu finden. Erwerb kann auch da geübt werden und verdient nach §. 3, der an dieser Stelle keineswegs nur den Gesichtspunkt des Unterhalts hervorkehrt, Berücksichtigung, wo der Erwerbende noch andere Mittel für seine Subsistenz besitzt, vielleicht des Erwerbs durch seine Arbeitskraft gar nicht bedarf.

cc) Als Vermögensnachtheil ist die Verschlimmerung des Vermögenszustandes zu betrachten, die im Vergleich zu dem Zustande, der ohne das beschädigende Ereigniß vorhanden sein würde, durch das letztere herbeigeführt worden ist. Entsteht aus dem Ereigniß zugleich

[30]) Z. B. dem Seiltänzer, Gaukler u. s. w. S. Eger S. 305.

[31]) Eger S. 305; Genzmer S. 103 a. E.

ein Vortheil, wie z. B. die Entlastung von einer Verbindlichkeit, oder der Bezug einer Pension u. dergl., so kann nur der Ueberschuß des Nachtheils über den Vortheil in Anschlag kommen[32]). Verlust oder Verminderung des Erwerbs gilt nach §. 3 als Vermögensnachtheil, in sofern der davon Betroffene das einbüßt, was er als Aequivalent seiner Arbeitsthätigkeit zu erwerben berechtigt ist und zur Aufrechthaltung oder Verbesserung seiner materiellen Existenz benutzen könnte. Wenn meist der Vermögensnachtheil, der so entsteht, als entgangener Gewinn betrachtet wird[32a]), so steht die Richtigkeit dieser Auffassung dahin. Denn Erwerb ist nicht blos Gewinn, sondern die Gegenleistung, die für eine werthvolle Leistung in Empfang genommen wird. Die Einbuße an dem Gut, mit welchem die Gegenleistung erlangt wird, an der Arbeitskraft, ist geradezu Verlust eines bisher besessenen wirthschaftlichen Gutes und daher füglich auch als positiver Schaden zu bezeichnen. Indessen kommt darauf wenig an. Mag man von positivem Schaden oder von entgangenem Gewinn reden, die Grundsätze der Ausgleichung, um die es sich nach §. 3 handelt, bleiben dieselben. Allem Anschein nach wird es nur darum geliebt, den Gesichtspunkt des entgangenen Gewinns vorzuschieben, weil dies besser zu der arbiträren Schätzung des Vermögensnachtheils zu passen schien, die nach §. 3 dem Richter zugemuthet wird. Allein, daß es nicht nothwendig ist, darum den Gesichtspunkt des positiven Schadens zu verwerfen, wird aus der Betrachtung zu §. 6 genügend erhellen.

dd) Was wollen nun die Begriffe Erwerbsfähigkeit oder Erwerbsunfähigkeit, auf die §. 3 alles stellt, besagen? Zunächst weisen sie entschieden darauf hin, daß es nicht etwa durchaus darauf ankommt, daß thatsächlich Erwerbsthätigkeit überhaupt und insbesondere zu der kritischen Zeit geübt worden ist. Fähigkeit kann auch da vorhanden sein, wo kein Gebrauch derselben stattfindet. Umgekehrt ist da, wo Erwerbsthätigkeit stattfindet, die Erwerbsfähigkeit augenscheinlich. Aber der Erwerbsfähigkeit, die blos abstrakt existirt, ohne sich durch Erwerbsthätigkeit thatsächlich geäußert und bewährt zu haben, also der bloßen Möglichkeit der Erzielung von Erwerb unter allen Umständen Rechnung zu tragen, muß man sich doch scheuen. Man würde sonst in einer Menge von Fällen zu Leistungen an eine Menge von Personen gelangen, die in Wahrheit, nicht mehr Schadensersatz

---

[32]) Entsch. d. R.G. Bd. 10 Nr. 13.

[32a]) Eger S. 305.

genannt werden können, weil sich das Erlittenhaben eines Vermögensnachtheils gar nicht, oder nur in der Unterstellung irgend einer denkbaren Möglichkeit des Erwerbs erkennen ließe. Das geht zu weit. Wenn auch unmöglich die Rücksichtnahme auf Erwerbsfähigkeit überall abgeschnitten sein darf, wo nicht unmittelbar und gegenwärtig Erwerbsthätigkeit dahinter steht, so erscheint es doch unbillig, für Beeinträchtigung einer nach allgemeinen Voraussetzungen allerdings als wirklich oder möglicherweise vorhanden anzuerkennenden Erwerbsfähigkeit Schadensersatz zu gewähren, die bisher nie benutzt worden ist und von der es ganz ungewiß erscheint, ob sie später benutzt worden wäre. Es kommt mithin, sofern keine Erwerbsthätigkeit gegenwärtig oder aus der Vergangenheit vorliegt, die einen zuverlässigen Schluß in die Zukunft hinein gestattet, da sich volle Sicherheit in dieser Hinsicht höchstens ausnahmsweise erzielen läßt, auf die größere oder geringere Wahrscheinlichkeit davon an, daß künftig Erwerbsfähigkeit vorhanden gewesen sein und auch Benutzung gefunden haben würde. Ist die Erwerbsthätigkeit ausgeschlossen oder unwahrscheinlich, so involvirt die Störung der Erwerbsfähigkeit gar keinen Vermögensnachtheil[33]).

Natürlich eröffnet sich von diesem Kriterium her Aussicht auf eine Fülle verschiedenartiger Vorkommnisse und der dazu geneigten Doktrin Spielraum zu einer langen Reihe schematistischer Feststellungen. Die wichtigsten werden zu Nr. 2 des §. 3 zu berühren sein[34]). Zu Nr. 1 sind sie kaum von Interesse. Hier handelt es sich nur um Entschädigung wegen Störung der Erwerbsfähigkeit für eine vergangene Zeit, für die vor dem Tode in Folge des Unfalls erlittene Krankheit. Hier kann also die Frage, ob in die Zukunft hinein Erwerbsfähigkeit vorhanden gewesen und geübt worden wäre, nicht aufgeworfen werden. Vielmehr handelt es sich nur um die Erwerbsfähigkeit, die vor dem Beginne der Krankheit, welche deren Verlust oder Verminderung hervorgerufen hat, zu Erwerbsthätigkeit bereits wirklich gebraucht worden ist; allenfalls freilich auch, was aber offenbar in den hierher gehörigen Fällen von minderem Belang, darum, ob ohne Eintritt der Krankheit sicher Erwerb hätte geübt werden können.

Da nur die Aufhebung oder Verminderung der Erwerbsfähigkeit in Betracht kommt, welche während der Krankheit eingetreten ist, muß natürlich die Lage des Verletzten zur Zeit des Krankheitsbeginnes,

---

[33]) Westerkamp S. 683 Not. 8.

[34]) S. unten von Not. 92 ab.

maßgebend sein; nicht seine Lage zur Zeit des Unfalls. Denn es sind Fälle denkbar, in denen der Unfall, selbst wenn er schließlich den Tod herbeiführt, zuvörderst für eine Zeit noch nicht einmal eine die Erwerbsfähigkeit aufhebende oder schmälernde Krankheit hervorgerufen hat.

Ob nun durch die Krankheit eine völlige Unfähigkeit oder wenigstens eine Verminderung der Fähigkeit verursacht worden ist, erscheint als eine Thatsachenfrage, über deren Beantwortung abstrakte Normen nicht gegeben werden können. Ebenso wenig erscheint es thunlich, zu schematisiren, wie der Vermögensnachtheil, der aus dem Verluste oder der Verminderung der Erwerbsfähigkeit erwachsen sein soll, zu bemessen ist. Indessen hat sich gerade mit der Ausmessung der Entschädigung die richterliche Prüfung, die auch hierbei wieder nicht auf das Landesrecht zurückgreifen kann, sondern das einheitliche Reichsgesetz selbständig anzuwenden hat, häufig zu befassen. Um so weniger kann es Wunder nehmen, daß trotz der fast unüberwindlichen Schwierigkeiten der Versuch gemacht, auch dafür bestimmte Formeln, namentlich in Gestalt von Beweislastvermuthungen, zu erfinden, an welche die richterliche Beurtheilung gebunden sein soll[35]). Ohne auf die Erzielung solcher abstrakten Formeln sonderlichen Werth zu legen, werden zu Nr. 2 die wichtigsten Gesichtspunkte, die sich aus den Gründen reichsgerichtlicher Entscheidungen ergeben, kurz erwähnt werden[36]). Was dort gilt, gilt, soweit dazu überhaupt Gelegenheit, ebenmäßig auch in den Fällen der Nr. 1.

Da es sich im Falle des eingetretenen Todes nur um die Ausgleichung des Verlustes an Erwerbsfähigkeit für die Vergangenheit handelt, kann hier nur Zubilligung des Schadensersatzes in Kapital stattfinden. Zubilligung einer Rente greift nur für künftige Erwerbsunfähigkeit Platz[37]).

Endlich muß bemerkt werden, daß auch der Schadensersatz für Erwerbsunfähigkeit während Krankheit den Arbeitern jetzt schon in ganz anderer Weise gedeckt erscheint; nämlich bis zu Ende der dreizehnten Woche seit Beginn der Krankheit nach dem Krankenversicherungsgesetz[38]), das sich auch auf die im Eisenbahnbetrieb thätigen

---

[35]) So bes. Eger S. 310—335.

[36]) S. unten nach Not. 94, 66.

[37]) S. §. 7 Abs. 1 Satz 2.

[38]) S. oben zu §. 2 Not. 132.

Arbeiter miterstreckt, und vom Beginn der vierzehnten Woche an den Arbeitern der in §. 2 aufgeführten Unternehmungen nach dem Unfallversicherungsgesetz[39]).

d) Dazu kommt noch nach dem zweiten Satz des §. 3 Nr. 1 Ersatz für entzogene Alimente[40]).

aa) Die Voraussetzung, unter der darauf ein Anspruch entsteht, ist, daß der Getödtete zur Zeit seines Todes vermöge Gesetzes verpflichtet war, einem Anderen Unterhalt zu gewähren.

Hiernach erfährt die ganze Vorschrift erst Anwendung, nachdem der Verletzte in Folge des Unfalls gestorben ist. Auf den Unterhaltsverlust vor dem tödtlichen Ausgang bezieht sie sich nicht. So empfindlich vielleicht solche Personen, die von dem Verletzten Unterhalt zu fordern haben, auch schon vor dem Tode desselben zu leiden haben, so besteht doch für sie ein Recht auf Entschädigung nicht. Daß die Entschädigung des Verletzten wegen Erwerbsbeeinträchtigung den Unterhaltsberechtigten keineswegs sicher und vollständig ihren Unterhalt garantirt, ist klar.

Zugleich drücken die Worte „zur Zeit seines Todes" aus, daß die Frage, ob Unterhaltsberechtigte vorhanden sind, lediglich nach dem Momente des Todes zu entscheiden ist. Nur diejenigen, die an diesem Zeitpunkt ein Alimentationsrecht besitzen, haben Anspruch auf Ersatz bei dem Betriebsunternehmer; ohne Rücksicht auf den Zeitpunkt der prozessualischen Geltendmachung[41]). Doch ist angenommen worden, daß auch für ein zur Zeit des Todes noch nicht geborenes, aber bereits empfangenes Kind der Ersatzanspruch erhoben werden kann[42]); ebenso, daß dieses Recht auch die uneheliche Mutter wegen der Wochenbettkosten hat, wo nach dem bürgerlichen Recht der uneheliche Vater solche zu leisten verpflichtet ist. Der Zeitpunkt des Unfalls ist entschieden nicht maßgebend. Es leidet keinen Zweifel, daß auch von denjenigen Ersatz gefordert werden kann, deren Unterhaltsrecht erst nach dem Unfall entstanden ist, wenn dasselbe als schon zur Zeit des

---

[39]) S. oben zu §. 2 Not. 141.

[40]) S. die Verhandlungen über diesen Satz in den Stenogr. Berichten S. 484.

[41]) Wenn diese nur innerhalb der Verjährungszeit des §. 8 erfolgt. Entsch. des R.O.H.G. Bd. 13 S. 87.

[42]) Entsch. des R.O.H.G. Bd. 23 S. 197; mit bes. Rücksicht auf das Preuß. L.R. I. 1 §. 12.

Todes existent erscheint[43]). Die erst nach dem Unfall geheirathete Frau des Getödteten[44]), das erst nach dem Unfall von letzterem erzeugte Kind sind ersatzberechtigt. Ebenso kommt es auf Vorhandensein der Unterhaltsbedürftigkeit, welche Voraussetzung des Unterhaltsrechtes ist, zur Zeit des Todes, nicht zur Zeit des Unfalls an. Daher fällt umgekehrt der Ersatzanspruch sicher hinweg, wenn die Voraussetzungen des Unterhaltsrechtes, Bestand der Ehe, Bedürftigkeit u. s. w. zwar zur Zeit des Unfalls vorhanden waren, aber zur Zeit des Todes nicht mehr vorhanden sind.

Nur vermöge Gesetzes begründetes Unterhaltsrecht gibt Anspruch auf Ersatz bei dem Unternehmer. Der Ausdruck „vermöge Gesetzes" ist gegen den Antrag, zu sagen: „gesetzlich", beibehalten worden[45]), um kund zu thun, daß nur diejenige Verpflichtung gemeint ist, welche direkt aus dem Gesetze entspringt, also im strengsten Sinne als eine Legalobligation erscheint. Bei dem Ausdruck: „gesetzlich" fürchtete man den Satz: pacta dant leges, sowie den Art. 1134 des Code civil, wonach gesetzlich geschlossene Verträge mit der Kraft des Gesetzes bekleidet sind. Schon hiernach wäre die Ausschließung jeder vertragsmäßigen Alimentationsverbindlichkeit von der Anwendung des §. 3 Nr. 1 gewiß, wenn nicht überdies ein Antrag, durch Streichung des Wortes „gesetzlich" auch die Vertragsverbindlichkeit hereinzuziehen[46]), ausdrücklich Verwerfung gefunden hätte. Und der Getödtete, d. h. der in Folge des der Haftpflicht unterliegenden Unfalls Verstorbene muß derjenige sein, der nach dem Gesetz für seine Person verpflichtet ist, einem Anderen Unterhalt zu gewähren. Ob und in wieweit der Getödtete im Stande war, seiner gesetzlichen Alimentationspflicht zu genügen, kann für die Ausmessung des Ersatzes erheblich werden. Voraussetzung des Anspruchs auf Ersatz ist nur die Existenz der Alimentationspflicht zur Zeit des Todes. In welchen Fällen eine Unterhaltsverpflichtung vermöge Gesetzes besteht, ergibt das bürgerliche Recht, das in dieser Hinsicht in den einzelnen Rechtsgebieten oft verschieden lautet[47]).

---

[43]) Entsch. des R.O.H.G. Bd. 24 S. 113.

[44]) Entsch. des R.G. Bd. 1 Nr. 25.

[45]) St.B. S. 482. 484.

[46]) Drucks. Nr. 71, IV; Stenogr. Berichte S. 482. — S. auch Eger S. 339 bis 340.

[47]) Eine Zusammenstellung, bes. mit Rücksicht auf das Preuß. Recht s. bei Eger S. 342—345.

bb) Unter solchen Voraussetzungen kann dieser, d. h. der Unterhaltsberechtigte, bei dem Betriebsunternehmer kraft dessen Haftpflicht Ersatz fordern. Indem sich „dieser“ auf die Worte „einem Andern“ des Vorsatzes bezieht[48]), wird betont, daß eben nur der Alimentationsberechtigte für seine Person, mithin sein Erbe blos als solcher niemals, das hier beschriebene Ersatzrecht hat. Nur für denjenigen, welcher „zur Zeit des Todes“ des Alimentationspflichtigen einen gesetzlichen Anspruch auf Unterhalt besitzt, sorgt das Gesetz. Darüber hinauszugehen, schien kein Bedürfniß[49]).

Daß der rechtlich erwachsene Ersatzanspruch durch Universal- oder Singularsuccession, Erbgang, Cession u. dgl. weiter übertragen werden kann, versteht sich von selbst[50]). Einen höchst persönlichen Karakter, der ihn unübertragbar erscheinen ließe, hat derselbe gewiß nicht.

Was im Uebrigen den rechtlichen Karakter des Anspruchs anlangt, so kann Zweifel entstehen. Entweder kann derselbe als der Alimentenanspruch, der dem Getödteten gegenüber begründet war und für den nun in gewissem Umfang der haftpflichtige Betriebsunternehmer an die Stelle des Getödteten tritt, angesehen werden. Dafür scheint zu sprechen, daß, wie im Folgenden[51]) noch näher auszuführen, die Frage, ob und was von dem Betriebsunternehmer unter diesem Titel zu leisten ist, sich nach dem beantwortet, was von dem Getödteten zu fordern und zu leisten wäre[52]). Oder man hat den Anspruch des Unterhaltsberechtigten gegen den Betriebsunternehmer als einen zwar durch die bestandene Alimentationspflicht des Getödteten bedingten, aber doch nur zu der Deckung des daran sich zutragenden Verlustes bestimmten, lediglich aus dem Fundament der gesetzlichen Haftpflicht entspringenden zu betrachten[53]).

Dies drückte ungleich deutlicher die ursprüngliche Fassung des Entwurfs zu dem Gesetz aus, welcher „Ersatz des gesammten Vermögensnachtheils“, den der Unterhaltsberechtigte erleidet, zuerkannte. Durch die ohne Widerspruch und Diskussion erfolgte Annahme eines Kom-

---

[48]) Eigentlich würde sich sprachlich das Wort „dieser“ auf das Subjekt des Vordersatzes beziehen.

[49]) Mot. S. 12 zu §. 3.

[50]) S. auch unten Not. 151.

[51]) S. unten S. 110.

[52]) Für diesen Gesichtspunkt entscheidet sich Westerkamp S. 688.

[53]) So auch Genzmer S. 94 Nr. 8.

missionsantrags[54]) ist die jetzige Fassung beliebt worden, die, wenn man nichts anderes wollte, keine Verbesserung darstellt. Die Absicht, damit einen anderen Grundgedanken unterzuschieben, läßt sich aber nicht voraussetzen. Da überhaupt die Tendenz des Gesetzes auf Konstituirung einer eigenthümlichen Schadenersatzverbindlichkeit gerichtet erscheint, ist das auch hier anzunehmen. In diesem Sinne hat sich denn auch die Judikatur der höchsten Instanz entschieden und die Auffassung, als ob der Anspruch aus dem zweiten Satze der Nr. 1 des §. 3 lediglich der Alimentenanspruch mit Substitution des Betriebsunternehmers an Stelle des Getödteten sei, abgelehnt[55]). In Konsequenz dieser Auffassung ist zugleich erkannt worden, daß auch diesem Theil des Haftpflichtanspruchs die Unpfändbarkeit nicht zukommt[56]), welche den Alimentenansprüchen eigen[57]) ist; und daß der Eintritt von Ereignissen, welche die Alimentations-Berechtigung beendigen würden, wie die Wiederverheirathung der Wittwe des Getödteten, keineswegs den Haftpflichtsanspruch beendigen[58]). Daran ändert sich auch nichts durch die Erwägung, daß die Leistung des Betriebsunternehmers dazu dienen soll, dem Berechtigten Unterhalt zu gewähren; ein Zweck, der Vorausbezahlung, und zwar wie für gewöhnlich angemessen erscheint, in vierteljährlichen Raten, bedingt[59]).

Wird solchergestalt im Anschluß an den Wortlaut des Nachsatzes am Schluß der Nr. 1 des §. 3 festgehalten, daß der Alimentationsberechtigte keineswegs den Unterhalt, den er bei dem Getödteten zu fordern hatte, von dem Betriebsunternehmer fordern kann, sondern nur den ihm ex lege zustehenden Schadenersatz für die Entziehung des Anspruchs, welche den Tod bewirkt hat, so ergibt sich weiter die Folge, daß dieser Anspruch aus §. 3 unabhängig ist von sonst noch zustehenden Unterhaltsansprüchen. Es kommt dann nur darauf an, daß und was von dem Alimentationsrecht, dessen Schuldner der Ge-

---

[54]) Drucks. Nr. 65 unter 3, b. und Stenogr. Berichte S. 484.

[55]) Entsch. des R.O.H.G. Bd. 22 S. 347. — Darnach bedarf meine Auffassung in der 2. Aufl. S. 45 allerdings der Berichtigung. — Anders drückt sich aus der dritte Grund in der Entsch. des R.G. Bd. 4 S. 105, will aber wohl nur besagen, daß die Unterhaltspflicht des Getödteten die Grundlage bildet; s. unten Nr. 2 S. 109.

[56]) Entsch. des R.O.H.G. Bd. 22 S. 324.

[57]) Nach C.P.O. §. 749 Nr. 2, Entsch. des R.G. Bd. 1 S. 231.

[58]) S. die schon in Nr. 55 cit. Entsch. des R.O.H.G. Bd. 22 S. 347.

[59]) Entsch. des R.O.H.G. Bd. 23 S. 219; s. auch Entsch. des R.G. v. 10. Mai 1880 (Blum's Ann. Bd. 2 S. 190).

tödtete war, verloren gegangen ist. Für den Anspruch aus der Haftpflicht kann nicht verlangt, daß keine, folglich gegen denselben nicht eingewendet werden, daß noch andere Alimentationsverpflichtete vorhanden sind[60]). Der Anspruch aus §. 3 ist kein blos subsidiärer. Es kann überhaupt gar nicht gefragt werden, ob er sich zu anderen Alimentationsansprüchen subsidiär verhält, wenn er kein Alimentenanspruch ist. Der Umstand, daß wenn der getödtete Alimentationsverpflichtete am Leben geblieben, der Alimentationsberechtigte eventuell in die Lage kommen konnte, noch bei einem Anderen Unterhalt zu suchen, muß daher gleichgültig sein. Andererseits ist es aber auch gleichgültig[61]), ob bis zu dem Tode der Unterhalt von einem primär oder von einem subsidiär Verpflichteten bezogen worden ist. Die Haftpflichtforderung ist für die Einbuße des subsidiären Alimentenrechts, wenn es wirklich in erfolgreicher Ausübung begriffen war, gerade so begründet, wie für die des primären.

Aus demselben Grunde berechtigt das Vorhandensein anderer Alimentationsverpflichteten den Betriebsunternehmer zur Einrede der Theilung oder der mehreren[62]) Streitgenossen[63]).

Allein der Haftpflichtanspruch aus §. 3 hat, wenn er gleich nicht der auf den Betriebsunternehmer devolvirte Alimentenanspruch ist, der dem Getödteten gegenüber existirte, in diesem letzteren seine Grundlage. Ersatz soll der Betriebsunternehmer dem Berechtigten leisten, insoweit ihm in Folge des Todesfalls der Unterhalt entzogen worden ist. Es ist von vorn herein klar, daß auch bei der Auslegung dieser Worte der oben berührte Gegensatz in der Auffassung der rechtlichen Natur der Obligation des Betriebsunternehmers von entscheidendem Einfluß ist. Wäre die Meinung des Gesetzes einfach die, daß der Berechtigte wegen des Todes seines Verpflichteten nunmehr seinen Unterhalt bei dem Betriebsunternehmer zu suchen hätte, so wäre die Lage eine ganz andere, als diejenige, welche vorhanden ist, wenn der Berechtigte bei dem Betriebsunternehmer Schadenersatz für den entzogenen Unterhalt finden soll[64]). Nachdem

---

60) Entsch. des R.O.H.G. Bd. 13 S. 25; Bd. 14 S. 408; Bd. 23 S. 330.

61) Entsch. des R.O.H.G. Bd. 23 S. 330.

62) Soweit diese nach bürgerl. Recht möglich. Nach der C.P.O. gibt es eine prozessualische exc. plurium litis consortium nicht; s. Endemann Komm. zur C.P.O.

63) Entsch. des R.O.H.G. Bd. 23 S. 299.

64) Ueber die Einrechnung von Assekuranzgeldern s. unten zu §. 4.

die letztere Auffassung von der obersten Instanz gebilligt worden ist, kann sie allein den Ausgangspunkt bilden.

Die nächste Folgerung ist alsdann, daß keineswegs die Bedürftigkeit des Alimentationsberechtigten überall eine nothwendige Voraussetzung des Schadenersatzes bei dem Unternehmer darstellt. Nicht als ob die Bedürftigkeit nirgends mehr in Frage käme[65]). Für den Schadenersatzanspruch erscheint die Bedürftigkeit, allerdings als Voraussetzung, insofern bei mangelnder Bedürftigkeit ein Schaden nicht vorliegt und folglich ein Schadenersatzrecht nicht behauptet zu werden vermag, wo der Getödtete nur unter der Voraussetzung der Bedürftigkeit des Berechtigten zur Leistung des Unterhalts verpflichtet war[66]). Wo aber letzteres nicht der Fall, kann die Gewährung der Entschädigung aus der Haftpflicht weder aus dem Grunde abgelehnt werden, weil der Fordernde zur Zeit des Todes des Verpflichteten nicht unterhaltsbedürftig war[67]), noch aus dem Grunde, daß er zur Zeit der Geltendmachung des Anspruchs gegen den Betriebsunternehmer des Unterhaltes gar nicht oder doch nicht in dem Maße, wie früher, bedarf, weil er sonstige Mittel besitzt[68]), oder im Stande ist, solche, namentlich durch seine Arbeitskraft zu erwerben[69]), sofern nicht die Fähigkeit, sich selber zu unterhalten, überhaupt das Recht auf Alimentenbezug ausschließt. Ersatz kann bei dem Betriebsunternehmer nur für den Unterhalt verlangt werden, der *in Folge des Todesfalls* des Verpflichteten verloren gegangen ist. Es wird also noch ausdrücklich auf das Erforderniß des Kausalzusammenhangs hingewiesen, das hier freilich in der Regel keine große Schwierigkeit bereiten wird[70]).

Nicht so einfach erscheint die zur Bemessung des Schadenersatzes erforderliche Ermittlung, *wieviel* dem Berechtigten durch den Tod des Verpflichteten an Unterhalt *entzogen worden ist*. Unzweifel-

---

[65]) Wie die Entsch. des R.O.H.G. Bd. 13 S. 24 allerdings ganz schlechthin sagt; jedoch schwerlich mit Recht. S. *Eger* S. 363; dag. *Westerkamp* S. 688 Not. 23.

[66]) Entsch. des R.O.H.G. Bd. 13 S. 87. Anders nach meiner Auffassung (s. oben Not. 55) in der 2. Aufl. S. 45; s. auch *Kah* S. 93; *Westerkamp* S. 688 Not. 23.

[67]) Entsch. des R.G. Bd. 4 Nr. 29.

[68]) Entsch. des R.O.H.G. Bd. 13 S. 24.

[69]) Entsch. des R.G. Bd. 5 S. 110.

[70]) S. auch die Entsch. des R.G. vom 26. Mai 1882 (*Arch.* für Eis. 1882 S. 423).

haft bedarf es zunächst der Feststellung, daß der Getödtete zur Zeit seines Todes verpflichtet war, Unterhalt zu leisten. Sonst kann von Ersatz um der Haftpflicht willen nicht die Rede sein[71]). Allein es muß zugleich geprüft werden, in welcher Ausdehnung nach Zeit und Betrag die Verpflichtung existirte.

Ob überhaupt zur Zeit des Todes eine gesetzliche Alimentationspflicht des Getödteten bestand, ist, wie schon bemerkt[72]), nach den Bestimmungen des bürgerlichen Rechts zu prüfen. Um zu erkennen, was dem Alimentationsberechtigten durch den Tod des Verpflichteten entzogen worden und daher von dem Haftpflichtigen zu gewähren ist, bedarf es der Untersuchung, wie sich das Verhältniß gestellt haben würde, wenn der Getödtete am Leben geblieben wäre[73]).

In dieser Beziehung muß man einmal fragen, wie lange ohne den Unfall, der den Tod verursacht hat, das Leben des Getödteten noch gedauert haben würde. Denn nur derjenige Unterhalt, welchen der Getödtete für seine Person zu leisten gehabt hätte, kommt für den Schadenersatz des Haftpflichtigen in Betracht. Es bedarf also einer Schätzung der vermuthlichen Lebensdauer des Getödteten[74]). Es leuchtet sofort ein, daß diese Schätzung, nicht blos nach abstrakter Berechnung erfolgen kann, sondern auch die konkreten Körper- und Lebensverhältnisse des Getödteten zu berücksichtigen hat[75]).

Sodann muß man aber auch fragen, wie lange der Alimentationsberechtigte, wenn der Getödtete am Leben geblieben wäre, von diesem Unterhalt zu beziehen gehabt hätte. Die Schadenersatzpflicht des Betriebsunternehmers kann sich nur auf die hiernach sich ergebende Zeit erstrecken. So fragt sich namentlich, bis zu welcher Altersgrenze Kindern oder Minorennen Unterhalt, sei es mit, sei es ohne Rücksicht auf Bedürftigkeit[76]), Unterhalt und folglich Schadenersatz zu gewähren

---

[71]) So versagt z. B. eine Entsch. des R.G. v. 5. Januar 1881 Bd. 3 Nr. 86 dem Ehemann einen Anspruch wegen Todes der Ehefrau, weil ihm diese keinen Unterhalt zu gewähren hatte; s. dies. auch über die Auslegung des §. 25 des Preuß. Ges. vom 3. Nov. 1838 in dieser Beziehung.

[72]) S. oben S. 105 ff.

[73]) S. darüber bes. Entsch. des R.G. Bd. 7 Nr. 18.

[74]) Entsch. des R.O.H.G. Bd. 14 S. 406 u. v. 8. Jan. 1879 (Eis.V.O.Bl. 1879 S. 160) Entsch. des R.G. Bd. 7 Nr. 18.

[75]) Daß die für die Berechnung der falzidischen Quart in L. 68 pr. Dig. 35,2 ertheilten Anhaltspunkte hier nicht maßgebend sind, s. Entsch. des R.G. Bd. 5 Nr. 29.

[76]) S. oben Not. 65 ff.

ist. Auch dafür läßt sich eine allgemeingültige Altersgrenze nicht ziehen. Vielmehr müssen die konkreten Verhältnisse berücksichtigt werden[77]). So einfach die Erledigung dieser Frage erscheint, wo gewiß ist, daß der Alimentationsberechtigte Grund hatte, den Unterhalt für seine ganze Lebensdauer zu fordern, so wenig einfach kann sich dieselbe darstellen, wo es sich nicht um solch dauernden Bezug handelt.

Außer der Zeitdauer der Unterhaltsberechtigung, die von der Seite des Berechtigten wie des Verpflichteten aus der Prüfung bedarf, muß ferner für die Ausmessung des Schadensersatzes geprüft werden, was unter den Begriff des Unterhaltes fällt. Wenn auch unter Unterhalt nur dasjenige zu verstehen ist, was zur Erhaltung des Lebens nöthig ist, kann der Begriff doch nicht auf das, was zu nothdürftigster Erhaltung unentbehrlich erscheint, beschränkt werden. Je nach den Lebensverhältnissen des Berechtigten und des Verpflichteten kann sich der Begriff erweitern oder verengern[78]). So wenig unter dem Titel des Unterhalts Liberalität geübt zu werden braucht, ebensowenig ist ausgeschlossen, daß in dem einen Fall nach Stand, Vermögen, Verwandtschaft u. dergl. der Betheiligten als zum Unterhalt gehörig angesehen werden kann oder muß, was in einem anderen dazu nicht gehört. Es wird daher stets sorgfältiger Prüfung bedürfen, ob dies oder jenes zu dem Unterhalt, nicht im Sinne der Landesrechte, der auch hier nicht maßgebend sein kann, sondern im Sinne des §. 3, zu rechnen sei. Und diese Prüfung wird wiederum nicht blos abstrakte Erwägungen anzustellen haben, z. B. ob allgemeinhin nur Mittel für die leibliche Existenz, oder auch Mittel für Erziehung, Lehre[79]), Studium, künstlerische Ausbildung u. dergl. unter den Begriff des Unterhalts fallen[80]), ob Ausstattungskosten hieher gehören[81]), son-

---

[77]) Beispiele, in denen Alimentengewährung bald bis zum 16., bald bis zum 17., bald bis zum 18. Lebensjahr unterstellt worden ist, s. bei Eger S. 355; Genzmer S. 97 unter f., S. 98 unter m. Für die Forderung über das 18. Jahr hinaus verlangt Entsch. des R.O.H.G. Bd. 13 S. 87; Bd. 14 S. 411 besondere Gründe; Entsch. des R.G. Bd. 7 Nr. 18.

[78]) Entsch. des R.O.H.G. Bd. 23 S. 330; s. auch Bd. 14 S. 343.

[79]) Daß diese vom R.O.H.G. als Unterhalt angesehen worden sind, s. Eger S. 372.

[80]) Was nicht für ausgeschlossen zu halten ist, obgleich Eger a. a. O. dies im Anschluß an eine anscheinend „möglichst einschränkende Interpretation" des R.O.H.G. Bd. 14 S. 412 bezweifelt.

[81]) Was das R.O.H.G. Bd. 14 S. 407 aus konkreten Gründen, Bd. 23 S. 219 aber allgemeinhin verneint hat.

dern die konkreten Verhältnisse der Betheiligten zu berücksichtigen haben. Mehr als der Getödtete kraft seiner gesetzlichen Verbindlichkeit schuldig war, hat der Betriebsunternehmer sicher nicht zu gewähren. Alles, was jener über das gesetzliche Maaß hinaus geleistet hat, bleibt für diesen außer Berechnung[82]).

Endlich entsteht für die Bemessung des Schadensersatzes noch die besonders wichtige Frage, ob sie sich unbedingt nach dem richtet, was der Getödtete zu leisten schuldig war, oder nur nach demjenigen, was derselbe hat leisten können. Ist der Anspruch an den Betriebsunternehmer nur Schadensersatzanspruch, so ist die letztere Alternative gegeben. Anders, wenn er der auf den Betriebsübernehmer übertragene Alimentenanspruch wäre. Alsdann würde sich sogar fragen können, ob nicht allein die Leistungsfähigkeit des Betriebsunternehmers entscheidend sei, was zweifellos nicht der Fall. Weder, daß dieser mehr, noch daß er minder leistungsfähig, als der Getödtete, kann in Betracht kommen. Da es sich um Schadensersatz für das, was dem Unterhaltsberechtigten entgangen ist, handelt, erscheint das Leistenkönnen des getödteten Verpflichteten erheblich. Soweit der Berechtigte bei dem Verpflichteten Unterhalt nicht hat erhalten können, hat ihm der Tod des Verpflichteten keinen materiellen Schaden verursacht. Es muß also die oft genug schwierige, Erwägung stattfinden, was gegenüber den nach seinen Verhältnissen berechtigten Ansprüchen des Unterhaltsgläubigers der getödtete Unterhaltsschuldner nach seinen Verhältnissen zu leisten im Stande war[83]). Die Möglichkeit der Leistung, nicht die thatsächlich stattgehabte Leistung ist maßgebend[84]). Muß aber einmal die Leistungsfähigkeit des Getödteten als Grundlage gelten, dann darf nicht unterlassen werden, den Umstand mit in Berücksichtigung zu ziehen, daß der Getödtete bei längerem Leben vielleicht in die Lage gekommen wäre, höheren, freilich möglicherweise auch nur geringeren Unterhalt zu leisten, als zur Zeit seines Todes[85]). Zugleich muß man sich klar machen, daß auch sonst keineswegs der Zeitpunkt des Todes allein den Maßstab für die Taxirung der Leistungsfähigkeit des Getödteten abgeben kann. Man braucht nur an den Fall zu denken, daß durch die Folgen des erlittenen Unfalls bis zu dem erst später

---

[82]) Entsch. des R.O.H.G. Bd. 23 S. 299.

[83]) Entsch. des R.O.H.G. Bd. 14 S. 341. — S. auch Erkenntnisse anderer Gerichte bei Eger S. 359—361.

[84]) Entsch. des R.O.H.G. Bd. 18 S. 3.

[85]) Entsch. des R.G. v. 8. Dez. 1880 (Blum's Ann. Bd. 3 S. 77).

eingetretenen Tod die Fähigkeit, den Unterhalt zu gewähren, mehr oder minder beeinträchtigt worden ist.

Entschädigung für den entzogenen Unterhalt kann nach dem Bemerkten nicht bloß gefordert werden für die bereits vergangene, sondern auch für die zukünftige Zeit. Bei der Unsicherheit der Momente, von denen die Ausmessung abhängig ist, begreift sich leicht, daß für die in der Zukunft zu leistende Entschädigung die Form einer Rente der Form eines Kapitalbetrages vorzuziehen ist[86]). Auch um diese Rubrik des Schadensersatzes steht es aber jetzt für die Hinterbliebenen derjenigen Getödteten, die in einem der Etablissements des §. 2 des Haftpflichtgesetzes beschäftigt waren, insofern anders, als sie nach dem Unfallversicherungsgesetz Anspruch auf eine gewisse Rente haben[87]), darüber hinaus auf Grund des Haftpflichtgesetzes nur unter bestimmten Voraussetzungen[88]).

2. Im Falle einer Körperverletzung umfaßt der Anspruch auf Schadensersatz

a) den Ersatz der Heilungskosten, d. h. aller Kosten, die behufs der Heilung wegen der durch den Unfall erlittenen Verletzung aufgewendet worden sind. Ob die Heilung vollständig oder theilweise gelungen, ist gleichgültig. Vorausgesetzt wird, daß der Tod in Folge der Verletzung[89]) nicht oder noch nicht eingetreten ist. Denn sonst schlägt Nr. 1 des §. 3 ein. Allein die Bezugnahme auf Nr. 2 ist auch da nicht ausgeschlossen, wo mit mehr oder minder Wahrscheinlichkeit die Folge des Todes in Aussicht steht. Heilungskosten, können natürlich mehrmals in Frage kommen, auch da, wo die eine Krankheit beendet oder eine Besserung eingetreten war, sobald weitere Aufwendung durch einen Zustand, der sich als Folge der Verletzung darstellt, erheischt wird. Was unter Heilungskosten zu verstehen, bestimmt sich hier durchaus nach denselben Momenten, wie zu Nr. 1 des §. 3[90]). Namentlich gilt auch hier, daß nur die nothwendigen oder angemessenen ersatzfähig sind.

Ersatz der Heilungskosten ist aber jetzt auch bei Körperverletzung den Arbeitern garantirt durch die Kranken- und Unfallsversicherung[91]).

---

[86]) S. darüber §. 7 Abs. 1 Satz 2 u. unten.

[87]) S. oben zu §. 2 Not. 143.

[88]) S. oben zu §. 2 Not. 146.

[89]) Was darunter zu verstehen, s. zu §. 1 Not. 98 ff.

[90]) S. daher oben S. 96.

[91]) S. oben zu §. 2 Not. 131 ff., u. Not. 142.

b) Den Ersatz des Vermögensnachtheils, welchen der Verletzte durch eine in Folge der Verletzung eingetretene zeitweise oder dauernde Erwerbsunfähigkeit oder Verminderung der Erwerbsfähigkeit erleidet.

aa) Der Begriff des Vermögensnachtheils bedarf hier nicht noch einmal der Erläuterung. Er ist derselbe wie zu Nr. 1 des §. 3. Auch zeigt sich darin keine Verschiedenheit, daß hier durch die Worte „in Folge der Verletzung“ viel präziser als in Nr. 1 auf die Nothwendigkeit des Kausalzusammenhangs zwischen der Verletzung und dem Vermögensnachtheil hingewiesen wird. Denn es ist oben[92]) dargelegt worden, daß dieser Kausalzusammenhang auch bei Nr. 1, trotz des zweifelhaften Ausdrucks „während“ der Krankheit, erfordert werden muß[93]).

Nicht minder sind die allgemeinen Bemerkungen über die Bedeutung der Ausdrücke „Erwerbsunfähigkeit“ und „Verminderung der Erwerbsfähigkeit“, namentlich auch über das Verhältniß der Begriffe der Erwerbsthätigkeit und Erwerbsfähigkeit zu einander hieher zu beziehen[94]).

bb) Allein nach anderen Richtungen ergibt sich eine wesentliche Verschiedenheit zwischen Nr. 1 und Nr. 2.

1. Einmal insofern, als in Nr. 2 mit scharfer Betonung hervorgehoben wird, daß nur der Nachtheil Ersatz zu erwarten hat, den der Verletzte erleidet; womit zugleich der Verletzte als die einzige Person bezeichnet, und auf Grund der Verletzung einen Anspruch wegen Vermögensnachtheils zu erheben berechtigt ist. Keinem Anderen, der etwa indirekt durch die Verletzung Nachtheil erlitten hat, steht eine Haftpflichtforderung zu. Namentlich wird hier dem Unterhaltsberechtigten kein Recht auf Ersatz wegen Beeinträchtigung seines Unterhaltsbezugs gewährt. Die etwaige Unterhaltsverpflichtung des Verletzten verdient aber möglicherweise bei der Schätzung seines Vermögensnachtheils Berücksichtigung. Dies erscheint schon in Anbetracht des freien Ermessens, das hiebei der Richter übt, nicht ausgeschlossen. Es kann aber auch Fälle geben, in denen dies geradezu unvermeidlich wird[95]).

---

92) Vgl. oben bei Not. 24.

93) Unterlassung der Zuziehung eines Arztes berechtigt nicht zu dem Schluß, daß bei Zuziehung die Folge der Ewerbsunfähigkeit oder Verminderung der Fähigkeit nicht eingetreten sein würde. Entsch. des R.G. Ann. Bd. 1 S. 46.

94) S. oben nach Not. 32a.

95) Eger S. 377 will davon absolut nichts wissen.

2. Der größte Unterschied aber liegt darin, daß, während nach Nr. 1 nur der Vermögensnachtheil, der während der Krankheit erwachsen war, also für eine bestimmt abgeschlossene, der Vergangenheit angehörige Zeit zu taxiren ist, hier, wo der Tod nicht eingetreten, der Vermögensnachtheil nicht blos für die bereits vergangene, sondern auch für die zukünftige Zeit taxirt werden muß. Hiebei ist vor allen Dingen entscheidend, ob die Einbuße an Erwerbsfähigkeit eine zeitweise oder dauernde ist. In dem einen wie dem andern Fall muß für sie Ersatz geleistet werden. Die Einbuße, von der Nr. 1 des §. 3 handelt, ist stets nur eine zeitweise, weil sie ganz und gar der Vergangenheit angehört und mit dem Tod beendigt ist[96]).

Zeitweise und dauernde Aufhebung und Verminderung der Erwerbsfähigkeit werden neben einandergestellt. Denn auf beides beziehen sich die Prädikate. Dauernd wird füglich nicht blos derjenige Zustand genannt werden können, von dem, was ohnehin schwer mit mathematischer Gewißheit zu erkennen ist, feststeht, daß er niemals bis zu dem Lebensende gehoben werden wird, sondern schon derjenige, dessen Ende sich gar nicht oder wenigstens nicht mit genügender Bestimmtheit absehen läßt. Zeitweise dagegen ist der Zustand, dessen Ende entweder bereits da ist oder sich mit einiger Bestimmtheit voraussehen läßt. In demselben Sinn können periodische Zustände dauernde oder zeitweise sein, je nachdem sie sich auf absehbare oder unabsehbare Zeit erstrecken.

Wo es darauf ankommt[97]), hat das Gericht darüber, ob der Zustand ein dauernder oder ein zeitweiser ist, nach freiem Ermessen zu entscheiden. Hauptsächlich wird der Gegensatz von Einfluß für die Entscheidung, ob der Schadensersatz in Gestglt eines Kapitals oder einer Rente zuzubilligen ist. Es liegt in der Natur der Sache, daß der Richter, wo sich die Dauer nicht übersehen läßt, lieber die Rente wählen wird[98]).

cc) Wie ist nun der aus der Erwerbsunfähigkeit oder Verminderung der Erwerbsfähigkeit entspringende Vermögensnachtheil zu bemessen[99])?

1. Um zu erkennen, wie groß der Vermögensnachtheil ist, muß

---

[96]) Was Eger S. 380 verkennt.

[97]) Ueber die Bedeutung s. zu §. 8 noch Not. 42.

[98]) S. darüber §. 7 Abs. 2.

[99]) Vgl. über §. 25 des Preuß. Ges. v. 3. Nov. 1838 Entsch. des R.O.H.G. Bd. 6 Nr. 3.

nothwendig zuerst untersucht werden, ob Erwerbsfähigkeit und in welchem Maße vorhanden war. Dafür erscheint der Natur der Sache zufolge[100]) die Zeit der erlittenen Verletzung maßgebend[101]). Man hat also zu fragen, ob zu dieser Zeit der Verletzte erwerbsfähig war. Das ist ausgemacht, wenn er damals in Erwerbsthätigkeit begriffen war. Allein er kann auch, obwohl nicht in Erwerbsthätigkeit begriffen, erwerbsfähig gewesen sein, und der Schadensersatz muß ihm auch dann zutheil werden, wenn er nur erwerbsfähig, nicht aber erwerbsthätig war[102]). Ja sogar die zu jener Zeit noch nicht vorhandene Erwerbsfähigkeit verdient Berücksichtigung, wenn erkannt wird, daß durch die Verletzung die Möglichkeit der Ausbildung und der Erwerbsthätigkeit, die sonst hätte erlangt werden können, abgeschnitten worden ist[103]). Ob mit genügender Sicherheit da, wo bis dahin Erwerbsthätigkeit nicht stattgefunden hat, sich unterstellen läßt, daß sie vorhanden, und vollends, daß sie noch zu erlangen war, erfordert freilich sorgfältige Prüfung. Wenn es gewiß ist, daß der Verletzte eine Erwerbsthätigkeit bis zu dem Unfall nicht ausgeübt hat und auch ohne den Unfall nicht ausgeübt haben würde, kann von Schadensersatz unter dem vorliegenden Titel nicht die Rede sein.

Der Richter hat dann weiter, behufs Schätzung des zu ersetzenden Schadens zu untersuchen, welchen materiellen Erfolg die Erwerbsfähigkeit gehabt hat oder gehabt haben würde, wenn sie nicht durch den Unfall gestört worden wäre.

Handelt es sich um eine Erwerbsfähigkeit, die sich noch nicht bethätigt hatte oder die erst zu erwarten war[104]), so lassen sich irgend welche Anhaltspunkte von allgemeiner Bedeutung offenbar nicht aufstellen. Wer wäre im Stande, bestimmte Momente solcher Art anzugeben, nach denen die Schlußfolgerung auf den Ertrag, den die vorhandene oder gar erst zu erwartende Erwerbsfähigkeit bei ungestörter Entwicklung hätte liefern mögen, zu ziehen ist. Hier kann nur auf billiges Ermessen nach Gestalt des einzelnen Falles verwiesen werden.

Anders, wenn von der Erwerbsfähigkeit bereits Gebrauch gemacht worden ist; sei es, bis zum Eintritt der Verletzung, sei es, wenn auch

---

[100]) Eger S. 310. — Vgl. auch oben S. 102—103.

[101]) Entsch. des R.O.H.G. Bd. 8 S. 370; Bd. 16 S. 180.

[102]) Entsch. des R.G. v. 2. Dez. 1879 (Blum's Ann. Bd. 1 S. 193).

[103]) Entsch. des R.G. v. 20. Febr. 1880 (Blum's Ann. Bd. 1 S. 533). — Nicht einverstanden Eger S. 310.

[104]) S. darüber die Bemerkungen bei Not. 103.

nicht gerade bis zu diesem Zeitpunkt, doch vorher. Denn die Berücksichtigung des Erfolgs vorangegangener Erbwerbsfähigkeit kann darum nicht gehindert sein, weil sie aus irgend einem Grunde, vielleicht rein zufällig, vielleicht auch mit Willen gerade zur Zeit des Unfalls nicht zu Erwerbsthätigkeit benutzt werden konnte oder benutzt worden ist. Nur wenn sie als Ausdruck der Unfähigkeit oder des Entschlusses, überhaupt nicht mehr Erwerb zu suchen, erkannt wird, erscheint die Nichtausübung zur Zeit des Unfalls in anderem Licht. Davon abgesehen, steht nichts im Wege, trotz der zur Zeit des Unfalls gegebenen Unterbrechung den seitherigen Erfolg der Erwerbsthätigkeit zum Maßstab zu nehmen.

Bei der Würdigung, wie hoch der Ertrag der Erwerbsfähigkeit zu veranschlagen ist, ergibt sich nun ein natürlicher Unterschied, je nach dem die Ausübung der Fähigkeit eine stetige, fortlaufende, berufsmäßige, oder eine nicht berufsmäßige, nach Art und Zeit wechselnde, nicht immer gleichmäßige Verwendung findende ist. Es ist klar, daß bei jener eine ganz andere, ungleich zuverlässigere Grundlage des Erwerbsresultates möglich ist, als bei dieser.

Zu der ersteren Klasse gehören alle diejenigen, welche in irgend einem, wenn auch nicht definitiven oder lebenslänglichen, doch festen und mehr oder minder dauernden, öffentlichen oder Privatdienstverhältniß, als Beamte, Angestellte, Arbeiter oder wie sonst der Name lauten mag, stehen, oder selbständig einem Beruf oder Gewerbe obliegen, der als regelmäßige Bethätigung des Willens und der Fähigkeit zu erwerben, erscheint. Und unter den hieher gehörigen zeichnen sich wieder, wenn es gilt den Erfolg der Erwerbsthätigkeit zu taxiren, die Bediensteten, namentlich Beamte und Angestellte des Staates, der Gemeinden, öffentlich rechtlichen Korporationen, aber auch die im Privatdienst einer Gesellschaft oder Einzelner verwendeten Angestellten und Arbeiter, insofern aus, als bei ihnen eher eine Schätzung nach allgemeineren Gesichtspunkten eintreten kann, als bei denjenigen, die als Geschäftsleute, Künstler, Gelehrte oder Arbeiter einen selbständigen Beruf, der sogar in demselben Berufszweig von sehr verschiedenartigem Karakter und Erfolg sein kann, ausüben.

Von Entscheidungen, die als Präjudizien einigen Werth haben, läßt sich bei einer anderen Klasse, als der der Beamten oder Angestellten kaum etwas sagen. Am meisten Gelegenheit zu Aussprüchen darüber, was zum Erwerb zu rechnen sei, hat die Judikatur, begreiflich bei der Bedeutung des §. 1 des Gesetzes, bei den Eisenbahnbediensteten gefunden.

Soviel versteht sich von selbst, daß vor allen Dingen das regelmäßige Diensteinkommen, Gehalt, Lohn, fixirte Diäten, oder wie sonst das Einkommen heißen mag, in Anschlag kommt, welches das nächste und eigentliche Aequivalent der Arbeit darstellt[105]). Es sind aber auch mancherlei Nebenemolumente zu berücksichtigen[106]). So freie oder billige Dienstwohnung, oder Wohnungsgeld[107]), wo solches nach Gesetz oder Vertrag zusteht; Naturalemolumente, regelmäßige Remunerationen, Prämien für Materialienersparnisse, Vergütungen für Ueberzeit; sodann Diäten und Reisekosten, Nachtstunden und Meilengelder[108]), namentlich der Eisenbahn- und Postbeamten, diese jedoch nur insoweit, als sie nicht durch Mehraufwand absorbirt werden[109]); überhaupt alle Nebenbezüge, von denen man sagen muß, daß sie das Einkommen positiv vermehren, wobei denn freilich meist nur Anrechnung nach einem gewissen Durchschnitt möglich ist[110]). Dagegen bleiben außer Ansatz solche Bezüge, die sich nur als Ersatz für dienstliche Aufwendungen darstellen, z. B. für Dienstkleidung, Halten von Pferden, Bureaukosten u. dgl., sowie alle blos zufälligen, unregelmäßigen, widerruflichen, lediglich aus Liberalität erfolgenden Vergütungen.

Eine besondere Frage ist es dann noch, ob nicht von dem sonach sich ergebenden Einkommen manches in Abzug zu bringen ist, was der Beamte oder Angestellte von seinem Einkommen zu entrichten hat. Da das Gesetz nur Ersatz des effektiv erlittenen Nachtheils will, müssen, um diesen zu berechnen, manche Aufwendungen abgezogen werden, weil sonst aus dem Schadensersatz nach §. 3 ein Vortheil, den das Gesetz nicht will, erwachsen würde. Daher sind namentlich Pensionsbeiträge abzuziehen[111]). Dasselbe muß von Beiträgen zu Wittwen-, Unterstützungs- und ähnlichen Kassen gelten[112]).

---

105) Entsch. des R.O.H.G. Bd. 22 S. 158.

106) Eger S. 311—318 theilt darüber eine ganze Anzahl von Entscheidungen, meist jedoch nur anderer Gerichte, als des R.O.H.Gerichts mit.

107) Entsch. des R.G. v. 12. Nov. 1880 (Blum's Ann. Bd. 3 S. 79); dagegen Ortszulagen nur bedingungsweise.

108) Entsch. des R.G. v. 9. Okt. 1880 (Blum's Ann. Bd. 2 S. 568).

109) Entsch. des R.O.H.G. Bd. 19 S. 12.

110) Entsch. des R.O.H.G. Bd. 6 S. 14; Bd. 16 S. 181.

111) Entsch. des R.G. v. 12. Nov. 1880 (Blum's Ann. Bd. 3 S. 79).

112) Anders Eger S. 319.

Darüber, wie die Berechnung des Erwerbs bei denjenigen zu machen ist, welche nicht in einem Dienstverhältniß stehen, sondern ihr eigenes Geschäft, einen selbständigen Beruf treiben, lassen sich natürlich abstrakte Regeln gar nicht ertheilen. Es bedarf da der konkreten Ermittelung. Vollends gilt das von denjenigen, die nur eine unregelmäßige, unständige Erwerbsthätigkeit ausüben[113]).

In jedem Fall, sowohl bei Dienstverhältniß, als bei selbständiger Erwerbsthätigkeit, ist aber, wenn es gilt, den Erwerb zu taxiren, die Möglichkeit in Betracht zu ziehen, daß sich der zur Zeit der Verletzung bestandene Erwerb in der Zeit nach der Verletzung hätte ändern, vermehren oder vermindern können. In dieser Hinsicht ist von der Unterstellung, daß der zur Zeit der Verletzung stattgehabte Erwerb ohne die Verletzung fortgedauert haben würde, ausgegangen worden[114]). Im Ganzen mag das zutreffend sein. Allein, daraus eine durchschlagende Rechtsvermuthung zu entnehmen[115]), die stets den Verpflichteten nöthigt, einredeweise zu behaupten und zu beweisen, daß der Verletzte nach der Verletzung weniger erworben haben würde, erscheint bedenklich[116]). Ebenso wenig läßt sich unbedingt verlangen, daß es stets einer besonderen Behauptung und Beweisführung des Klägers bedürfe, um zur Berücksichtigung der Möglichkeit höheren Verdienstes des Verletzten zu gelangen[117]). Nur soviel läßt sich vernünftigerweise sagen, daß die richterliche Beurtheilung sich nach zuverlässigen Grundlagen[118]) umzusehen, von diesen aus aber, gleichviel von welcher Seite sie dargeboten erscheinen, füglich auch die bestimmte Aussicht auf höheren Ertrag der Erwerbsthätigkeit, wie sie insbesondere bei Beamten und Angestellten, aber auch bei selbständigen Geschäfts- oder Berufsleuten vorhanden sein kann, in Betracht zu ziehen hat[119]).

Nicht minder ist zu berücksichtigen, wie lange überhaupt die Fähigkeit, in gleichem, in gesteigertem oder vermindertem Maße Er-

---

[113]) Verweisung auf „den Durchschnittsertrag der letzten Jahre", s. Eger S. 319, leistet nicht viel Hülfe.

[114]) Entsch. des R.O.H.G. Bd. 8 S. 370.

[115]) Für die Eger S. 324 ist, der überall nach solchen Vermuthungen strebt.

[116]) Wie denn auch das R.O.H.G. in einer von Eger S. 324 g. E. angeführten Entscheidung wenigstens ausgesprochen hat, daß notorische Zustände von Amtswegen zu beachten seien.

[117]) Eger S. 320—323.

[118]) S. auch Entsch. des R.O.H.G. v. 5. Dez. 1876 bei Eger S. 323.

[119]) Entsch. des R.O.H.G. Bd. 14 S. 341. So auch in Anwendung auf sicher zu erwartende Nebenemolumente Bd. 16 S. 177.

werb zu finden, noch dauern wird. Die Ungewißheit, die in allen diesen Richtungen herrscht, gibt vornehmlich dazu Grund ab, den Schadensersatz lieber in Form einer nach Gestaltung der Verhältnisse wandelbaren[120]) Rente, als in Form eines Kapitals zuzuerkennen. Gerade die Wandelbarkeit der Rentenfestsetzung liefert aber den Beweis, daß auch bei Kapitalfestsetzung die zukünftige Erwerbsaussicht mit zu beachten ist.

2. Hat man so durch die Erkenntniß, worin der Erwerb des Verletzten bestanden hat und ferner bestanden haben würde, die Grundlage gewonnen, so muß sich daran die Untersuchung anknüpfen, ob in Folge der Verletzung Erwerbsunfähigkeit oder Verminderung der Erwerbsfähigkeit eingetreten ist.

Als Erwerbsunfähigkeit ist nicht etwa blos der Zustand zu betrachten, in dem überhaupt gar kein Erwerb mehr erzielt zu werden vermag. Vielmehr genügt es, wenn sich die Unfähigkeit, irgend noch Verdienst in der seither geübten Erwerbsthätigkeit zu gewinnen, ergibt[121]). Es braucht an sich nicht nachgewiesen zu werden, daß der Verletzte zu keiner anderen Beschäftigung mehr tauglich sei, aus der Erwerb gezogen werden könnte. Doch ist es natürlich nicht ausgeschlossen, daß der Behauptung der Erwerbsunfähigkeit gegenüber nicht blos der Nachweis vollständiger Unwahrheit, sondern auch der der Möglichkeit, trotz der erlittenen Verletzung noch Erwerb zu machen, mit dem Erfolg, daß nur Verminderung der Erwerbsfähigkeit anzunehmen ist, erheblich wird[122]). Ein ganz geringer Rest von Erwerbsfähigkeit wird freilich auch den letzteren Effekt kaum haben[123]).

Recht unsicher und nur nach billigem Ermessen läßt sich vollends über das Vorhandensein von Erwerbsunfähigkeit entscheiden, wo eine Erwerbsthätigkeit noch gar nicht stattgefunden hat[124]). Soviel leuchtet aber auch ein, daß nicht jeder noch übrig gebliebene Rest geistiger oder körperlicher Arbeitskraft, mit dem irgendwie Verdienst erzielt werden kann, den Begriff der Erwerbsunfähigkeit abschneidet. Und es muß dabei immerhin die Erwägung stattfinden, welche Art und welches Maß von Beschäftigung von dem Verletzten

---

[120]) S. unten §. 7 Abs. 2.

[121]) Entsch. des R.O.H.G. Bd. 8 S. 371; Bd. 14 S. 44.

[122]) Entsch. des R.O.H.G. Bd. 21 S. 355.

[123]) Entsch. des R.O.H.G. v. 24. Juni 1878 bei Eger S. 331.

[124]) S. oben bei Not. 103 ff.

nach seiner Person und seinen Verhältnissen erwartet werden durfte, wenn er fähig geblieben wäre.

Dieselben Erwägungen müssen auch da eintreten, wo es sich nicht um völlige Aufhebung, sondern um Verminderung der Erwerbsfähigkeit handelt. Auch da ist die Schätzung eine andere, wo die Fähigkeit sich bereits bethätigt und wo sie sich noch nicht bethätigt hat. Auch da muß, um den Umfang der Verminderung und dessen Einfluß auf die Bestimmung des Schadensersatzes zu ermessen, berücksichtigt werden, ob und was sich dem Verletzten an Thätigkeit noch zumuthen läßt.

In beiden Fällen, bei Behauptung der Unfähigkeit wie bei Behauptung verminderter Fähigkeit, zeigt sich dann nothwendig in Betreff der Frage, in wiefern die Möglichkeit, noch Erwerb zu machen, in Berücksichtigung kommt, ein Unterschied zwischen denjenigen, welche eine bestimmte berufsmäßige Thätigkeit ausüben, und denen, die als Arbeiter, Handarbeiter, Tagelöhner zu verschiedenen, mit Sicherheit nicht bestimmbaren Leistungen, sich abgeben. Daß die Möglichkeit, noch Verdienst zu erwerben, sei es auch nur geringeren als bisher, berücksichtigt zu werden verdient, ist bereits gesagt worden. Dies muß geschehen, auch wenn von der Möglichkeit thatsächlich ohne zureichenden Grund kein Gebrauch gemacht wird[125]). Allein es liegt in der Natur der Sache, daß in einem Beruf, oder in einer bestimmten Art von Thätigkeit stehenden Leuten keineswegs die Möglichkeit zugerechnet werden darf, irgendwo, auch in ganz anderen, für sie heterogenen Arbeitsbranchen lohnende Beschäftigung zu finden[126]). Es kommt dabei entschieden darauf an, ob der Verletzte einer seiner früheren Stellung, seinen sozialen Verhältnissen, seiner Kenntniß und Bildung entsprechende Beschäftigung zu erhalten vermag[127]). Nur insofern dies der Fall, braucht er sich daher das Anerbieten anderweitiger Verwendung von Seiten des Haftpflichtigen mit der Wirkung, daß sich dadurch sein Schadensersatzanspruch vermindert, gefallen zu lassen[128]). Dies ergibt sich aus demselben Gesichtspunkt, aus dem schon Erwerbsunfähigkeit anzunehmen, wenn der Verletzte außer Stande ist,

---

[125]) Entsch. des R.O.H.G. Bd. 8 S. 370.

[126]) Entsch. des R.O.H.G. Bd. 14 S. 44.

[127]) Entsch. des R.O.H.G. Bd. 19 S. 12.

[128]) Entsch. des R.O.H.G. v. 23. Jan. 1877 bei Eger S. 329 u. v. 7. Sept. 1878 das. S. 331.

seine bestimmte Berufsarbeit in einer seiner bisherigen Stellung angemessenen Weise fortzusetzen[129]).

Nimmt der Verletzte eine angemessene mit Erwerb verbundene Stellung an, so kommt ihm der daraus gezogene Erwerb als Abminderung seiner Haftpflichtforderung in Anschlag[130]); ebenso, wenn er Pension erhält[131]). Warum ersteres nicht auch gelten sollte, wenn der Verletzte eine unangemessene Beschäftigung, die er nicht hätte annehmen brauchen, doch angenommen hat und daraus Erwerb zieht, läßt sich, da doch nur Ersatz des wirklichen Schadens gewährt wird, schwer absehen. Fortsetzung des früheren Dienstes bei verminderter Fähigkeit zu verlangen, ist der Verletzte nicht berechtigt[132]).

Ganz anders liegen die Dinge bei gewöhnlichen Handarbeitern, Tagelöhnern u. dergl., insofern bei ihnen von einer Bindung an bestimmte Art von Arbeitsleistungen nicht zu reden ist. Bei solchen kann, wenn nicht unbedingt jede, doch die Ausübung oder Möglichkeit der Erwerbsthätigkeit in weit umfassenderem Maaße zu berücksichtigen sein. Erwerbsunfähigkeit ist bei ihnen erst dann vorhanden, wenn sie zu keiner der mancherlei von ihnen bisher geübten oder ihrer Art nach zu übenden Arbeiten mehr tauglich sind[133]); was unter Umständen, z. B. bei Verlust des Arms, allerdings sofort anzunehmen ist[134]). Die Verminderung ihrer Fähigkeit muß nach Vergleichung dessen, wozu sie noch im Stande sind, mit dem, was sie früher noch geleistet und erworben haben, erkannt werden[134a]).

Soweit übrigens der Verletzte selber zeitweise Unmöglichkeit des Erwerbs freiwillig herbeiführt oder verschuldet, z. B. durch Begehung eines Delikts, das ihn in Freiheitsstrafe bringt, braucht ihm, wenn er nicht ein für allemal wegen der Haftpflicht bereits abgefunden worden ist, auf diese Zeit Schadensersatz nicht geleistet zu werden[135]).

3. Auf Grund der hiernach anzustellenden Ermittelungen hat das Gericht zu befinden, ob und welcher Schadensersatz wegen der erlittenen Verletzung gebührt. Wem es obliegt, die thatsächlichen

---

[129]) Entsch. des R.O.H.G. v. 26. Juni 1878 bei Eger S. 332.

[130]) Entsch. des R.O.H.G. Bd. 16 S. 183.

[131]) Entsch. des R.O.H.G. v. 13. Febr. 1878 bei Eger S. 325.

[132]) Entsch. des R.G. Bd. 1 Nr. 103.

[133]) Entsch. des R.O.H.G. Bd. 14 S. 44.

[134]) Entsch. des R.G. v. 10. Juli 1880 (Blum's Ann. Bd. 2 S. 476).

[134a]) Entsch. des R.O.H.G. v. 22. Mai 1878 (bei Eger S. 331).

[135]) Entsch. des R.G. Bd. 1 S. 66.

Prämissen zu liefern, darüber Beweislastregeln zu formuliren, kann man sich ersparen. Alle solche Beweislastregeln oder Vermuthungen besagen schließlich nicht mehr, als daß derjenige, der die Entschädigung fordert, die thatsächlichen Voraussetzungen wie der Schadensersatzpflicht überhaupt, so auch der Art und Höhe des begehrten Schadensersatzes[136]), soweit diese nicht schon ohne weiteres kennbar erscheinen, und ebenso derjenige, der den Schadenersatzanspruch überhaupt oder dessen Betrag auf Grund besonderer Umstände bestreitet, diese darzuthun hat. Eines mehreren bedarf es namentlich darum nicht, weil der Richter auf freiestes Ermessen gestellt ist[137]).

Daß gerade die Schwierigkeiten und Unsicherheiten der Prüfung, was da, wo der Verletzte noch lebt, als zu ersetzender Schaden wegen Aufhebung oder Verminderung der Erwerbsfähigkeit in die Zukunft hinein zu bewilligen ist, zu der Erwägung Anlaß bieten, ob zur Zahlung eines Kapitalbetrags oder zu einer Rente zu verurtheilen sei, zumal wo nicht von vornherein dauernder Zustand der Erwerbsunfähigkeit oder einer bestimmten Verminderung der Erwerbsfähigkeit ersichtlich wird, ist klar[138]). In der That gewährt die Doppelgestaltung des Ersatzes als Kapital oder Rente unter solchen Umständen eine willkommene Handhabe für gerechte und billige Ausgleichung der Schadensfolgen. Allein, daß dies nicht zureicht, ist ebenfalls klar. Die Geltendmachung des Haftpflichtanspruchs stößt doch, wie aus den obigen Ausführungen erhellt, leicht auf große Hindernisse, fordert eine Begründung, die vielfach schwer zu liefern ist. Die Erfahrung, die man in dieser Beziehung gemacht hat, hat nicht am wenigsten die Sozialgesetzgebung bestimmt, wenigstens für die Arbeiter ausgiebiger durch die Kranken- und Unfallversicherung zu sorgen; was nun so geschehen ist, daß für die Arbeiter Anspruch aus dem Haftpflichtgesetz kaum noch zu erheben ist[139]).

An dieser Stelle, zu §. 3, ist nur zu erörtern, wie es sich mit den Voraussetzungen der Zuerkennung des Schadensersatzes wegen Erwerbsunfähigkeit oder verminderter Erwerbsfähigkeit verhält. Nun kann es sich aber auch zutragen, daß nach stattgehabter Zuerkennung eines Gesammtbetrages oder einer Rente die unterstellte Erwerbsunfähigkeit oder Verminderung der Erwerbsfähigkeit eine Aenderung er-

[136]) Ueber die Zuerkennung in Kapital oder Renten s. unten.

[137]) S. unten §. 6 Nr. 1.

[138]) S. §. 7 Abs. 1 Satz 2.

[139]) S. oben zu §. 2 Not. 132. 142.

führt. Welchen Einfluß eine solche Aenderung hat, kann erst unten betrachtet werden[140]).

3. Es bleibt noch die Betrachtung anzustellen, wer für die einzelnen Ansprüche, die an sich selbständig neben einander stehen, aber auch mit einander verbunden werden können[141]), Gläubiger ist. Man hat dabei zu unterscheiden, wer als der ursprünglich Berechtigte erscheint und inwieweit durch Rechtsnachfolge oder Uebertragung, Einrücken eines Andern in die Gläubigerschaft stattfinden kann. Daß für jeden Berechtigten der Anspruch nicht blos durch einen Bevollmächtigten, sondern auch in seinem Interesse von dem Gewalthaber, Vormund, Vater, Ehemann, verfolgt werden mag, versteht sich von selbst.

a) Den Anspruch auf Heilungskosten hat jedenfalls zunächst bei seinen Lebzeiten der Verletzte. Wenn er gestorben ist, ohne den erwachsenen Anspruch geltend gemacht zu haben, kann dieser, soweit er noch besteht, von den Erben erhoben werden. Auch ist zweifellos Uebergang des Anspruchs durch freiwillige Cession, oder, da hiezu der Anspruch ein geeignetes Objekt darbietet, Pfändung und Ueberweisung im Wege der Zwangsvollstreckung[142]) von dem Verletzten selbst oder dem Rechtsnachfolger desselben aus an einen Anderen möglich; wie er denn auch ebenso zweifellos als Bestandtheil der Masse im Konkurs des Verletzten oder seiner Erbschaft in Betracht kommt[143]). Fraglich dagegen erscheint es, ob der Ersatz der Heilungskosten von einem Dritten, der sie für den Verletzten aufgewendet hat, kraft eigenen Rechts gefordert werden kann. Dafür spricht die Fassung des §. 3, wonach die Person des Berechtigten gar nicht bezeichnet, sondern schlechthin, rein objektiv dem Betriebsunternehmer die Verbindlichkeit des Ersatzes dieser Kosten auferlegt wird[144]). Ein Bedenken waltet auch bei der Ausdehnung des Forderungsrechtes auf denjenigen, der den Aufwand für die Heilung getragen hat, nicht ob, da der Dritte, gerade wie der Verletzte selbst oder dessen Rechtsnachfolger, nicht mehr ersetzt verlangen kann, als die angemessenen Heilungskosten. Indessen wird von Anderen behauptet, daß nach der Absicht des Gesetzes, die nur auf Entschädigung des Verletzten gerichtet sei, ein Dritter niemals kraft eigenen, sondern nur kraft abgeleiteten Rechts

---

140) S. unten §. 7 Abs. 2.

141) S. auch Eger S. 385.

142) C.P.O. §. 736 ff.

143) Eger S. 383.

144) S. auch Kah S. 89 Not. 1; Jakobi S. 27 Nr. 2.

befähigt sei, den Anspruch geltend zu machen[145]). Da jedoch zugegeben werden muß, daß ein abgeleitetes Recht nicht blos durch Mandat, sondern auch unter dem Titel der Geschäftsführung, und nicht bloß durch ausdrückliche, sondern auch durch stillschweigende Cession begründet sein kann, wird man der Kontroverse, die sich im Uebrigen darauf zuspitzt, ob der Dritte einen Anspruch aus dem Haftpflichtgesetz, oder nur nach sonstigem Civilrecht hat, keinen allzugroßen praktischen Werth beilegen. Will das Gesetz einmal, daß der Betriebsunternehmer in den Haftpflichtfällen die Heilungskosten zu tragen hat, so läßt sich nicht wohl absehen, warum er davon jemals sollte befreit sein, weil ein Dritter, von dem sie vorgelegt worden sind, den Ersatz fordert. Der natürlichen Auffassung entspricht es schwerlich, daß z. B. eine Krankenkasse, welche die Heilungskosten bezahlt hat, nicht berechtigt sein soll, die Haftpflicht des Betriebsunternehmers auch ohne besonderen Erwerb des Klagerechts von dem Verletzten her, geltend zu machen.

b) Auf Ersatz der Beerdigungskosten kann der Verletzte höchstens in dem Sinne klagen, daß er noch lebend die eventuelle Erstattungspflicht festgestellt wissen wollte. Immerhin muß, wenn gleich der Verletzte selbst nicht derjenige sein kann, der die wirkliche Erstattung dieser Kosten zu verfolgen vermag, festgehalten werden, daß ihm der Anspruch durch die erlittene Verletzung begründet ist; wenn auch nur als eventueller, falls nämlich in Folge der Verletzung noch der Tod eintritt, und als dem Betrag nach unbestimmter. Daß das solchergestalt für den Verletzten existent gewordene Klagerecht durch Universal- oder Singularsuccession[146]) auf Andere übergehen kann, die dann in der Lage sind, nach erfolgtem Tod den Betrag zu beziffern, versteht sich von selbst. Es verhält sich damit gerade so, wie bei den Heilungskosten. Ebenso gilt dasselbe wie dort in Betreff der Frage, ob ein Dritter, namentlich eine Begräbnißkasse, kraft eigenen Rechts die Erfüllung der Haftpflicht zu fordern berechtigt ist; nur daß hier noch ein weiterer Hinweis auf die Möglichkeit solcher Berechtigung hinzukommt.

---

[145]) Eger S. 381; Westerkamp S. 686 Not. 15.

[146]) Ob mit Eger S. 383 a. E. die Abtretung, die der noch lebende Verletzte vornimmt, wegen der Unbestimmtheit von Zeit und Betrag als ein „in gewissem Sinn gewagtes Geschäft" bezeichnet zu werden verdient, kann unerörtert bleiben.

Wenn nämlich der Tod unmittelbar in dem Unfall eingetreten ist, läßt sich handgreiflich nicht davon reden, daß der Haftpflichtanspruch zu Gunsten des Verletzten entstanden sei, von dem nicht gewiß ist, daß er auch nur noch einen Augenblick nach dem Unfall gelebt habe. Daß in solchem Falle der Anspruch auf die Beerdigungskosten zu Gunsten der Erben[147]) existirt, ist sicher. Niemand aber kann behaupten, daß er alsdann ein aus dem Recht des Erblassers abgeleiteter sei. Kommt er sonach den Erben, welche die Kosten der Beerdigung tragen, selbständig zu, so fragt man vergebens, warum nicht ebenso anderen Personen, welche die Beerdigung bezahlt haben, zumal solche, die nach Vertrag oder gar nach Gesetz[148]) dazu verpflichtet waren.

c) Der Ersatz des Schadens wegen Erwerbsunfähigkeit oder Verminderung der Erwerbsfähigkeit steht allein dem Verletzten zu. Denn nur der Nachtheil ist zu ersetzen, der ihm selbst zugefügt worden ist. Von dem Verletzten aber kann dieses Vermögensrecht sehr wohl nach den allgemeinen Grundsätzen über den Uebergang von Forderungen durch Universal- oder Singularsuccession übertragen und von diesen als abgeleitetes verfolgt werden. Nur wird, wenn der Verletzte selbst in der Lage war, dasselbe zu verfolgen, aber die Verfolgung unterlassen hat, bei Geltendmachung von Seiten des Erben unter Umständen die Frage aufzuwerfen sein, ob das Recht zur Zeit des Todes noch existirte, nicht durch Verzicht erledigt war. Auch hat das Reichsgericht anerkannt, daß der Dritte, der die Unterstützung vorgelegt hat, wie der Armenverband, durchaus berechtigt ist, auf Grund der Haftpflicht bei dem Betriebsunternehmer Erstattung zu fordern[149]).

d) Der Anspruch auf Ersatz des entzogenen Unterhalts steht den nach Gesetz Unterhaltsberechtigten zu. Thatsächlich kann dieser Anspruch mit einem der vorerwähnten in einer Person, namentlich in der eines Erben, zusammenfallen. Rechtlich dagegen sind sie völlig getrennt. Der vorliegende Anspruch ist kein derivativer; er stammt nicht aus der Person des Getödteten, sondern, durch den Todesfall begründet, aus der Person des Alimentationsberechtigten[150]). Dem entspricht auch die Verschiedenheit der Verjährung nach §. 8.

---

[147]) Eger S. 381 sagt: „der Erbmasse".

[148]) S. Windscheid, Pand. §. 430 Not. 20; Sintenis Civilr. Bd. 2 §. 126, I über das gem. Recht.

[149]) Entsch. des R.G. Bd. 2 Nr. 15.

[150]) Wie dies St.B. S. 505 als fraglich hat bezeichnet werden können, ist nicht wohl abzusehen.

Die Uebertragbarkeit dieses Anspruchs zu bezweifeln, ist kein Grund. Selbstredend kann der Anspruch auf Ersatz wegen der bereits fällig gewesenen Alimente in demselben Maaße übertragen werden, wie der Anspruch auf letztere selbst übertragbar gewesen sein würde[151]). Aber auch eine Uebertragung des künftigen Ersatzanspruchs für erst in der Zukunft fällig werdende Alimente ist in dem aus der Natur des Verhältnisses sich ergebenden bedingungsweisen Sinn ungehindert.

Auch hier muß in Konsequenz der oben erwähnten[152]) Entscheidung derjenige, welcher den Unterhalt gewährt hat, für den der Betriebsunternehmer haftpflichtig ist, bei diesem Erstattung verlangen können.

§. 4.

B. Beschränkung des Schadensersatzes durch Versicherung.

War der Getödtete oder Verletzte unter Mitleistung von Prämien oder anderen Beiträgen durch den Betriebs-Unternehmer bei einer Versicherungsanstalt, Knappschafts-, Unterstützungs-, Kranken- oder ähnlichen Kasse gegen den Unfall versichert, so ist die Leistung der Letzteren an den Ersatzberechtigten auf die Entschädigung einzurechnen, wenn die Mitleistung des Betriebs-Unternehmers nicht unter einem Drittel der Gesammtleistung beträgt.

Dieser Paragraph war, wie sich von selbst ergibt und seine Entstehung lehrt, thatsächlich nur von Bedeutung für die eigenen Arbeiter des Betriebsunternehmers. Kein Betriebsunternehmer wird sich auf die Maßregel, die hier vorausgesetzt ist, Aufnahme einer Versicherung zu Gunsten derjenigen, welche wegen Tödtung oder Körperverletzung gegen ihn Anspruch aus der Haftpflicht erheben könnten, in Bezug auf andere Personen, als seine eigenen Arbeiter einlassen. Insofern ist der Bestimmung nunmehr im Umfange des Unfallversicherungsgesetzes, das gerade an §. 4 sich anschließt, der größte Theil

---

[151]) Die Unübertragbarkeit der Forderung auf Alimentation (des Alimentenrechtes in toto), welche aus dem individuellen Karakter, der ihr innewohnt, hergeleitet wird, — Windscheid §. 335 Not. 6 — steht dem nicht entgegen.

[152]) S. Not. 149.

seiner Bedeutung entzogen worden. Voraussichtlich wird die Rechtsprechung kaum noch Veranlassung haben, sich mit der Anwendung des §. 4 zu beschäftigen. Indessen ist es immerhin denkbar, daß noch einzelne Fälle der Anwendbarkeit vorkommen und daher die Erläuterung des Inhaltes hier nicht ohne weiteres zu übergehen.

Der §. 4 fehlte in der Regierungsvorlage gänzlich. Die Motive[1]) erklärten es für „selbstverständlich, daß der Richter bei Abschätzung des Schadens auch darauf werde Rücksicht zu nehmen haben, ob etwa dem Verletzten oder den Hinterbliebenen des Getödteten, insbesondere auf Grund von Leistungen des Ersatzpflichtigen, Pensions- oder sonstige Entschädigungsansprüche zur Seite stehen. Nur die Schadloshaltung, nicht die Bereicherung des Beschädigten könne das Gesetz im Auge haben". Allein in der Kommission des Reichstags wurde eine Einschiebung beantragt, von der der jetzige §. 4 freilich nur einen Theil darstellt.

Der betreffende Antrag[2]) ging nämlich dahin, in einem ersten Absatz zu sagen, daß, wenn der Getödtete oder Verletzte gegen den Unfall versichert war, der Versicherer befugt sei, von dem Betriebsunternehmer Ersatz der Versicherungssumme bis zur Höhe der Entschädigung zu fordern, wobei jedoch eine allgemeine Lebensversicherung nicht in Betracht kommen sollte. Dieser Theil des Antrags rief jedoch nicht nur mehrere Verbesserungsanträge, sondern auch direkten Widerspruch hervor, hauptsächlich deshalb, weil er Vielen als ein willkürlicher und bedenklicher Eingriff in das Versicherungsrecht erschien. Nichtsdestoweniger wurde derselbe in einer modifizirten Gestalt, zu der sich die Antragsteller selbst veranlaßt sahen, in zweiter Lesung angenommen[3]).

Allein in der dritten Lesung begann der Streit von Neuem[4]) und endete mit der Ablehnung des Satzes[5]).

In dem zweiten Absatz sprach jener Antrag den Hauptsatz des jetzigen §. 4 aus. Auch dieser Theil des Antrags fand theilweise großen Widerspruch[6]). Indessen erwies sich nicht nur schon in zweiter

---

[1]) Mot. S. 13 a. E. zu §. 5 der Reg.Vorlage.

[2]) Drucks. Nr. 65 unter 5 von der sog. freien Kommission herrührend.

[3]) S. über dies Alles St.B. S. 484. 487—494. 496.

[4]) St.B. S. 605 fg.; s. bes. die bittere, aber gerechte Kritik Duncker's.

[5]) Das. S. 616.

[6]) St.B. S. 491.

Lesung die Majorität der Annahme geneigt[7]), sondern derselbe wurde auch in der dritten Lesung, unter Zufügung des beschränkenden Zusatzes: „wenn u. s. w." definitiv gutgeheißen[8]).

Anfangs sollte im Anschluß an den in den Motiven geäußerten Gedanken unbedingt jede unter Mitleistung des Haftpflichtigen bewirkte Versicherung berücksichtigt werden[9]). Später wurde die Einrechnung dahin beschränkt, wenn die Mitleistung des letzteren nicht unter einem Drittel betrage[10]). Nach verschiedenen Versuchen, die Mitleistung in anderer Weise zu bestimmen[11]), wurde endlich die jetzige Fassung genehmigt[12]). Eifrige Gegner behaupteten, die Haftverbindlichkeit der Unternehmer, welche §§. 1 und 2 scheinbar so apodiktisch vorschrieben, werde hier durch ein legislatorisches „Taschenspielerkunststück"[13]) wieder zu nichte gemacht. Hauptrücksicht war, daß man schon durch das Gesetz selbst auf die Bildung solcher Hülfskassen hinwirken wollte, die, wenn sie gebildet werden, allerdings den Unternehmer entlasten.

Diesem Gedanken wurde noch besonders in zwei Anträgen auf Resolution Ausdruck verliehen[14]).

Die Gründe, die für und wider die ganze Vorschrift in den Verhandlungen und in Schriften geltend gemacht worden sind, brauchen hier nicht erörtert zu werden; ebensowenig, wie sich die Wirkungen derselben gestaltet haben[15]). Erwähnt werden mag nur, daß die eigene Versicherung, auf welche §. 4 abzielt, seit Erlaß des Haftpflichtgesetzes mehrfach Gegenstand der Gesetzgebung geworden ist. Es gehören hieher das Reichsgesetz vom 7. April 1876 über die eingeschriebenen Hülfskassen, dann die Reichsgesetze über die Krankenkassen und über die Unfallversicherung.

Der Grundgedanke des §. 4 ist bei all der Unklarheit des Ausdrucks im Einzelnen, die sich zur Genüge aus den folgenden Er-

---

7) S. das. S. 493. 495. 496.

8) Das. S. 616.

9) Drucks. Nr. 65 unter 5 Abs. 2.

10) Drucks. Nr. 81.

11) Drucks. Nr. 71 III; 79, II; 82; 102.

12) Drucks. Nr. 93, IV.

13) S. dagegen die Rede Lasker's Stenogr. Berichte S. 108 ff.

14) Drucks. Nr. 76.

15) S. darüber die sehr ausführliche Darstellung von Eger S. 387—402.

läuterungen ergeben wird[16]), klar. Dem haftpflichtigen Betriebsunternehmer soll vergönnt sein, auf den von ihm nach §. 3 zu leistenden Schadensersatz solche Bezüge einzunehmen, die aus einer Versicherung des Getödteten oder Verletzten erwachsen, sofern diese unter Mitleistung des Letzteren und des Betriebsunternehmers erfolgt ist. Es hat auf solche kooperative Versicherung hingewirkt werden sollen. Und um dieses Ziel zu erreichen, hat man sich über die Bedenken hinweggesetzt, die dagegen sprechen könnten, daß nicht jeder Versicherungsbezug, sondern nur der durch Mitleistung des Betriebsunternehmers bedingte, oder daß andererseits kein Versicherungsbezug, für den der Verletzte aus seinem Vermögen Aufwendungen gemacht hat, in Abrechnung kommen soll. Indem §. 4 nur diejenige Versicherung berücksichtigt, die unter gemeinsamer Betheiligung des Verletzten und des Betriebsunternehmers erworben ist, läßt er die Frage, welche Bedeutung für die Haftpflicht eine unter anderer Voraussetzung gehaltene Versicherung hat, gerade so offen, wie die Frage, welchen Einfluß es auf die Haftpflicht übt, wenn sonst noch wegen des Unfalls dem Berechtigten irgend eine Entschädigung zutheil wird[17]).

1. Die Voraussetzungen des §. 4 sind:

a) Es muß eine Versicherung bestanden haben; und zwar so,

aa) daß der Getödtete oder Verletzte versichert war[18]). Es muß eine Versicherung der Person des Getödteten oder Verletzten bestanden haben. Mehr wird in §. 4 augenscheinlich nicht verlangt. Davon ist keine Rede, daß der letztere zugleich der Versicherungsnehmer zu sein braucht. Faktisch wird dies meist der Fall sein. Allein nothwendig ist es nicht. Die Regel des §. 4 leidet auch Anwendung, wenn ein Anderer die Versicherung auf die Person des Getödteten oder Verletzten genommen hat, sobald nur diese Versicherung, gleichviel von wem sie herrührt, den Effekt hat, daß die Zahlung der Assekuranzsumme an den Haftpflichtberechtigten geschehen muß. Denn nach dem Hauptsatz ist dem Ersatzberechtigten einzurechnen[19]).

Der §. 4 hält sich, wie das ganze Gesetz, wesentlich an den objektiven Bestand. Er verlangt nur, daß das Leben oder die Gesundheit versichert war, ohne die subjektive Beziehung des Versiche-

[16]) Der §. 4 läßt sich geradezu als ein Muster schlechter Redaktion bezeichnen, der überall nur mit gewaltsamer Interpretation nachgeholfen werden muß.

[17]) S. darüber unten Not. 55 ff.

[18]) S. auch Eger S. 402; Genzmer S. 114; Westerkamp S. 691.

[19]) S. unten nach Not. 49.

rungsnehmers und des Versicherten, die nicht in derselben Person zusammenzutreffen braucht[20]), zu unterscheiden.

Vollends ist es gleichgültig, wer, abgesehen von der Quote des Unternehmers (s. unten S. 136), diejenigen, einmaligen oder successiven, Beiträge, Prämien, oder wie sie sonst heißen, gezahlt hat, durch welche das Assekuranzrecht erworben wird.

Offenbar hat §. 4, wie die Diskussion desselben bestätigt, unter den Versicherten, von denen er redet, vorwiegend, vielleicht ausschließlich die eigenen Arbeiter des haftpflichtigen Betriebsunternehmers im Auge gehabt. Bei anderen Personen, auf die sich das Gesetz beziehen kann, wird die Voraussetzung einer gemeinsamen Versicherung nicht leicht zutreffen. Indessen ist dies doch nicht schlechthin unmöglich. Es lassen sich Veranstaltungen denken, wonach §. 4 z. B. auch für Eisenbahnpassagiere anwendbar wird. Jedenfalls berechtigt, wo dies der Fall ist, der allgemeine Ausdruck nicht, die Anwendung des §. 4 auf die eigenen Arbeiter zu beschränken.

bb) Es muß gegen den Unfall versichert sein; d. h. gegen denjenigen Unfall, oder vielmehr es muß für den Fall des Eintritts eines solchen Ereignisses, aus dem nach diesem Gesetz ein Anspruch auf Ersatz gegen den Betriebs-Unternehmer entspringt, das Leben oder die Gesundheit des Getödteten oder Verletzten versichert sein. Eine Beschränkung, wie in dem nicht aufgenommenen ersten Absatz des Lasker'schen Antrages, fehlt. Mithin ist es nicht erforderlich, daß die Versicherung gerade speziell und ausdrücklich auf den Unfall in dem Betriebe eines solchen Unternehmens u. dgl. gestellt zu sein braucht. Es genügt, wenn der Unfall überhaupt in den Rahmen der Versicherung fällt. Eine allgemeine Lebensversicherung, von der der Unfall im Betriebe nicht ausgeschlossen ist, gehört ebenso gut hieher, wie eine Versicherung, die gerade nur gegen den nach diesem Gesetze in Betracht kommenden Unfall gerichtet ist[20a]).

cc) Der Ausdruck: „versichert" darf nicht im strengsten juristischen Sinne genommen werden. Es soll damit jedes Verhältniß der Sicherstellung[21]), gleichviel ob es den Namen eines eigentlichen Assekuranzvertrags verdient, bezeichnet werden, vermöge dessen für den

---

[20]) Endemann, H.R. §. 174, III.

[20a]) Ueber die Frage, ob §. 4 auch zurückzubeziehen sei auf vor dem Haftpflichtgesetz eingegangene Versicherungen, die den in §. 4 erstrebten Erfolg haben, s. Eger S. 424 a. E. — 426 u. Entsch. des R.O.H.G. Bd. 22 S. 264.

[21]) Entsch. des R.O.H.G. Bd. 13 S. 26.

Fall der Verletzung oder Tödtung eine pekuniäre Deckung gegen die materiellen Folgen bezogen wird[22]). Dies erhellt aus der Aufzählung der Bezugsstellen: bei einer Versicherungsanstalt, Knappschafts-, Unterstützungs-, Kranken- oder ähnlichen Kasse. Wenn auch der Versicherung nahe verwandt, erscheint doch keineswegs der Einkauf und die Betheiligung an allen diesen Kassen technisch als Versicherung. Der Name der Anstalt oder Kasse thut nichts zur Sache. Worauf es allein ankommt, ist, daß sie nach dem Grunde ihres Bestehens Zahlungen gewährt, welche dieselbe Bestimmung haben, wie der von diesem Gesetz verfügte Ersatz, die also mit dem, was der Unternehmer in irgend einer der von §. 3 bezeichneten Rubriken zu leisten hat, in Bezug auf den Zweck konkurriren.

Das Gesetz sieht nur darauf, ob wegen der Tödtung oder Verletzung etwas aus einer derartigen Quelle bezogen wird. Ist Mitleistung des Betriebsunternehmers vorhanden, so kommt auch darauf nichts an, ob von Seiten des Versicherten selbst oder eines Andern, der als Versicherungsnehmer erscheint, ein Aequivalent in Gestalt einer Einkaufssumme oder in fortlaufenden Beiträgen gezahlt wird.

Man kann also getrost statt: „war derselbe versichert" substituiren: „ist zu erwarten, oder zu beziehen".

Denn selbst darauf kommt nichts an, ob und welches Vertragsverhältniß zwischen dem Getödteten oder Verletzten und der betreffenden Kasse oder Anstalt besteht. Allerdings wird, wenn von Versichertsein die Rede ist, wohl an ein Verhältniß gedacht sein, aus dem ein bestimmter Rechtsanspruch auf die Leistung wegen des Unfalls besteht. Indessen ist das doch nicht nothwendige Voraussetzung. Entscheidend für die Anwendung des §. 4 ist nicht die Existenz vertragsmäßiger Versicherung, sondern die thatsächliche Leistung, welche wegen des Unfalls erfolgt[23]). Selbst diejenige muß nach §. 4 berücksichtigt werden, die von irgend einer Kasse ohne alle Verpflichtung, aus Wohlthätigkeit gezahlt wird, sobald nur der Betriebsunternehmer zu der betreffenden Kasse in gehörigem Maaße beiträgt[24]).

Selbstredend ist es nicht erforderlich, daß die Kasse oder Anstalt ausschließlich einen Zweck verfolgt, der mit dem der Haftpflicht zusammentrifft. Sie kann recht gut zugleich noch in anderen Richtungen

---

[22]) Entsch. d. R.O.H.G. Bd. 22 S. 260. 265.

[23]) S. unten Not. 47.

[24]) S. unten nach Not. 42.

thätig sein, ohne daß dadurch die Anwendung des §. 4 gehindert würde.

Die Frage, ob auch solche Versicherung Berücksichtigung, findet, die erst nach dem Unfall eingegangen worden ist, wird man nach den allgemeinen Grundsätzen des Versicherungsrechts[25]) für den Fall zu bejahen haben, wo sie ohne Kenntniß des bereits stattgehabten Unfalls eingegangen wurde[26]). Denn sonst ist sie unwirksam.

Die Aufzählung der Bezugsstellen ist ausdrücklich eine blos exemplifikative. Unter Versicherungsanstalt ist jedes dem Zwecke der Personenversicherung, nicht blos der eigentlichen Lebensversicherung, oder der Versicherung von Unterstützungen bei Unfällen, Krankheit, Erwerbsunfähigkeit, der Beerdigungskosten u. s. w. gewidmete Geschäft zu verstehen; gleichviel ob es von einem einzelnen Privatunternehmer, von einer Gesellschaft, vom Staat oder einer anderen öffentlichen Stelle aus betrieben wird. Natürlich wird vorausgesetzt, daß der Betrieb ein nach den bestehenden Bestimmungen rechtmäßiger ist[27]).

Bezüglich der Knappschaftskassen ist auf die besondere Regelung zu verweisen, welche sie in einer ganzen Reihe von Bundesstaaten erfahren haben[28]).

Als Unterstützungs- und Krankenkassen kommen namentlich die gewerblichen Hülfskassen für Arbeiter in Betracht, für die jetzt eine reichsgesetzliche Ordnung nach den Gesetzen vom 7. April 1876 und 15. Juni 1883, durch welches letztere in §. 87 das Gesetz vom 8. April 1876 aufgehoben worden ist, in Betracht. Indessen fehlt es nicht an anderen Anstalten, privaten und öffentlichen, die gleichfalls unter diese Kategorie gehören, sobald sie in irgend einer der Richtungen, welche §. 3 des Haftpflichtgesetzes anführt, Unterstützungen gewähren.

Besondere Erwähnung verdienen aber noch die Pensionskassen. Wenn gleich in den Verhandlungen des Reichstags als selbstverständlich bezeichnet worden ist, daß alle Pensionsleistungen einzurechnen seien[29]), so wird doch je nach dem Rechtskarakter der Pension unterschieden werden müssen[30]). Unzweifelhaft sind von der Haftpflicht-

---

[25]) S. König in Endemann's Handb. des Handelsrechts Bd. 3 S. 746 Not. 3 und die dortigen Citate.

[26]) Eger S. 427 a. E.

[27]) Eger S. 407—408.

[28]) Eger S. 409; Genzmer S. 116.

[29]) Stenogr. Berichte S. 616.

[30]) Mit Eger S. 413 ff., dem sich Genzmer S. 117 anschließt.

leistung die Pensionsbeträge abzuziehen, welche aus einer Privatpensionsanstalt empfangen werden, sobald die unter b zu berührende Voraussetzung zutrifft[31]). Solche Bezüge gehören offenbar zu denjenigen, die §. 4 im Auge hat. Aber in ganz anderem Lichte erscheinen die Pensionen, welche Staats-, Kommunal- oder sonstigen öffentlichen Beamten nach dem Dienstvertrag gewährt werden. Daß der Beamte dafür bezahlt, indem ihm deshalb ein geringeres Einkommen bewilligt oder ein Abzug gemacht wird[32]), ist minder der Grund, als vielmehr, daß die Pension als eine für den Fall der Dienstunfähigkeit fortgesetzte Zahlung des Gehalts anzusehen ist, die darum gemacht wird, weil sich der Beamte mit seiner vollen Arbeitskraft in den dauernden Dienstnexus gestellt und dadurch einen Anspruch auf Lebensunterhalt erworben hat[33]). Von diesem Gesichtspunkt aus hat allerdings der Pensionsbezug mit der Versicherung, die § 4 berücksichtigt wissen will, nichts gemein[34]).

Eine spezielle Gestalt nimmt die Frage, ob ein Pensionsbezug einzurechnen sei, dann noch bei denjenigen an, die als Unterhaltsberechtigte nach §. 3 Nr. 1 die Haftpflicht in Anspruch nehmen. Die Entscheidung hängt von der oben berührten Auffassung ihres Anspruchs ab. Wären sie wegen des Unterhalts an den Betriebsunternehmer verwiesen, so müßte ihnen jeder Pensionsbezug auf die Leistung aus der Haftpflicht in Abzug kommen[35]). Ist dagegen der Anspruch aus §. 3 Nr. 1 der oben dargestellte selbständige Schadensersatzanspruch, so kann, abgesehen von dem Fall, wo die Bedürftigkeit Voraussetzung des Alimentenanspruchs ist und durch den Bezug in tantum die Bedürftigkeit ausgeschlossen erscheint, die Pension nur dann abgerechnet werden, wenn die Voraussetzung des §. 4, wonach der Betriebsunternehmer zu dem Erwerb des Pensionsrechtes ein Drittel der nöthigen Beiträge geliefert hat, erfüllt ist[36]).

Ob umgekehrt der Haftpflichtanspruch und der daraus entspringende Bezug auf die Leistung der Pension Einfluß hat, sowie, ob der

[31]) So auch die von Eger S. 418 cit. Entsch. des R.O.H.G., bes. Bd. 22 S. 259.

[32]) Eger S. 416.

[33]) Vgl. statt aller Schulze, Preuß. Staatsrecht Bd. 1 S. 336; Laband, St.R. des deutschen Reichs Bd. 1 S. 465 ff. 471.

[34]) Daß aber die Gerichte verschieden geurtheilt haben, s. Eger S. 416. 417.

[35]) Wie in der 2. Aufl. S. 62 mit Jakobi S. 30 behauptet worden ist; s. dag. Eger S. 419—420.

[36]) So auch Entsch. des R.O.H.G. Bd. 13 S. 27; des R.G. Bd. 10 Nr. 13.

Haftpflichtige gegen den zur Leistung der Pension Verpflichteten Regreß nehmen kann[37]), sind Fragen, die sich ganz und gar außerhalb des Bereichs des Haftpflichtgesetzes bewegen.

b) Der Getödtete oder Verletzte muß versichert sein unter Mitleistung von Prämien oder anderen Beiträgen durch den Betriebsunternehmer.

aa) Der Ausdruck „Mitleistung" scheint gewiß allernächst darauf hinzudeuten, daß eine gemeinsame Betheiligung des Betriebsunternehmers und des Verpflichteten selbst oder des Dritten, durch den die Versicherung genommen worden ist, an den Leistungen, die um der Versicherung willen zu machen sind, stattfindet. Darauf führt auch der Zweck, den man bei Aufstellung des §. 4 verfolgt hat; der Zweck, die kooperative Versicherung des Betriebsunternehmers und seiner Arbeiter zu befördern. Indessen kann, wenngleich regelmäßig Versicherung gegen Leistung eines Aequivalents von Seiten des Versicherten oder des Versicherungsnehmers unterstellt wird[38]), doch auch Versicherung ohne solche existiren; und gewiß liegt kein innerer Grund vor, die Einrechnung des Bezugs, der ohne Mitleistung des Versicherten gemacht wird, zu versagen. Im Gegentheil erscheint da die Einrechnung noch mehr gerechtfertigt, als da, wo für die Versicherung von ihm hat bezahlt werden müssen. Deshalb wird man allerdings geneigt sein, die Mitleistung des Betriebsunternehmers so zu verstehen, daß damit nicht Beitragsleistung zu den Prämienleistungen oder dem sonstigen Aequivalent der Versicherung der einzelnen Person, sondern Beitragsleistung zu der Versicherung überhaupt, zu der betreffenden Veranstaltung oder Kasse der Versicherung gemeint ist[39]). Freilich ist dann der Ausdruck entschieden inkorrekt.

Worauf die Mitleistung des Betriebsunternehmers beruht, auf rechtlicher Verpflichtung irgend einer Art, oder auf Freiwilligkeit, ist durchaus gleichgültig[40]). Ebenso ist die Art der Mitleistung gleichgültig. Sie kann in einer einmaligen Leistung, in einem Kapital, dessen Revenüen der Anstalt zufließen, oder in fortlaufenden oder wiederkehrenden Beiträgen, in Geld oder anderen Sachen, bestehen. Jedenfalls wird aber bei Einzelbeiträgen vorausgesetzt für die Anwendung

---

37) Eger S. 421—424.

38) S. oben bei Not. 33.

39) So Eger S. 405; Genzmer S. 114 Nr. 2; Westerkamp S. 692 Not. 11.

40) Entsch. des R.O.H.G. Bd. 13 S. 23.

des §. 4, daß es auf eine dauernde und regelmäßige Mitleistung zur Erhaltung der Versicherungsanstalt oder Kasse abgesehen ist[41]).

Der Ausdruck „durch den Betriebsunternehmer" soll nicht bedeuten, daß dieser die Mitleistung selber bewirken, wohl aber, daß sie aus seinem Vermögen geschehen müsse[42]).

Neben den Prämien, den Leistungen, welche um der eigentlichen Versicherung willen erfolgen, werden andere Beiträge genannt, weil es sich auch um Bezüge aus Kassen handelt, mit denen nicht gerade ein Assekuranzvertrag geschlossen wird.

bb) Wesentliche Voraussetzung ist aber, daß die Mitleistung des Betriebsunternehmers nicht unter einem Drittel der Gesammtleistung beträgt. Es handelt sich hier, wie bei dem ungenauen Gebrauch des Ausdrucks „Leistung" in §. 4 zu bemerken nicht ganz überflüssig ist, um die Leistungen an die Versicherungsanstalt oder Kasse.

Es wird nicht verlangt, daß die Mitleistung des Betriebsunternehmers den dritten Theil alles dessen, was von der Versicherungsanstalt oder Kasse überhaupt eingenommen wird, darstellt, sondern daß sie den dritten Theil der an dieselbe noch zu entrichtenden Beiträge repräsentirt. Das heißt: wenn die Anstalt oder Kasse sonstige Einnahmen, namentlich aus fundirtem Vermögen, aus Legaten, Schenkungen oder sonstigen Zuwendungen, die ihr Vermögen vermehren, hat[43]), so kommen diese bei der Berechnung des Drittels nicht mit in Anschlag. Aber von den gesammten Beiträgen, welche die Anstalt oder Kasse braucht, um ihre Verpflichtungen erfüllen zu können, muß der Betriebsunternehmer den dritten Theil tragen. Obwohl insbesondere auf gemeinsame Leistung der Arbeitgeber und Arbeiter gerechnet wird, so ist es doch nicht gerade nothwendig, daß die anderen zwei Drittheile von den Versicherten selbst geleistet werden. Auch wenn sie von Dritten, als Versicherungsnehmern oder Unterstützern der Kasse, in laufenden Beiträgen zufließen, die zur Erfüllung des Zweckes derselben bestimmt sind, bewendet es bei dem Erforderniß einer Drittelsmitleistung des Haftpflichtigen.

Ueberaus dunkel ist, was unter der Gesammtleistung zu verstehen ist, welche die Grundlage für die Berechnung des Drittels

---

[41]) Entsch. des R.O.H.G. Bd. 13 S. 24; Bd. 22 S. 259.

[42]) Eger S. 407 Nr. 56 a. E.

[43]) So auch Jakobi S. 28; Eger S. 439.

bilden soll. So nahe es liegt, darunter die Gesammtsumme aller seit dem Bestehen der Anstalt oder Kasse geleisteten Beiträge zu verstehen, was zur Frage haben würde, daß der Betriebsunternehmer, der bisher nicht mitleistend war, um die Wohlthat des §. 4 zu erlangen, ein Drittel aller in der Vergangenheit geleisteten Beiträge nachzahlen müßte[44]), so hat doch die Ansicht Billigung gefunden, daß unter Gesammtleistung nur die laufenden Beiträge, durch welche die Leistungsfähigkeit der Kasse erhalten werden soll, gemeint seien. Dem Erforderniß des §. 4 ist dann genügt, sobald der Betriebsunternehmer zur Zeit des Unfalls Mitleister zu einem Drittel der Gesammtbeiträge ist[45]). Der Betriebsunternehmer, der einer solchen Kasse als Beitragsleister zu einem Drittel beitritt, braucht also für die bereits bestehenden Versicherungen nicht erst nachzuzahlen, um für sie die Befugniß der Einrechnung nach §. 4 zu gewinnen[46]). Es kommt daher auch nichts darauf an, ob in einer früheren Zeit die Mitleistung des Betriebsunternehmers unter einem Drittel zurückgeblieben war. Die Drittelsleistung aber kann entweder so stattfinden, daß der Betriebsunternehmer den dritten Theil des Beitrags zur Versicherung der einzelnen Person des Versicherten oder der Beiträge für alle bei der betreffenden Kasse Versicherten, für ein jedes Jahr, oder für immer zuschießt.

2. Sind diese Voraussetzungen vorhanden, so besteht die Wirkung darin, daß die Leistung, der Versicherungsanstalt oder Kasse, an den Ersatzberechtigten auf die Entschädigung, die der Betriebsunternehmer zu leisten hat, einzurechnen ist.

a) Nicht zweifellos erscheint es, ob nur diejenige Leistung der Anstalt oder Kasse, welche bereits ausgeführt ist, solche Wirkung hat, oder auch diejenige, auf die ein Recht besteht, die aber noch unerfüllt ist[47]). Die Verhandlungen über das Gesetz geben keinen Aufschluß, was die Meinung war. Trotz mancher Bedenken hat sich das Reichsoberhandelsgericht für die letztere Ansicht entschieden. Auch die noch nicht erfüllte, geschuldete Leistung begründet Anspruch auf Einrech-

---

[44]) Dies war die Ansicht, die ich in der 2. Aufl. S. 58 vertrat; s. dag. ausführlichst Eger S. 440 ff.

[45]) Entsch. des R.O.H.G. Bd. 22 S. 259 u. die Entsch. v. 22. Juni 1877 bei Eger S. 448.

[46]) Ueber die Billigkeitsgründe s. auch Genzmer S. 124.

[47]) S. in der 2. Aufl. S. 58 unter 2, a.

nung[48]). Dann versteht sich aber von selbst, daß die Einrechnung nur unter der Voraussetzung der Realisirbarkeit des Anspruchs bei der Versicherungsanstalt oder Kasse Platz greift, also, bis die Realisirung erfolgt, sich als eine blos provisorische erweist, oder, was dem gleichzustellen, durch eigenes Verschulden des Bezugsberechtigten vereitelt worden ist. Insofern ist es immer doch erst die thatsächlich vollzogene Leistung, welche den Effekt der Einrechnung hat[49]).

b) Auch der Ausdruck „an den Ersatzberechtigten“ bedarf näherer Präzisirung. Der Ersatzberechtigte ist derjenige, welchem der Anspruch aus der Haftpflicht gegen den Betriebsunternehmer nach den §§. 1—3 des Gesetzes zusteht. Nur der ursprünglich solchergestalt Berechtigte, oder auch derjenige, der durch Universal- oder Singularsuccession in dessen Recht eingerückt ist? Man könnte sich auf den ersten Blick geneigt fühlen, das erstere anzunehmen, da Fälle möglich sind, in denen die Einrechnung einem Rechtsnachfolger, z. B. dem Gläubiger, der sich im Wege der Zwangsvollstreckung den Haftpflichtanspruch hat überweisen lassen, gegenüber des rechten inneren Grundes zu entbehren scheint. Indessen lautet der Ausdruck so, daß darunter auch jeder Rechtsnachfolger fällt; und der Gedanke des §. 4 geht offenbar dahin, daß überall, wo die Haftpflicht des Unternehmers, gleichviel ob von dem nächsten, oder von einem erst aus Rechtsnachfolge Berechtigten, in Anspruch genommen wird, der Haftpflichtanspruch sich um den Betrag mindern soll, den in der dargestellten Weise eine Versicherungsanstalt oder Kasse geleistet oder noch zu leisten hat. Entscheidend ist der objektive Umstand, daß für die in §. 3 bezeichneten Folgen des Unfalls nicht blos der Betriebsunternehmer, sondern zugleich noch die andere Stelle einzutreten hat; so sehr, daß nicht einmal darauf Gewicht zu legen ist, ob die Leistung der Anstalt oder Kasse und der Anspruch aus der Haftpflicht in derselben Person zusammentreffen. Es ist denkbar, daß, von Haus aus oder durch Rechtsübergang, derjenige, der die Haftpflicht gegen den Betriebsunternehmer geltend macht, eine andere Person ist, als derjenige, an welchen die Leistung aus der Anstalt oder Kasse erfolgt. Nichtsdestoweniger muß der Haftpflichtberechtigte die Einrechnung der letzteren dulden, weil rein objektiv, sobald ein Recht auf diese Leistung

---

[48]) Entsch. des R.O.H.G. Bd. 22 S. 259. — Eger S. 428 Nr. 60; Genzmer S. 119.

[49]) S. auch Westerkamp S. 692 a. E.

wegen des Unfalls bestand, die Haftpflichtforderung der Einrechnung unterworfen erscheint[50]). Als der gewöhnliche Fall wird freilich immer zu betrachten sein, daß das Recht des Bezugs aus der Versicherungs- oder Hülfskasse und das Recht auf Schadensersatz bei dem Betriebsunternehmer derselben Person zukommt.

Von diesem Standpunkt aus, wonach lediglich auf das objektive Zusammentreffen der beiden Berechtigungen zu sehen, der Betriebsunternehmer mithin befugt ist, die Einrechnung zu verlangen, auch wenn die Leistung aus der Kasse an einen Anderen, als den Inhaber des Haftpflichtanspruchs geht, hätte daher, wenn es sich um weiter nichts handelte, der Ausdruck „an den Ersatzberechtigten" ganz hinwegbleiben können. Indessen liegt doch dahinter zweierlei. Einmal wird durch denselben angedeutet, daß keinenfalls diejenige Leistung aus einer Kasse zur Einrechnung gebracht werden kann, die etwa, sei es ausschließlich und vollständig, sei es theilweise, dem Betriebsunternehmer zufließt[51]). Sodann aber liegt darin, daß die Leistung gerade dasselbe Objekt gehabt haben muß, wie der Anspruch; und dabei wird wichtig, daß nach dem zu §. 3 Bemerkten der Anspruch auf Ersatz nach diesem Gesetze auf verschiedene Berechtigte fallen kann. Offenbar darf demjenigen, der Ersatz der Beerdigungskosten fordert, nicht der Bezug einer beliebigen Unterstützung aus einer Hülfskasse entgegengehalten werden, sondern nur der Bezug, welcher entweder allein oder wenigstens zugleich zur Deckung gerade der Beerdigungskosten bestimmt ist. Gleichergestalt darf, wenn mehrere oder alle Kategorien des Ersatzes nach §. 3 zu einem einzigen Anspruch in einer Hand vereinigt auftreten, von dem Bezug aus einer andern Kasse nur das angerechnet werden, was diesen Kategorien entspricht. Da möglicherweise die Leistung der Kasse in weitergehendem Maße unterstützen soll und keineswegs nur Heilungs- und Beerdigungskosten, Ausgleichung der Erwerbsunfähigkeit, sowie namentlich nicht blos Unterhalt der gesetzlich Alimentationsberechtigten, sondern Subvention des Verletzten selbst oder der Hinterlassenen in breiterem Umfang und ohne bestimmte Scheidung solcher Rubriken bezweckt, so fällt der richterlichen Kognition in solchen Fällen die Aufgabe zu, darüber zu entscheiden, wieviel von jenem Bezuge aus einer andern Kasse einzurechnen sei. Diese an sich oft schwierige Aufgabe wird jedoch durch §. 7 einigermaßen erleichtert.

---

[50]) Eger S. 434.

[51]) Eger S. 435; was freilich sehr selbstverständlich.

c) Die Leistung der Versicherungsanstalt oder Kasse an den Ersatzberechtigten ist auf die Entschädigung, die dieser von dem Betriebsunternehmer kraft der Haftpflicht beansprucht, einzurechnen.

Diese Worte geben zu einer besonderen Bemerkung um deswillen Anlaß, weil auch hier wieder nur ein objektiver Rechtssatz, ohne alle subjektive Hinweisung ausgesprochen ist. Unzweifelhaft geht daraus ein Recht des Unternehmers, die Einrechnung zu begehren, und eine Pflicht des Ersatzberechtigten, die Einrechnung zu dulden, hervor. Prozessualisch stellt sich das Verhältniß so, daß der Klage auf Schadensersatz gegenüber der beklagte Betriebsunternehmer sich einredeweise auf §. 4 berufen kann. Als Einrede erscheint dies, da §. 4 sichtlich als eine Beschränkung oder Ausnahme von der an sich apodiktischen Regel des Gesetzes auftritt, deren Voraussetzungen derjenige darzulegen und zu beweisen hat, der sich darauf beruft[52]). Dem Kläger bleibt es dann anheimgestellt, Gegenbeweis zu unternehmen oder sonst darzuthun, daß die Voraussetzungen des §. 4 nicht zutreffen.

Insoweit hängt es in letzter Linie von dem Willen des Betriebsunternehmers ab, ob er seine ganze oder theilweise Entlastung nach §. 4 versuchen, und von dem Willen des Ersatzberechtigten, ob er sich ohne Widerspruch die Anrechnung seiner Bezüge aus einer andern Kasse gefallen lassen will.

Allein ist damit alles abgemacht? Der Wortlaut gestattet ohne Weiteres die Annahme, daß sich §. 4 auch an den Richter wendet und diesem die Vorschrift ertheilt, schon von Amtswegen bei der „Zubilligung" des Ersatzes den Punkt zu berücksichtigen. Dafür spricht, daß §. 4 keineswegs nur eine Privatberechtigung des Unternehmers bezweckt, sondern, aus publizistischen Rücksichten, aus der Erwägung der sozialen Interessen der Arbeiter und der Arbeitnehmer und der weitaus nicht blos privatrechtlichen Bedeutung der Versicherungs- und Hülfskassen hervorgegangen, jedenfalls, sobald sich eine entsprechende Leistung ergibt, die Einrechnung vorgenommen wissen will[53]). Hat nun §. 4 den Sinn, daß er eine Amtspflicht des Gerichts darstellt, so wird zwar die Anregung der Parteien nach den vorerwähnten Richtungen hin selten fehlen; allein es bedarf keiner

[52]) Entsch. des R.G. Bd. 10 Nr. 13 a. E.

[53]) Anderer Meinung ist Eger S. 437; gegen denselben Genzmer S. 120 Nr. 7.

Ausführung, wie die Lage der Parteien alsdann doch eine ganz andere im Vergleiche zu der ist, die sie sonst nach der reinen Verhandlungsmaxime einzunehmen hätten.

Unter Einrechnung ist eben nicht blos Kompensation, oder Aufrechnung in dem Sinne, wie sie im bürgerlichen Recht verstanden wird, gemeint, sondern ein Einfluß der Leistung auf den Schadensersatzanspruch aus rein objektiven Gründen, indem je nach dem Betrag der Leistung die letztere ganz oder wenigstens theilweise absorbirt wird.

d) Denn die Einrechnung erfolgt auf die Entschädigung; nämlich auf die, welche auf Grund der Haftpflicht von dem Betriebsunternehmer gefordert wird; und zwar, wie aus bereits Gesagtem erhellt[54]), so, daß nicht die Entschädigung, die unter verschiedenen Titeln, von Heilungs-, Beerdigungskosten, Vergütung wegen zerstörter oder verminderter Erwerbsfähigkeit, oder Ersatz des entzogenen Unterhalts zusammengeworfen wird, sondern so, daß jeder Art von Entschädigung gegenüber zu prüfen ist, ob eine gleichartige Leistung der Versicherungsanstalt oder Kasse existirt, welche eingerechnet werden muß. Wie hoch der einzurechnende Betrag ist, wird in der Regel genau bestimmbar sein; und es versteht sich dann von selbst, daß der als bestimmt erkannte Betrag eingerechnet wird. Wo indessen solche ziffernmäßige Bestimmtheit nicht vorliegt, was immerhin vorkommen kann, da muß auch in dieser Richtung das freie Ermessen des Gerichts walten; und jedenfalls hat, wenn die einzurechnende Leistung nicht den ganzen Schadensersatzanspruch deckt, das Gericht nach freiem Ermessen zu schätzen, wieviel noch an Schadensersatz zuzubilligen ist.

3. Endlich fragt sich, wie es mit solchen Bezügen der aus der Haftpflicht Berechtigten zu halten sei, bei denen die Voraussetzungen des §. 4 nicht zutreffen. Die Frage wurde bereits da berührt, wo speziell von der Bedeutung eines Pensionsbezugs für den Haftpflichtanspruch die Rede war[55]). Allein sie hat allgemeinere Bedeutung, da Pensionen keineswegs die einzigen Bezüge sind, welche in Betracht kommen.

Ausgeschieden werden von vornherein solche Bezüge, welche der Verletzte sich selbst oder seinen Hinterbliebenen lediglich durch eigene Leistungen von Prämien, Beiträgen, oder wie sonst das Aequivalent

---

[54]) S. oben zu §. 3 auch Not. 2.

[55]) S. oben Not. 33.

heißen mag, erworben hat[56]). So namentlich Assekurranzgelder, Pensionen, Unterstützungen, für die der Verletzte oder der sonst aus der Haftpflicht Berechtigte die Gegenleistung allein gemacht hat. Was solchergestalt erworben ist, kommt für die Forderung aus der Haftpflicht ebensowenig in Anschlag, als sonstiger Vermögenserwerb, durch Erbschaft u. s. w. Nur für den Unterhaltsberechtigten kann davon eine Ausnahme eintreten, insofern der Anspruch auf Unterhalt nach dem Gesetz von Bedürftigkeit abhängig ist und derartiger Erwerb die Bedürftigkeit mindert oder ganz beseitigt[57]).

Wohl aber muß gefragt werden, wie es sich mit Bezügen aus Anstalten oder Kassen verhält, bei deren Verschaffung der Betriebsunternehmer, jedoch nicht in der Weise, wie es §. 4 erheischt, betheiligt ist, oder die den Leistungen Dritter verdankt werden. Man wird dabei vornehmlich, immer, wenn nicht geradezu an Assekuranzgelder, doch an assekuranzähnliche Bezüge denken. Indessen kann es sich, zumal was Zuwendungen durch Dritte anlangt, auch um solche Bezüge handeln, die mit Assekuranz nicht einmal verwandt sind.

Auch solche Bezüge werden für den Unterhaltsberechtigten, der wegen des ihm durch den Tod des Verpflichteten entzogenen Unterhalts von dem Betriebsunternehmer Schadensersatz verlangt, möglicherweise erheblich, wenn das gesetzliche Unterhaltsrecht durch Bedürftigkeit bedingt ist; jedoch nur in diesem Fall[58]). Daß sich auch der Alimentationsberechtigte, der die Haftpflicht anruft, die Einrechnung der Bezüge gefallen lassen muß, welche mit Drittelsbeitrag des Unternehmers hervorgerufen worden sind, versteht sich von selbst[59]). Aber wie steht es mit denjenigen, bei deren Verschaffung der Betriebsunternehmer gar nicht oder nicht in dem nach §. 4 zureichenden Maaße beigetragen hat?

In Bezug auf diese Seite des Anspruchs wegen entzogenen Unterhalts, sowie in Bezug auf die übrigen Kategorien des Schadensersatzes gebricht es an irgend einer Andeutung in dem Gesetze selbst, daß die ohne den Drittelsbeitrag des Unternehmers erworbenen Assekuranzleistungen, Pensionen, oder Beihülfen zu den Krankheits-,

---

56) Stenogr. Berichte S. 613.

57) S. auch oben §. 3 Not. 65 ff.

58) S. oben §. 3 Not. 66.

59) S. darüber Fick, Beilage zu der Z. f. H.R. Bd. 19 S. 156 u. die Entsch. des R.O.H.G. Bd. 13 S. 27.

Beerdigungskosten oder zur Deckung der Erwerbsunfähigkeit in Anschlag kommen, ehe von dem Ersatz des Unternehmers die Rede ist.

Allerdings weist eine kurze Bemerkung in den Motiven[60]) darauf hin, daß „selbstverständlich der Richter bei Abschätzung des Schadens auch darauf werde Rücksicht zu nehmen haben, ob etwa dem Verletzten oder den Hinterbliebenen des Getödteten, insbesondere auf Grund von Leistungen des Ersatzpflichtigen, Pensions- oder sonstige Entschädigungsansprüche zur Seite stehen". Und wenn dies vorerst nur als ein Zugeständniß für gewisse, nicht für alle Bezüge angesehen werden möchte, so deutet doch der weiter beigefügte Grund, das Gesetz könne nur die Schadloshaltung, nicht die Bereicherung im Auge haben, auf ein durchschlagendes Axiom hin; wie denn auch im Reichstage der Regierungskommissar stracksweg so argumentirte: „nach §. 3 soll Jemand nur soweit entschädigt werden, als er Schaden hat; Schaden hat er aber nicht, wenn er in Folge des Unfalls und um des Unfalls willen anderwärts Entschädigung bekommt." In der letzteren Definition ist Alles begriffen; namentlich auch die Leistungen aus Assekuranz, insofern, was freilich gerade bei der hier allein in Betracht kommenden Personenversicherung problematisch erscheint, auch die Versicherung nach der gewöhnlichen Auffassung nichts anderes bezwecken soll, als Schadloshaltung wegen des Unfalls.

Allein diese Aeußerungen in den Motiven und aus dem Munde des Vertreters der Regierung sind nicht maßgebend; sie geben Ansichten, die in dem Gesetze keinerlei Ausdruck erhalten haben. Denn das Gesetz sagt mit keiner Silbe, daß die fraglichen Ersatzleistungen nur dann dem Betriebsunternehmer obliegen sollen, wenn das Bedürfniß nicht anderwärts her gedeckt sei. Eine Billigung derselben von Seiten des Reichstages läßt sich auch in den Debatten nirgends mit Bestimmtheit erkennen. Sogar an Widerspruch und Bedenken hat es nicht gefehlt.

Zur Zeit hat die ganze Frage bereits sehr an praktischem Werth verloren. Schon nach dem Haftpflichtgesetz ließ sich nicht eben noch viel auf Eingehen freiwilliger Versicherungen rechnen, welche zu der Frage, wie sie bei dem Schadensersatz aus der Haftpflicht zu berücksichtigen seien, Anlaß geben könnten. Noch weniger ist dies der Fall, seit die Kranken- und Unfallversicherung ganz anders geordnet worden ist.

---

[60]) Mot. S. 13 a. E. zu §. 5.

Mag sie gleichwohl nicht ganz übergangen werden, so liegt es unstreitig dem §. 4 gegenüber am nächsten, wenigstens soviel die Versicherungs- oder Unterstützungsgelder betrifft, das argumentum e contrario anzuwenden[60a]). Wenn dort unter ganz besonderen Voraussetzungen bestimmt qualifizirten Bezügen die Einrechnung als eine eigenthümliche, aus absonderlichen Gründen gerechtfertigte Maßregel vorgeschrieben wird, so ist die Folgerung, daß es mit anderen, nicht so qualifizirten Bezügen anders zu halten sei, unabweislich. Das wird denn auch allgemein anerkannt, daß eine volle Einrechnung der Bezüge, auf welche die Voraussetzungen des §. 4 nicht passen, nicht stattfindet.

Aber es wird andererseits ausgeführt, theils unter Berufung auf die Aeußerungen in den Motiven und in den Verhandlungen des Reichstags, theils unter Berufung auf die Natur der Haftpflichtverbindlichkeit, die nur Schadensersatz bezwecken soll, und auf den allgemeinen Grundsatz, wonach Schadensersatz nur einmal empfangen werden kann, daß Bezüge, die der aus der Haftpflicht Berechtigte empfängt, bei Ausmessung des von dem Betriebsunternehmer zu gewährenden Schadensersatzes abzuziehen sind, sobald sie sich als Entschädigung in derselben Richtung, für Heilungs-, Beerdigungskosten u. s. w., darstellen, in welcher auf Grund der Haftpflicht Schadensersatz begehrt wird. Ist das richtig, und dafür spricht, wie zugegeben werden muß, die Konsequenz, wenn die Haftpflicht durchaus aus dem Gesichtspunkt einer Schadensersatzleistung zu betrachten ist, dann gilt dies natürlich nicht blos für Assekuranz- oder Unterstützungsbezüge, die wegen des Unfalls bezogen werden, sondern auch für jederlei sonstige Bezüge, wohin sie immer kommen mögen, die als Entschädigungen wegen des Unfalls anzusehen sind. Es muß dann geradezu der Satz aufgestellt werden, daß, während alles, was mit eigenen Vermögensopfern des Verletzten erworben worden ist, außer Ansatz bleibt, alles, was unter irgend einem Titel, von irgend einer Seite her dem Haftpflichtberechtigten an Entschädigung zu Theil wird, den Haftpflichtanspruch mindert, weil er sonst in tantum doppelten Schadensersatz, eine Bereicherung, von der das Haftpflichtgesetz nichts wissen will, erhalten würde[61]).

Dieser Ansicht scheint auch, obwohl nicht mit voller Entschiedenheit ausgesprochen, die oberste Instanz zu folgen[62]).

[60a]) So auch Westerkamp S. 691 Abs. 1 a. E.

[61]) Vgl. bes. Römer a. a. O. 21; dann Eger S. 396; Westerkamp S. 689 bis 690.

[62]) Entsch. des R.O.H.G. Bd. 13 S. 24; des R.G. Bd. 10 Nr. 13.

Unbedenklich erscheint jedoch die Ansicht nicht. So lange das Gesetz den erst vom Reichstag eingeschobenen §. 4 gar nicht enthielt, konnte vielleicht dem Begriffe des „Schadens" durch das ganze Gesetz hin der in den Motiven bezeichnete Sinn unterstellt werden. Durch die Einschiebung des §. 4 hat sich die Situation wesentlich geändert. Da man das, was §. 4 enthält, ausdrücklich auszusprechen für nöthig hielt, würde es nach der ganzen Tendenz des Gesetzes prinzipiell am richtigsten erscheinen, andere Bezüge, als die des §. 4, auf Heilungs-, Beerdigungskosten oder auf Ausgleichung der Erwerbsunfähigkeit bei Bestimmung des Schadensersatzes nicht zu berücksichtigen, mithin die Ersatzverbindlichkeit des Unternehmers dergestalt als eine absolute anzusehen, daß dieselbe durch solche anderweite Bezüge des Ersatzberechtigten nicht gemindert wird.

Daß möglicherweise das freie richterliche Ermessen bei Feststellung der Schadenshöhe nach §. 7 durch die Wahrnehmung, der Ersatzberechtigte habe anderswoher schon dies oder das erhalten, thatsächlich beeinflußt werden möchte, würde dabei an dem rechtlichen Gesichtspunkt nichts ändern.

4. Gerade der §. 4 des Gesetzes, der von dem Einfluß der Versicherung handelt und insbesondere die Arbeiter angeht, hat eine ganz andere, wesentlich verminderte Bedeutung erhalten durch die Gesetze über die Kranken- und die Unfallversicherung[63]). Nach dem ersteren ergibt sich, daß alles, was ein Arbeiter unter dem Titel der Krankenversicherung bezieht, auf die Haftpflichtleistung des Betriebsunternehmers einzurechnen ist, insofern letzterer ein Drittel der Beiträge zur Versicherung aus seinen Mitteln leistet[64]). Denn damit ist die Voraussetzung des §. 4 erfüllt. Soweit aber die Unfallsversicherung besteht, ist von deren Einrechnung auf die Haftpflichtleistung so gut wie keine Rede mehr, da die Unfallversicherung überhaupt die ganze Haftpflicht, bis auf einen geringen Rest[65]) absorbirt.

[63]) S. oben zu §. 2 Not. 131 ff.

[64]) S. oben S. 97. 104.

[65]) S. zu §. 2 Not. 146.

III. Die Unbeschränkbarkeit der gesetzlichen Haftpflicht.

§. 5.

Die in den §§. 1. und 2. bezeichneten Unternehmer sind nicht befugt, die Anwendung der in den §§. 1. bis 3. enthaltenen Bestimmungen zu ihrem Vortheil durch Verträge (mittelst Reglements oder durch besondere Uebereinkunft) im Voraus auszuschliessen oder zu beschränken.

Vertragsbestimmungen, welche dieser Vorschrift entgegenstehen, haben keine rechtliche Wirkung.

Wenn das Gesetz seinen Zweck erreichen soll, sagen die Motive, darf es den Inhabern der fraglichen Anlagen nicht gestattet sein, durch Vertrag, namentlich in den Dienstverträgen mit ihren Beamten, Arbeitern u. s. w., die Anwendung der §§. 1—3 auszuschließen. Es wird auch darauf hingewiesen, daß die Rheinische Rechtssprechung eine solche Einschränkung der Haftpflicht als gegen das öffentliche Interesse und die gute Sitte verstoßend versagt habe.

Vorbild der Fassung war Art. 423 des H.G.Buchs, der sich auch in dem Preußischen Gesetz vom 3. Mai 1869, aber nur für die Eisenbahnunternehmungen, wiederholt findet. Nach der Entstehungsgeschichte[1]) des Art. 423 hätte man sich wohl fragen sollen, ob nicht der gewundenen Fassung, welche dort deshalb gewählt wurde, weil nach gewissen Richtungen hin doch eine Vertragsfreiheit bewilligt werden mußte, die hier nicht gewährt wird, ein einfacherer Satz zu substituiren sei.

[1]) Vgl. v. Hahn, Komm. zum H.G.B. zu Art. 423. — Ueber die Behandlung der Sache in den fremden Rechten s. Eger S. 453.

So, wie Absatz 1 lautet, entstehen daraus einige Zweifel. Absatz 1 aber ist zugleich maßgebend für Absatz 2, wo die Worte: „dieser Vorschrift" ausdrücklich kundthun, daß nur die Kontravention gegen Absatz 1, also nicht jede Vertragsschließung, die gegen die §§. 1—3 verstößt, sondern nur diejenige, welche in dem durch Absatz 1 bestimmten Sinn und Umfang gegen die §§. 1—3 verstößt, der rechtlichen Wirkung entbehrt.

1. In dem ersten Absatz wird

a) nur den in den §§. 1 und 2 bezeichneten Unternehmern[2]) die Befugniß, einen den §§. 1—3 zuwiderlaufenden Vertrag, selbst, oder, was dem natürlich gleichsteht, durch ihre Vertreter, zu schließen, abgesprochen, nicht aber dem anderen kontrahirenden Theil. Dieser erscheint also, da eine Prohibition strikt auszulegen, an sich befugt. Will man etwa annehmen, daß der die Folgen der §§. 1—3 abändernde Vertrag gültig sei, wenn die Initiative der Vertragsschließung von dieser andern Seite ausgeht, wesentlich auf deren freiem Willen basirt? Das ist doch unmöglich. Wozu also die Hervorhebung, daß „die Unternehmer nicht befugt" sind? Es scheint, daß dazu nur die Worte „zu ihrem Vortheil" Veranlassung gegeben haben, für die man das Subjekt bezeichnen wollte[3]). Daß der andere Theil, indem er den Vertrag hervorruft, den Unternehmer nicht von dem hier ausgesprochenen Verbot befreien kann, versteht sich von selbst.

b) Das Verbot bezieht sich nur auf die Anwendung der in den §§. 1—3 enthaltenen Bestimmung. Diese darf nicht ausgeschlossen oder beschränkt werden; also namentlich auch nicht das Recht auf Schadensersatz wegen entzogenen Unterhaltes nach §. 3 Nr. 1, über das übrigens, da es ein selbständiges der Unterhaltsberechtigten ist, überhaupt nicht von dem Unternehmer mit dem Verletzten paktirt werden kann[4]). Soweit die Bestimmungen der §§. 1—3 nicht berührt werden, hat die Vertragsfreiheit vollen Spielraum.

c) Nichts weniger als gut erscheint die Aufnahme der auch in Art. 423 des H.G.B. keineswegs als glückliche zu bezeichnenden Worte: „zu ihrem Vortheil". Soll das heißen, daß wenn,

---

[2]) Wer diese sind, s. oben §. 1 Not. 107 ff., §. 2 Not. 5 ff.

[3]) Damit entschuldigt Eger S. 456—457 die Fassung, die er auch mangelhaft findet.

[4]) Eger S. 457 u. das S. 458 cit. Urth. des H.O.H.G. vom 10. Mai 1878. S. auch Westerkamp S. 695 Not. 2.

was immerhin möglich, bei der vertragsmäßigen Modifikation der Haftpflicht nicht die Absicht oder nicht der Erfolg eines Vortheils auf Seiten des Unternehmers obwaltet, das Verbot des §. 5 cessire? Es würde dadurch mindestens eine Handhabe zu spitzfindigen Versuchen, durch Auslegung der Verträge um die §§. 1—3 herumzugehen, dargeboten sein, von der man nicht glauben kann, daß sie den Willen des Gesetzgebers für sich hat. Vielleicht beruht der Ausdruck „zu ihrem Vortheil" nur auf dem planen Gedanken, den das Gesetz nicht auszusprechen brauchte, daß in der Regel allerdings das Motiv des Vortheils den Unternehmer bewegen wird, eine Ausschließung oder Einschränkung seiner Haftverbindlichkeit anzustreben. Den kaum denkbaren Fall, daß der Betriebsunternehmer durch Vertrag eine Bestimmung der §§. 1—3 zu seinem Nachtheil ausschließt oder beschränkt, bei Seite zu schieben[5]), hatte man keine Ursache. Mit „ausschließen oder einschränken" war alles gesagt, was gesagt zu werden brauchte. Niemand würde je bezweifelt haben, daß es dem Betriebsunternehmer völlig freisteht, eine über die §§. 1—3 hinausreichende Haft zu übernehmen.

d) Der Ausdruck „durch Vertrag" hat seine besondere Erläuterung erhalten durch die Einklammerung „mittels Reglements oder durch spezielle Uebereinkunft". Vertrag ist jede Uebereinkunft, förmliche oder formlose, ausdrückliche oder aus schlüssigen Thatsachen zu entnehmende Willenseinigung der Betheiligten, aus der nach den Regeln des bürgerlichen Rechts Vertragsrechte und Vertragsverbindlichkeiten entstehen. Durch die beigefügte Erläuterung wird nur darauf hingewiesen, daß es gleichgültig ist, ob die Vertragsschließung durch besondere Uebereinkunft, d. h. unter spezieller Festsetzung der Vertragsnormen im einzelnen Fall, oder durch Bezugnahme auf ein Reglement — denn so ist der inkorrekte Ausdruck „mittels Reglements" zu verstehen —, welche die spezielle Festsetzung der Vertragsbedingungen erspart, zustande kommt. Die Reglements sind nicht selbst Verträge, oder Vertragsofferten, sondern nur Erklärungen, daß die betreffende Unternehmung ihre Verträge nach Maßgabe des Inhaltes der Reglements schließen wird. Zu Vertragsbestimmungen werden die Sätze derselben erst durch die ausdrückliche oder, wie bei gehöriger Kundmachung regelmäßig unterstellt werden kann, stillschweigend selbstverständliche Bezugnahme auf dieselben bei der Vertragsschließung[6]).

---

[5]) Um dessentwillen Eger S. 459 den Ausdruck vertheidigt; so auch Genzmer S. 127.

[6]) S. über die Bedeutung der Reglements, insbes. bei den Eisenbahnen

e) Den Unternehmern wird nur die Befugniß aberkannt, im Voraus die unter a erwähnten Bestimmungen auszuschließen oder zu beschränken. Dies kann nur heißen: ehe das Hapftpflichtrecht nach den §§. 1—3 entstanden, oder, da dasselbe unmittelbar kraft Gesetzes aus dem Unfall, d. h. aus der durch den Unfall verursachten Verletzung oder Tödtung erwächst, ehe der Unfall eingetreten ist. Die Entstehung des Haftpflichtanspruchs in dem gesetzlich fixirten Umfang soll durch Uebereinkunft nicht gehindert werden. Dagegen steht nichts entgegen, durch Vertrag, namentlich aber auch durch Vergleich oder Verzicht nach dem Unfall über den zur Existenz gelangten Anspruch zu verfügen[7]). Zwar hat man den Versuch gemacht, dem Ausdruck „im Voraus" eine weitere Deutung dahin zu geben, daß die Befugniß auch nach dem Unfall bis zur rechtskräftigen Entscheidung über den Haftpflichtanspruch fehlen soll[8]). Es läßt sich nicht verkennen, daß, zumal nach den Erfahrungen, die auch bezüglich der Ansprüche aus Assekuranz gemacht werden, wenn das Gesetz seinen vollen Zweck erreichen soll, nahe genug gerückt erscheint, auch den bereits erwachsenen Haftpflichtanspruch gegen einschränkende oder ausschließende Vereinbarungen zu schützen, denen nach den thatsächlichen Verhältnissen die Berechtigten oft nicht widerstreben können. Und der Trost, daß jedenfalls vom Gericht solchen Vereinbarungen dann die Spitze abzubrechen sei, wenn sie als contra bonos mores verstoßend erkannt werden, klingt doktrinell ganz gut, will aber praktisch wenig verfangen. Bei alle dem wird man sich nicht entschließen dürfen, den Worten „im Voraus" eine Bedeutung zu geben, die, weil sie als eine ungewöhnliche erscheint, falls sie gewollt worden wäre, eines deutlichen Ausdrucks bedurft hätte. Denn offenbar wäre es ungewöhnlich, daß über einen, wenn auch unmittelbar aus Gesetz, begründeten Privatrechtsanspruch zu disponiren abgeschnitten sein sollte.

Soviel versteht sich von selbst, daß die Disposition über den einen Haftpflichtanspruch und mit dem einen Haftpflichtberechtigten nicht einen anderen Anspruch oder Berechtigten berührt. Gewiß kann namentlich nicht durch Uebereinkunft des Unternehmers mit dem Verletzten den Unterhaltsberechtigten ihr Anspruch wegen entzogenen Unter-

---

v. Hahn zu Art. 423 des H.G.B. §. 2; Goldschmidt, Z. f. H.R. Bd. 4 S. 594; Endemann in Busch's Arch. Bd. 42 S. 1 ff.

7) Kah S. 111; Westerkamp S. 695; Genzmer S. 127 Nr. 5.

8) Eger S. 462 ff.; s. dag. Katz, Z. f. H.R. Bd. 23 S. 444.

halts, der erst mit dem Tode des Verletzten zur Entstehung kommt, geschmälert werden[9]).

f) Die Befugniß fehlt zu solchen Verträgen, welche die Anwendung der Bestimmungen der §§. 1—3 ausschließen oder beschränken. Erweiterungen oder Erhöhungen der dort geregelten Haftpflicht steht daher ebensowenig etwas im Wege, wie vertragsmäßigen Modifikationen der privatrechtlichen Wirkungen, die sich aus den übrigen Paragraphen des Gesetzes ergeben.

2. Der zweite Absatz des §. 5 zieht die Konsequenz aus der im ersten enthaltenen Aberkennung der Vertragsbefugniß.

Die Vertragsbestimmungen, welche der Vorschrift des Abs. 1 entgegenstehen, nur diese, nicht alle Bestimmungen des Vertrages, haben keine rechtliche Wirkung. Das heißt: sie sind, weil vom Gesetz reprobirt, null und nichtig, und zwar schlechthin und für beide Kontrahenten. Der Unternehmer kann sich nicht minder auf die Nichtigkeit berufen als der andere Theil, und das Gericht hat auch ohne Erhebung einer Einrede schon von Amtswegen die nach §. 5 Abs. 2 sich ergebende Nichtigkeit zu berücksichtigen.

Als absolute Prohibitivvorschrift hat Abs. 2 auch für solche Vereinbarungen gelten müssen, die vor Erlaß des Haftpflichtgesetzes getroffen waren und die Haftpflicht, wie sie nach den §§. 1—3 bestehen soll, ausschließen oder beschränken würden[10]).

Die ganze Vorschrift des §. 5 findet sich denn auch wieder in dem Gesetz über die Unfallsversicherung vom 6. Juli 1884 §. 99.

---

[9]) Katz a. a. O. S. 475 u. Entsch. des R.O.H.G. v. 10. Mai 1878 (bei Eger S. 458).

[10]) Eger S. 467 a. E.

IV. Geltendmachung und Zuerkennung des Schadensersatzes.

A. Geltendmachung.

1. Strafrechtliche, administrative, civilprozessualische.

Die Verfolgung eines Anspruchs aus dem Haftpflichtgesetz geschieht durch Klage im Civilprozeßverfahren.

Indessen ist dies nicht der einzige Weg. Obgleich die in der Diskussion gewünschte Aufklärung nicht erfolgte[1]), leidet es doch keinen Zweifel, daß da, wo die erlittene Körperverletzung als strafrechtlich zu ahndende vor dem Strafgericht verfolgt werden kann, in Gemäßheit des Strafgesetzbuchs das Recht zusteht, die Zuerkennung einer Geldbuße zu beantragen, durch welche dann die Geltendmachung weiterer Ersatzansprüche ausgeschlossen erscheint[2]). Die in dem Strafgesetzbuch an eine absichtliche oder schuldhafte Körperverletzung geknüpfte Folge wird durch das gegenwärtige Gesetz in keiner Weise alterirt. Entscheidet das Strafgericht nur über die strafrechtliche Seite des Unfalls, so ist das Civilgericht, bei dem Schadensersatz auf Grund der Haftpflicht eingeklagt wird, durch das Urtheil des ersteren in Bezug auf die Prüfung und Feststellung des Thatbestandes formell nicht gebunden. Das Civilgericht hat nach seiner eigenen freien Ueberzeugung zu erkennen[3]).

Zur civilrechtlichen Verfolgung kann jetzt allgemeinhin die sogenannte Feststellungsklage[4]) benutzt werden, wenn der Berechtigte

---

[1]) Stenogr. Berichte S. 498.

[2]) Vgl. R.St.G.B. §. 231 u. §. 232 Abs. 2.

[3]) Einf.Ges. zur C.P.O. §. 14 Abs. 2 Nr. 1. — S. dazu Endemann, Komm. Bd. 3 S. 524.

[4]) Vgl. C.P.O. §. 231.

zunächst durch Urtheil nur erst ausgesprochen sehen will, daß ein Recht auf Schadensersatz nach den Bestimmungen des Haftpflichtgesetzes existirt. Umgekehrt kann sich der Betriebsunternehmer der Feststellungsklage bedienen, um die Nichtexistenz einer Verbindlichkeit aus dem Gesetz konstatiren zu lassen. Hierbei kommen nicht blos die §§. 1—3 des Gesetzes in Betracht, sondern die Klage kann auch auf ein Urtheil darüber ausgehen, ob im gegebenen Fall die Anwendung oder Nichtanwendung einer der sonstigen Bestimmungen des Gesetzes begründet sei. Ist dem Berechtigten das Bestehen eines Haftpflichtanspruchs in der von ihm behaupteten Weise durch Urtheil anerkannt, so handelt es sich dann weiter um die Liquidation, d. h. die Forderung eines bestimmten Betrags des Schadensersatzes, die nöthigenfalls in einem weiteren Prozeß geltend gemacht wird.

Liegt für den Berechtigten keine Veranlassung vor, erst auf Feststellung seines Rechts zu klagen, so klagt er auf Verurtheilung zur Leistung des Schadensersatzes, dessen Voraussetzungen und Betrag von ihm darzulegen sind.

Die Klage gehört, da das Gerichtsverfassungsgesetz für die Haftpflichtsachen keine besondere Bestimmung getroffen hat, nach den allgemeinen Vorschriften über die sachliche Zuständigkeit, vor das Amtsgericht, wenn der Gegenstand derselben den Betrag von dreihundert Mark nicht übersteigt[5]); sonst vor die Civilkammer des Landgerichts[6]).

Für die örtliche Zuständigkeit oder den Gerichtsstand ist maßgebend, ob die Klage als aus einer unerlaubten Handlung entspringend angesehen werden darf[7]). Der Gerichtsstand, der für eine solche Klage bei dem Gericht gewährt wird, in dessen Bezirk die Handlung begangen ist[8]), greift für Ansprüche aus §. 1 des Haftpflichtgesetzes nicht Platz[9]), da diese sicher nicht den Karakter von Delikts- oder Quasideliktsansprüchen besitzen. Dagegen hat trotz der obwaltenden Bedenken die oberste Instanz entschieden, daß für Klagen aus §. 2 des Gesetzes der Gerichtsstand des §. 32 der C.P.O. begründet ist[10]); wie immer in elektiver Konkurrenz mit dem Gerichts-

[5]) G.V.Ges. §. 23 Nr. 1.
[6]) G.V.Ges. §. 70 Abs. 1.
[7]) S. oben Einl. §. 4.
[8]) C.P.O. §. 32.
[9]) Entsch. des R.O.H.G. Bd. 13 S. 68.
[10]) Entsch. des R.O.H.G. Bd. 16 S. 4, des R.G. Bd. 6 S. 384.

stand des Wohnsitzes des Beklagten. Die Klagen aus §. 1 des Haftpflichtgesetzes sind nur in dem allgemeinen Gerichtsstand des beklagten Betriebsunternehmers, also des Wohnsitzes[11]), eventuell des Aufenthalts[12]) oder des Sitzes[13]) zu erheben.

Von den besonderen Gerichtsständen, welche die Civilprozeßordnung aufstellt, kann, abgesehen von der auch für Haftpflichtklagen möglichen Begründung der Zuständigkeit durch Vereinbarung[14]), nur der der Niederlassung[15]) zum Betrieb einer Fabrik oder eines Gewerbes, worunter auch die andern in §. 2 bezeichneten Unternehmungen begriffen sind, für Ansprüche aus §. 2 in Betracht kommen; auch für Eisenbahnunternehmungen, sofern sie Fabrikniederlassungen in diesem Sinn besitzen. Die Klage aus der Haftpflicht, welche sich darauf stützt, daß der Unfall im Betriebe erfolgt ist, erscheint als eine solche, die auf den Geschäftsbetrieb Bezug hat[16]).

Was die Ansprüche aus §. 1 anlangt, so sind sie jedenfalls bei dem Gericht anhängig zu machen, unter dem die Eisenbahnunternehmung ihren Sitz hat. Das ist der Sitz der Aktiengesellschaft, welche die Eisenbahn betreibt; bei den Staatseisenbahnen der Sitz der Eisenbahndirektion. Die Eisenbahnstationen, selbst die Hauptstationen können nicht als Niederlassungen gelten, welche das Forum der Niederlassung zu begründen vermögen[17]); wohl aber die Eisenbahn-Betriebsämter der fiskalischen Eisenbahnen[18]).

Nicht unerwähnt mag bleiben, daß über die administrative Behandlung von Unfällen besondere Bestimmungen ergangen sind. Zunächst ein Ministerialrescript vom 9. April 1881 über die Meldung an die Staatsanwaltschaft[19]); dann eine Menge von Einzelvorschriften über rasche Untersuchung, Vornahme derselben durch bestimmte Beamte oder Kommissionen, Vorlage der Akten bei dem Minister, Quartalsübersichten u. dgl.

---

[11]) C.P.O. §. 13.

[12]) C.P.O. §. 18.

[13]) C.P.O. §§. 19. 20.

[14]) C.P.O. §. 38.

[15]) Nach C.P.O. §. 22.

[16]) Struckmann-Koch, Komm. zur C.P.O. §. 22 Nr. 2 a. E.

[17]) Nach C.P.O. §. 22.

[18]) Entsch. des R.G. Bd. 2 S. 386. S. auch Zeitschr. f. Civ.Proz. Bd. 5 S. 61. Entsch. des R.G. in Seuffert's Arch. Bd. 37 Nr. 66; Arch. f. Eis. Bd. 4 S. 303. — Vgl. auch die Organis.Bestimmungen vom 24. Nov. 1879 §. 16.

[19]) Bessel u. Kühlwetter, das Preuß.Eisenbahnrecht, 1855—57. Bd. 2 S. 82.

Das Bahnpolizeireglement §. 49 ordnet nun an, daß bei Unfällen den etwa sich nähernden Zügen sofort Kenntniß zu geben ist.

An Stelle jener früheren Vorschriften aber ist neuerdings eine genauere Anweisung erlassen worden durch ein Ministerialrescript vom 5. Juli 1880[20]). Sie ist zunächst für die Staatseisenbahnverwaltungen bestimmt, aber auch den Privateisenbahnverwaltungen zur Nachachtung mitgetheilt worden.

Darnach sind jedenfalls solche Unfälle, bei denen sich eine Tödtung oder Verletzung von Personen ereignet, sei es auch nur durch Ueberfahren, telegraphisch alsbald dem Minister zu melden. Was sonst über Meldungen gesagt wird, gehört nicht weiter hieher. Die Meldung hat gleichlautend auch an das Reichseisenbahnamt zu geschehen; und zwar durch den an Ort und Stelle befindlichen höheren Betriebsbeamten, eventuell durch den nächsten Stationsvorsteher.

Spätestens am folgenden Tag hat das Betriebsamt schriftlichen Bericht über die näheren Umstände, die festgestellten oder vermuthlichen Ursachen, sowie die ergriffenen Maßregeln zu erstatten; gleichlautend an den Minister und das Reichseisenbahnamt. Die Eisenbahndirektion oder das Kommissariat der Privateisenbahn erhält Abschrift des Berichts. Daran schließen sich dann, wenn nicht spezieller Bericht erfordert wird, noch Monatsrapporte der Betriebsämter an, die über alle Unfälle formularmäßig bis zum zehnten Tag des folgenden Monats an die Direktion einzusenden sind. Die Direktion stellt sie zusammen, sorgt für Berichtigung, Erläuterung u. dgl., versieht sie mit dem nöthigen Vorschlägen und sendet sie bis zum zwanzigsten Tage an den Minister ein. Ausdrücklich ist die Pflicht der Rapporterstattung bei Unfällen, die sich auf gemeinsamen Strecken oder Bahnhöfen zutragen derjenigen Verwaltung auferlegt, in deren Betriebsleitung der Unfall sich ereignet hat, nicht derjenigen, welcher das Eigenthum der Strecke oder des Bahnhofes zusteht[21]).

Ferner ist den Eisenbahnverwaltungen aufgegeben, unzutreffende Zeitungsnachrichten schleunigst zu berichtigen oder auch in öffentlichen Blättern offizielle Kunde über den Unfall zu verbreiten.

Ist Jemand getödtet oder verletzt worden, so soll ebenso wie in dem Fall, wo eine strafbare Gefährdung eines Eisenbahnzugs angezeigt erscheint[22]), der Staatsanwaltschaft und der betreffenden

---

[20]) Eis.V.O.Blatt 1880 S. 325.

[21]) Min.Erl. v. 20. April 1883 (Eis.V.O.Bl. S. 79).

[22]) Vgl. R.St.G.B. §§. 315. 316.

Ortspolizeibehörde Anzeige gemacht werden. Doch ist es gestattet, bei leichten Verletzungen in Folge eigenen Verschuldens, oder bei Verletzungen, die nicht unmittelbar mit dem Betrieb zusammenhängen, sofern keine ohne Antrag zu verfolgende Handlung oder Unterlassung vorliegt[23]), von der Anzeige Abstand zu nehmen.

Indessen hat die Bahnverwaltung auch von sich aus sofort nach dem Unfall eine Untersuchung einzuleiten und diese möglichst zu beschleunigen. Namentlich soll das bei dem Vorgang betheiligte Personal durch einen unparteiischen Beamten, in der Regel, wenn nicht ein Oberbeamter die Vernehmung bewirkt, durch den Betriebskontroleur, vernommen werden; vorbehaltlich der Absendung eines Spezialkommissars in wichtigeren Fällen, der dann an Ort und Stelle zu untersuchen und die nöthigen Anordnungen zu treffen hat.

Nach Beendigung dieser administrativen Untersuchung übersendet die Verwaltung die Verhandlungen nebst einer Begutachtung der Staatsanwaltschaft.

Die Begutachtung erstreckt sich insbesondere auf die technischen Fragen, die in Betracht kommenden Dienstvorschriften u. s. w. Zugleich ist in schwierigen Fällen bei der Staatsanwaltschaft der Antrag auf Zuziehung eines höheren technischen Beamten als Sachverständigen für die mündliche Verhandlung zu stellen. Die Staatsanwaltschaft wird dann um Mittheilung des weiteren Schicksals der Anzeige und namentlich, wenn eine Strafverfolgung eingeleitet worden ist, des Resultats derselben, sowie um Offenhaltung des Rechtsmittels im Falle der Freisprechung[24]) ersucht.

Der Staatsanwaltschaft hat der Justizminister darüber genauere Vorschriften ertheilt, welche Mittheilungen an die Eisenbahnverwaltungen zu machen sind[25]).

Rasches Einschreiten und Erledigen dieser Angelegenheiten ist mehrfach anbefohlen worden[26]).

Was nun die außergerichtliche Erledigung der aus den aus der Haftpflicht erhobenen Ansprüche, namentlich durch Vergleich anbetrifft, so gehört diese zur Zuständigkeit der Direktionen, wenn die zu

---

[23]) Nach R.St.G.B. §. 232.

[24]) S. darüber auch den Min.Erl. v. 10. März 1881.

[25]) Durch Min.Erl. v. 13. Januar 1881 (Eis.V.O.Bl. S. 21) den Verwaltungen kundgegeben.

[26]) So durch den Min.Erl. v. 10. Nov. 1880 (Eis.V.O.Bl. S. 529).

gewährende Entschädigung den Kapitalbetrag von 3000 Mark oder einen jährlichen Rentenbetrag von 300 Mark übersteigt[27]). Die Prozeßführung kommt überall, gleichviel wie hoch die Forderung sich beläuft, den Betriebsämtern zu[28]).

Von der Aufstellung bestimmter Normative über die Bemessung des Schadensersatzes bei Verunglückung von Eisenbahnbeamten hat das Ministerium Abstand genommen und nur auf sorgfältige Prüfung des einzelnen Falls verwiesen. Namentlich ist hervorgehoben worden, daß der Vermögensnachtheil durch Erwerbsunfähigkeit, der zu ersetzen, sich nicht immer mit dem vollen Gehaltsbetrag decke. Auch bezüglich der im Betrieb verunglückten Arbeiter ließ sich nur sagen, daß nach dem Gesetz zu verfahren sei[29]).

Bei Bemessung der Entschädigung Hinterbliebener anzunehmen, daß der Verunglückte von seinem Einkommen den vierten Theil für seine Person, drei Viertel für seine Familie verbraucht habe, ist nicht sachgemäß befunden, vielmehr auch in dieser Hinsicht sorgfältige Prüfung des einzelnen Falls empfohlen worden[30]).

Mehrere Erlasse beziehen sich auf die Entschädigung wegen des Ausfalls von Meilen-, Stunden- und Nachtgeldern[31]); andere auf die Verrechnung[32]) und Etatisirung der zur Erfüllung der Haftpflicht aufzuwendenden Beträge.

Besonders vorgesehen ist die Bewilligung widerruflicher Pensionen und Unterstützungen vor Festsetzung des Anspruchs[33]).

Verunglückten Arbeitern sollen darum, weil sie Entschädigungsklage erhoben haben, die ihnen zugedachten außerordentlichen Unterstützungen nicht vorenthalten werden[34]) u. dergl. mehr.

---

27) Org.Best. v. 24. Nov. 1879 §. 14 Nr. 3c.

28) Min.Erl. v. 17. Sept. 1880 (IIa Nr. 12101).

29) Min.Erl. v. 12. Sept. 1873 (II, 13810).

30) Min.Erl. v. 27. April 1876 (II, 6557).

31) Min.Erl. v. 10. Aug. 1874 (II, 18193) u. 26. Aug. 1879 (II, 9041). Vgl. oben S. 119 Not. 108.

32) Min.Erl. v. 15. Sept. 1877 (II, 20189); s. auch v. 12. Febr. 1882 (Eis.-V.O.Blatt S. 34) u. v. 8. April 1883 (V.O.Blatt S. 68) o. S. den Min.Erl. v. 7. März 1881 (IIb. a. 3069); Tit. 9 des Schemas.

33) Statut der Beamten-Pensions- u. Unterstützungskassen v. 28. März 1876 §. 21.

34) Min.Erl. v. 11. April 1877 (II, 7096).

§. 6.

2. Civilprozeßverfahren in Haftpflichtsachen.

Darüber enthielt das Gesetz in §. 6 die besondere Bestimmung.

[Das Gericht hat über die Wahrheit der thatsächlichen Behauptungen unter Berücksichtigung des gesammten Inhalts der Verhandlungen nach freier Ueberzeugung zu entscheiden.

Die Vorschriften der Landesgesetze über den Beweis durch Eid, sowie über die Beweiskraft öffentlicher Urkunden und gerichtlicher Geständnisse bleiben unberührt.

Ob einer Partei über die Wahrheit oder Unwahrheit einer thatsächlichen Behauptung noch ein Eid aufzulegen, sowie ob und inwieweit über die Höhe des Schadens eine beantragte Beweisaufnahme anzuordnen oder Sachverständige mit ihrem Gutachten zu hören, bleibt dem Ermessen des Gerichts überlassen.]

Ein wichtiger, vielleicht sogar der wesentlichste Grund zu der Leipziger Petition, welche den Beschluß des Reichstag von 1868 veranlaßte und damit die Anregung zu dem gegenwärtigen Gesetz gab, war der üble Zustand des „Schädenprozesses", d. h. die Unzulänglichkeit des bestehenden Civilprozeßverfahrens, die sich bei der Durchführung von Schadensersatzansprüchen zeigte. Aeußerungen Sächsischer Abgeordneten im Reichstage bestätigten, was auch außerdem bekannt war, daß in dieser Richtung vorzugsweise, wenn auch keineswegs ausschließlich, im Königreiche Sachsen Grund zu Beschwerden gegeben war.

Man hielt es daher für ihre Pflicht, nicht blos materiell rechtliche Regeln aufzustelleu, sondern auch für die prozessualische Durchführung der durch die vorangehenden Paragraphen begründeten Privatrechtsansprüche etwas zu thun. Als das rechte Mittel erschien die Befreiung des Beweises und der richterlichen Beweisprüfung von den formellen Regeln der juridischen Beweistheorie.

Nach der Regierungsvorlage war in einem Paragraphen (§. 5) zusammengefaßt, was den Beweis der thatsächlichen Umstände und die Erkenntniß der Schadenshöhe betraf. Die Motive gingen davon aus, „daß die Anwendung der positiven Beweisregeln bei der Schwierigkeit eines formell ausreichenden Beweises, insbesondere hinsichtlich der Verschuldung (§. 2) und für die Höhe des Schadens, die Wirksamkeit des Gesetzes beeinträchtigen und vielfach ganz lähmen würde." Nicht nur habe sich in allen neueren Gesetzgebungsarbeiten über den Civilprozeß die Ueberzeugung Bahn gebrochen, daß dem Richter die freie Würdigung der Thatsachen zustehen müsse, sondern es lehre auch das

Preußische Verfahren die Vereinbarkeit dieses Grundsatzes mit rein schriftlicher Prozedur. Als Quelle des §. 5 der Regierungsvorlage wurden die §§. 455. 457 und 633 des Norddeutschen Civilprozeß-Entwurfes bezeichnet.

Der Reichstag hat aus dem Inhalte jenes §. 5 zwei getrennte Paragraphen gebildet. Der Inhalt ist im Ganzen derselbe geblieben.

Der eine von diesen, §. 7, ist noch in Geltung. Dagegen ist §. 6, der nur ein Nothbehelf für die Zeit war, als die Reichs-Civilprozeßordnung noch nicht existirte, mit Erlaß der letzteren hinweggefallen[35]), bedarf daher keiner Erläuterung mehr. Indessen erscheint es angezeigt, kurz anzuführen, in welcher Weise die Bestimmungen, die er enthielt, durch die Civilprozeßordnung überflüssig geworden sind.

Das Verfahren, in dem die Haftpflichtstreitigkeiten zu erledigen sind, ist das ordentliche vor dem Land- oder Amtsgericht. Zu einer außerordentlichen Prozeßart eignen sie sich nicht.

1. Der erste Absatz des §. 6 proklamirte, unbekümmert um die Verschiedenheit der Prozeßrechte, die bei Erlaß des Gesetzes bestand, das Prinzip der freien Beweisprüfung. Dessen bedurfte es nicht mehr, seit dieses Prinzip allgemein für all und jede bürgerliche Rechtsstreitigkeiten in §. 259 der C.P.O. aufgestellt ist. Darnach hat das Gericht stets unter Berücksichtigung des gesammten Inhalts der Verhandlungen und des Ergebnisses einer etwaigen Beweisaufnahme nach freier Ueberzeugung zu entscheiden, ob eine thatsächliche Behauptung für wahr oder für nicht wahr zu erachten ist, wofür dann in dem Urtheil die Gründe anzugeben sind. Nur in dem durch die Civilprozeßordnung besonders bezeichneten Fällen[36]) ist der Richter noch an gesetzliche Beweisregeln gebunden.

Demgemäß hat das Gericht, indem es lediglich auf seine freie Ueberzeugung verwiesen wird, auch frei zu beurtheilen, ob noch für irgend eine ihm erheblich erscheinende bestrittene Thatsache Beweis erforderlich erscheint. Sein Bedürfniß ist allein maßgebend. Es ist ihm unverwehrt, auf Grund bereits vorhandener Ueberzeugung von der Wahrheit oder Unwahrheit, namentlich auch auf Grund bereits erlangter zuverlässiger Kenntniß[37]), von der Anordnung einer Beweisaufnahme abzustehen, und umgekehrt, wo es solches für nöthig findet, nicht nur Beweisaufnahme von den Parteien dargebotener

[35]) Einf.Ges. zur C.P.O. §. 13 Nr. 3.

[36]) Welche das sind, s. Endemann Komm. Bd. 2 S. 73.

[37]) S. über die Gerichtskundigkeit C.P.O. §. 264; Endemann a. a. O. S. 82.

Beweise zu verfügen, sondern auch, wie die Civilprozeßordnung in nicht geringerem Umfang zuläßt, von Amtswegen manche Beweise zu ergreifen. Gleich der Bindung an Feststellungen des Strafgerichtsurtheils[38]) sind die gesetzlichen Vorschriften, nach denen früher der Richter gezwungen war, eine Thatsache für mehr oder minder wahrscheinlich zu halten, nach denen also Beweisvermuthungen existirten, fortgefallen[39]). Vor Allem aber ist überall, wo es zu einer Beweisaufnahme, oder zu einer Bezugnahme der Parteien auf Beweisgründe oder zu einer Heranziehung solcher von Amtswegen kommt, die Wahrheitsfolgerung lediglich nach freier Ueberzeugung zu gewinnen.

Die Beweislastpräsumtionen des bürgerlichen Rechts sind zwar bestehen geblieben[40]), allein über den Beweis, der zu deren Widerlegung geführt wird, entscheidet wieder die freie Beweisprüfung. Auch ist bereits an verschiedenen Stellen, darauf aufmerksam gemacht worden, daß in dem mündlichen Verfahren und im Zusammenhang mit dem Grundsatz der freien Beweisprüfung die Frage nach der Beweislast keineswegs noch die große Bedeutung einnimmt, welche sie im schriftlichen, von der strengsten Verhandlungsmaxime beherrschten Prozeß vordem besessen hat.

2. Indem der zweite Absatz des §. 6 die Aufrechthaltung der Landesgesetze bezüglich des Beweises durch Eid, öffentliche Urkunden und gerichtliches Geständniß aussprach, enthielt er eine gewisse Beschränkung des im ersten Absatz allgemeinhin aufgestellten Prinzips der freien Beweisprüfung. Es versteht sich von selbst, daß jetzt der Beweis durch Eid, öffentliche Urkunden oder gerichtliches Geständniß nicht mehr nach Landesgesetz, sondern nach den Vorschriften der Civilprozeßordnung zu behandeln ist, die gerade diese Beweisarten nicht der freien Beurtheilung überläßt. Die Folgen der Leistung oder Verweigerung eines Parteieneides bestimmen sich lediglich nach dem Gesetz[41]). Ueber den Beweis durch öffentliche Urkunden enthält die Civilprozeßordnung einige gesetzliche Regeln[42]) und an das gerichtliche Geständniß, das namentlich auch als Wirkung der Versäumniß unterstellt wird, ist der Richter gebunden[43]).

---

[38]) S. oben Not. 3.

[39]) Einf.Ges. zur C.P.O. §. 14 Nr. 3.

[40]) Einf.Ges. zur C.P.O. §. 15 Nr. 1.

[41]) C.P.O. §§. 428. 429. 430. 439.

[42]) C.P.O. §§. 383 ff.

[43]) C.P.O. §§. 261 ff.; §§. 129. 207. 220. 221 u. a.

3. Der dritte Absatz gab dem Richterermessen freien Spielraum

a) in der Auferlegung eines richterlichen Eides über die Wahrheit oder Unwahrheit einer Behauptung. Diese Bestimmung ist überholt durch Vorschrift der Civilprozeßordnung[44]), nach der das Gericht überall, wo das Ergebniß der Verhandlungen und einer etwaigen Beweisaufnahme nicht hinreicht, ihm die Ueberzeugung von der Wahrheit oder Unwahrheit einer zu erweisenden Thatsache zu begründen, befugt ist, der einen oder der anderen Partei über eine streitige Thatsache den Eid, der deshalb der richterliche heißt, aufzuerlegen.

b) in der Erwägung, ob und inwieweit über die Höhe des Schadens eine beantragte Beweisaufnahme anzuordnen oder Sachverständige mit ihrem Gutachten zu hören. In dieser Beziehung ist es jetzt nach der Civilprozeßordnung allgemeine Regel[45]), daß bei Streit der Parteien über die Existenz oder über den Betrag eines Schadens das Gericht unter Würdigung aller Umstände nach freier Ueberzeugung zu entscheiden hat. Demgemäß bleibt es, ganz in Uebereinstimmung mit dem Grundsatz der freien Beweisprüfung[46]), auch dem Ermessen des Gerichts anheimgestellt, ob und inwieweit eine beantragte Beweisaufnahme oder die Begutachtung von Sachverständigen anzuordnen sei; letztere auch von Amtswegen, da überhaupt eine solche ebenso wie die Einnahme eines Augenscheines stets von Amtswegen veranlaßt werden darf[47]). Endlich kann auch das Gericht anordnen, daß der Beweisführer den Schaden eidlich schätze; nicht durch einen Schätzungseid im Sinne des früheren Rechts, das ausdrücklich beseitigt worden ist, sondern so[48]), daß das Gericht bei der Eidesauflage eine Maximalgrenze des Betrags setzt, welche durch die eidliche Schätzung nicht zu überschreiten ist.

Dies sind die nunmehr auch in Haftpflichtstreitigkeiten allein zu beobachtenden Bestimmungen, auf deren ausführlichere Erläuterung hier nicht näher eingegangen zu werden braucht.

Endlich mag hier noch erwähnt werden, daß im Reichstage ein Antrag gestellt wurde, ausdrücklich auszusprechen, den Betheiligten

---

[44]) C.P.O. §. 437.

[45]) C.P.O. §. 260.

[46]) S. oben Nr. 1 dieses §. z. A.

[47]) C.P.O. §. 135.

[48]) C.P.O. §. 260 Abs. 2.

stehe das Recht zu, alsbald nach dem Unfall eine gerichtliche Konstatirung der Ursachen durch Augenschein, Vernehmung von Zeugen und Sachverständigen zu verlangen. Indessen ist der Antrag verworfen worden[49]). In Bezug auf die Frage, ob außerhalb des Prozesses, zu ewigem Gedächtniß, oder, wie es jetzt[50]) heißt, zur Sicherung des Beweises eine Beweisaufnahme stattfinden kann, bewendet es auch für die hier in Betracht kommenden Fälle durchweg bei dem sonstigen Recht.

§. 7.

B. Zuerkennung des Schadensersatzes.

Das Gericht hat unter Würdigung aller Umstände über die Höhe des Schadens, sowie darüber, ob, in welcher Art und in welcher Höhe Sicherheit zu bestellen ist, nach freiem Ermessen zu erkennen. Als Ersatz für den zukünftigen Unterhalt oder Erwerb ist, wenn nicht beide Theile über die Abfindung in Kapital einverstanden sind, in der Regel eine Rente zuzubilligen.

Der Verpflichtete kann jederzeit die Aufhebung oder Minderung der Rente fordern, wenn diejenigen Verhältnisse, welche die Zuerkennung oder Höhe der Rente bedingt hatten, inzwischen wesentlich verändert sind. Ebenso kann der Verletzte, dafern er den Anspruch auf Schadenersatz innerhalb der Verjährungsfrist (§. 8.) geltend gemacht hat, jederzeit die Erhöhung oder Wiedergewährung der Rente fordern, wenn die Verhältnisse, welche für die Feststellung, Minderung oder Aufhebung der Rente massgebend waren, wesentlich verändert sind.

Der Berechtigte kann auch nachträglich die Bestellung einer Sicherheit oder Erhöhung derselben fordern, wenn die Vermögensverhältnisse des Verpflichteten inzwischen sich verschlechtert haben.

---

[49]) Stenogr. Berichte S. 482.

[50]) C.P.O. §. 447 ff.

Abweichend von der Regierungsvorlage, welche das, was der §. 7 enthält, mit dem Inhalte des §. 6 vereinigte, hat der Reichstag die Zuerkennung des Schadensersatzes zum Gegenstand eines eigenen Paragraphen gemacht, der bei Aufhebung des §. 6 durch die Civilprozeßordnung erhalten geblieben ist; wie begreiflich erscheint, da der Inhalt des §. 7 großentheils nicht blos von prozessualischer, sondern zugleich von materiellrechtlicher Beschaffenheit ist[1]).

Der Inhalt zerfällt in mehrere, verschiedenartige Bestandtheile:

1. Zunächst handelt es sich in dem ersten Satz des ersten Absatzes des §. 7 darum, daß das Gericht zu erkennen das Recht und die Pflicht hat, unter Würdigung aller Umstände, d. h. nach Maßgabe der Verhandlung und unter Benutzung aller ihm zugänglichen Momente, auch der eigenen Kunde und derjenigen Thatsachen und Beweise, die es von Amtswegen herbeigezogen hat, und nach freiem Ermessen[2]), d. h. ungebunden durch gesetzliche Beweisvorschriften, soweit nicht die Civilprozeßordnung solche noch ertheilt[3]),

a) über die Höhe des Schadens. Man hat dies an der Spitze des §. 7 ausdrücklich hervorgehoben, weil der §. 6, der auf freie Beweisprüfung abzielte, nur von der Beurtheilung der Wahrheit von Thatsachenbehauptungen sprach, die Beurtheilung der Höhe des Schadens aber, weil sie eine Schlußfolgerung, eine Taxation in sich schließt, anders geartet erschien, als dies Erkennen der Wahrheit oder Unwahrheit einer Thatsache; obgleich man sich leicht klar machen kann, daß ebensogut auch das letztere als Schlußfolgerung wie das Erkennen der Schadenshöhe als Thatsachenfrage erscheinen kann. Insoweit hat jedoch die ganze Bestimmung keine besondere Bedeutung mehr. Sie ist vollständig absorbirt durch die oben[4]) bereits berührte allgemeine Vorschrift der Civilprozeßordnung, derzufolge das Gericht nicht blos darüber, ob ein Schaden entstanden, sondern auch darüber, wie hoch sich derselbe belaufe, unter Würdigung aller Umstände nach freier Ueberzeugung zu beurtheilen hat. Daß nicht der betreffende

---

[1]) S. oben Einl. §. 2 Nr. 2 u. über die Entstehungsgeschichte ausführlich Eger S. 509.

[2]) Ursprünglich hieß es „frei zu erkennen". Man hat dies ausdrücklich geändert. Drucks. Nr. 72 unter 7 und St.B. S. 502. Ein erheblicher Unterschied ist nicht zu erkennen. Die jetzige Fassung deutet ganz besonders auf die Freiheit in der Ausmessung hin.

[3]) C.P.O. §. 259 Abs. 2.

[4]) S. §. 6 Not. 45.

Passus des §. 7 gleich dem §. 6 des Haftpflichtgesetzes für aufgehoben erklärt worden ist, hat seine Ursache nur darin, daß sich derselbe nach der Fassung des §. 7 nicht gut von dessen übrigen, jedenfalls unberührt zu lassenden Inhalt trennen ließ.

Nach der Civilprozeßordnung wie nach §. 7 leidet es keinen Zweifel, daß der Richter, gleichwie er nach freier Ueberzeugung zu beurtheilen hat, ob ein wegen der Haftpflicht zu ersetzender Schaden der einen oder der anderen in §. 3 des Gesetzes bezeichneten Art vorhanden und als Folge des durch den Haftpflichtigen zu vertretenden Unfalls zu betrachten sei, so auch, wenn die Existenz und der Kausalzusammenhang erkannt ist, nach freier Ueberzeugung die Höhe des Schadens und damit die Ersatzleistung des Verpflichteten, in jeder der von §. 3 angegebenen Richtungen, und selbstverständlich unter Berücksichtigung der nach §. 4 gebotenen Einrechnung, festzustellen hat.

Wie dabei zu verfahren ist, gibt die Civilprozeßordnung[5]) an, deren Vorschriften sich ebenmäßig auf die Frage, ob, und auf die Frage, in welcher Höhe Schaden vorhanden sei, beziehen. Der §. 6, namentlich der dritte Absatz desselben, kommt dafür nicht mehr in Betracht. Daß da, wo es auf besondere thatsächliche Prämissen ankommt, von denen die Schätzung der Höhe abhängt, freie Prüfung der Wahrheit nach dem allgemeinen Prinzip eintritt, ergibt sich von selbst.

b) Sowie darüber, ob, in welcher Art und in welcher Höhe Sicherheit zu bestellen ist. Die Einschiebung dieses Satzes rührt von der Reichstagskommission her. Er fehlte in der Regierungsvorlage. Zur Erläuterung desselben bieten die Reichstagsverhandlungen keinerlei Stoff[6]). Es wäre möglich ihn so zu verstehen, daß die Vorschrift nur besage, es solle, vorausgesetzt das Landesrecht kenne einen Rechtsanspruch auf Kautionsbestellung, das Gericht nach freiem Ermessen erwägen, ob im einzelnen Fall Grund zu einer Sicherheitsleistung und zu welcher gegeben sei. Alsdann könnte es nur in den Fällen, in welchen nach Landesrecht ein Recht auf Kaution begründet ist, überhaupt zu einer Kautionsbestellung und dabei zu einer Ausübung der hier beliebten freien Kognition über Art und Höhe derselben kommen. Allein dies erscheint nicht richtig. Vielmehr konstituirt die vorliegende

---

[5]) C.P.O. §. 260.

[6]) Der Antrag auf Aufnahme (Drucks. Nr. 65 unter 7) wurde ohne weitere Diskussion von der Kommission angenommen.

Bestimmung allgemeinhin ein, freilich von dem richterlichen Ermessen abhängiges Recht des Ersatzberechtigten auf Kaution. Auch wenn das Civilrecht des Landes überhaupt oder in verwandten Fällen gar nichts von einem Recht auf Kaution weiß, begründet §. 7 für die aus diesem Gesetz entspringenden Forderungen ein solches Recht in thesi, und zwar lediglich unter der Voraussetzung, daß bei der Verurtheilung zum Schadensersatz noch „nach Würdigung aller Umstände" die Bestellung einer solchen gerechtfertigt erscheint[7]).

Insofern enthält §. 7 entschieden eine materiellrechtliche Bestimmung[8]).

aa) Vorausgesetzt wird daher, daß das Recht auf Sicherheitsleistung von dem Berechtigten geltend gemacht wird. Das Gericht hat nicht von Amtswegen darauf zu erkennen. Dafür, daß ein Antrag erforderlich ist, spricht auch der dritte Absatz des §. 7[9]).

Allein, wann und in welcher Weise kann der Antrag gestellt werden? Unzweifelhaft bei Gelegenheit der Geltendmachung des Schadensersatzes, also in dem Haftpflichtprozeß, so daß dann das Gericht in dem Urtheil, das die Höhe des Schadensersatzes festsetzt, zugleich über den Antrag auf Sicherheitsleistung entscheiden wird. Soviel darf wohl als ausgemacht gelten, daß der Antrag nicht gerade schon in der Klage mit der Bitte auf Verurtheilung zum Schadensersatz verbunden zu sein braucht. Gewiß kann er auch noch nachher im Laufe des Verfahrens bis zum Urtheil gestellt werden. Dafür spricht wieder der dritte Absatz des §. 7.

Aus diesem erhellt aber ferner, daß, wie es nicht anders sein kann, der Berechtigte auch nachträglich, d. h. nachdem der Schadensersatz zuerkannt worden ist, ohne daß zugleich Sicherheitsleistung angeordnet wurde, Sicherheitsleistung begehren kann. So bleibt nur noch die Frage übrig, ob das Recht auch schon ausgeübt werden darf, bevor Klage auf Schadensersatz erhoben worden ist. Man wird nicht verkennen, daß das wohl nur selten, ganz ausnahmsweise vorkommen wird. Indessen liegt kein Grund vor, die Möglichkeit zu versagen. Immerhin sind Fälle denkbar, in denen der Berechtigte ein Interesse daran hat, die Kautionspflicht im Voraus für seinen noch nicht durch Klage erhobenen Schadensersatzanspruch anerkannt zu sehen. Die

---

7) S. auch Entsch. des R.G. Bd. 3 S. 22.

8) S. auch Eger S. 515.

9) S. gegen Frantz S. 17 Nr. 3. Eger S. 515.

Behauptung, die Normirung der Höhe der Kaution setze Feststellung der Schadenshöhe selbst voraus[10]), ist nicht stichhaltig. Sicherheitsleistung für qualitativ und quantitativ noch nicht fixirte Ansprüche ist keineswegs ganz ungewöhnlich. Und aus der Fassung des ersten Absatzes des §. 7 läßt sich das Gegentheil nicht folgern. Das Recht auf Sicherheitsleistung geht nach dem koordinirenden Ausdruck „sowie", der freilich auch darauf hinweist, daß in demselben Urtheil, das den Schadensersatz zubilligt, zugleich über die Nothwendigkeit einer Kautionsbestellung, Antrag des Klägers voraussetzt, zu entscheiden ist, durchaus selbständig neben dem Recht auf den Schadensersatz her[11]). Selbstverständlich ist, um das Recht auf Sicherheitsbestellung durchzuführen, das Vorhandensein des Schadensersatzanspruchs mindestens wahrscheinlich zu machen. Insofern, aber auch nur insofern läßt sich von einem accessorischen Verhältniß zu dem letzteren reden[12]).

Die Form, in der die Geltendmachung des ersteren erfolgen kann, ist entweder die eines Antrags auf einstweilige Verfügung oder einer förmlichen Klage. Die Feststellungsklage der Civilprozeßordnung[13]) eignet sich unstreitig auch zur Erwirkung eines Urtheils, daß ein Recht auf Sicherheitsleistung bestehe. Aber auch Klage auf einen vom Gericht zu bemessenden Betrag der Kaution kann nicht abgeschnitten sein, da eben §. 7 Absatz 1 ein materielles Recht auf Sicherheitsleistung dem Haftpflichtberechtigten gewährt und eine annähernde Schätzung der Höhe nach freiem Ermessen keineswegs unmöglich, ja sogar dem Absatz 3 des §. 7 zufolge, wonach selbst die scheinbar fixirte Sicherheitsleistung nur eine approximative ist, sehr natürlich erscheint.

Der innere Grund, aus dem das Gesetz ein Recht auf Sicherheitsleistung zuspricht und der das freie Ermessen des Gerichts immer leiten wird, ist die Rücksicht auf die Vermögensverhältnisse des Verpflichteten. Diese kann aber auch schon vor Anhängigmachen des Haftpflichtanspruchs selbst soviel Beachtung fordern, daß die Auferlegung einer Kautionsbestellung durchaus gerechtfertigt erscheint; zumal da, wenn man dies nach §. 7 verleugnen wollte, niemals abgeschnitten sein könnte, auch schon vor dem Prozeß einen Arrest oder eine einstweilige Verfügung nach der Civilprozeßordnung zu erwirken; Maß-

---

[10]) Eger S. 515 a. E.

[11]) S. auch Genzmer Nr. 132.

[12]) Mit Westerkamp S. 702, III.

[13]) Der C.P.O. §. 231.

regeln, die dem Haftpflichtgläubiger nicht minder als jedem anderen Gläubiger zustehen.

bb) Nach der zu einer Beschränkung keinerlei Anhalt bietenden Fassung des ersten Absatzes des §. 7 erstreckt sich das Recht, Sicherheitsleistung zu verlangen, auf die Fälle, in denen der Schadensersatz in Gestalt eines Kapitals gefordert, zuerkannt oder zuzuerkennen ist, ebenso gut wie auf die Fälle, in denen es sich um Schadensersatz in Gestalt einer Rente handelt. Wenn gleich namentlich die Fürsorge für den in die Zukunft hinein reichenden Rentenbezug dazu bestimmt hat, die Vorschrift in das Gesetz aufzunehmen, so ist doch nicht der mindeste Grund, deren Anwendung in den ersteren Fällen zu versagen. Ist das Kapital dem Forderungsberechtigten gezahlt, so ist freilich kein Grund mehr zu Sicherheitsleistung. Ist es noch nicht gezahlt, so kann derselbe Grund, der es rechtfertigt, für noch ausstehende Rentenleistungen Sicherheit zu gewähren, auch bei der noch ausstehenden ganzen oder theilweisen Kapitalleistung obwalten. Von diesem Gesichtspunkt aus kann man auch nicht absehen, warum bei Rentenleistung die Bestellung der Kaution nur für die zukünftig fällig werdenden, nicht für die fällig gewesenen, aber noch rückständigen Raten gefordert werden könne[14]). Gewiß liegt es im Wesen der Kaution, daß sie Schutz gegen eine künftige Beeinträchtigung des Rechts darbieten soll. Allein an der gerechten Sorge vor künftiger Beeinträchtigung fehlt es nicht, im Gegentheil erscheint sie besonders gerechtfertigt, wenn eine Leistung, die bereits fällig war, nicht erfüllt worden ist, also, worauf es ankommt, die Nacherfüllung in die Zukunft gerückt und darum zu einer unsichern gemacht wird. Es wäre in der That schlimm, wenn für nicht erfüllte fällige Verpflichtungen das Recht fehlen sollte, das für noch nicht fällige gegeben ist.

cc) Weiter kann noch die Frage aufgeworfen werden, ob nicht das Recht auf Sicherheitsleistung nach §. 7 auch da geltend gemacht werden kann, wo die Feststellung des Schadensersatzes, sei es als Kapital, sei es als Rente, außergerichtlich, oder gerichtlich wenigstens nicht durch Urtheil, sondern durch Vergleich oder Vertrag, erfolgt ist oder außergerichtlich erfolgen soll. Ist das Recht auf Sicherheitsleistung ein selbständiges neben dem gerichtlich zur Anerkennung gebrachten oder zu bringenden Recht

---

[14]) Wie Eger S. 54 unter Berufung auf Förster, Theorie u. Prax. des Preuß. Privatrechts §. 48 behauptet.

auf Schadensersatz, so läßt sich ein innerer Grund nicht absehen, aus dem es verweigert werden müßte, wo über den zu leistenden Schadensersatz eine Einigung der Betheiligten stattgefunden hat. Die Sorge für die Sicherung der vertragsmäßigen Leistung erscheint gewiß ebenso berechtigt, wie die Sorge für die Sicherung der judikatmäßigen. Man wird daher füglich den §. 7 Absatz 1 und auch Absatz 3 auf die ersteren mitbeziehen dürfen und den Antrag auf gerichtliche Anordnung einer Kautionsbestellung zulassen, wenn es bei der Einigung über den Schadensersatz unterlassen worden ist, darüber eine Vertragsbestimmung aufzunehmen.

dd) Das Gericht hat unter den vorberührten Voraussetzungen, unter Würdigung aller Umstände nach freiem Ermessen, d. h. nach derselben Methode, die es bei Feststellung der Höhe des Schadensersatzes anwenden soll, zu erkennen[15]),

1) ob eine Sicherheit zu bestellen ist; d. h. ob die Lage der Dinge so beschaffen ist, daß die Sicherheitsleistung geboten erscheint. Die Punkte, die dafür maßgebend erscheinen und die der Berechtigte nöthigenfalls darzulegen hat, sind: einmal die Existenz des Haftpflichtanspruchs, die erforderlichen Falles wenn nicht sicher nachgewiesen, doch wenigstens glaubhaft gemacht werden muß, sodann das Bedürfniß der Sicherung, wofür einestheils der Vermögenszustand des Verpflichteten, anderentheils aber auch die Lage des Berechtigten in Betracht kommen wird. Ueber dies alles hat der Richter vollkommen frei zu befinden;

2) in welcher Art die Sicherheit zu leisten ist. Auch das entscheidet sich nach freiem Ermessen. Der vorliegende Satz gestattet Anwendung eines jeden Mittels, welches überhaupt zum Zwecke der Sicherheitsleistung gebraucht werden kann; also eines jeden, das nicht nach dem für ihn geltenden materiellen Civilrecht reprobirt erscheint. Der Richter darf nicht Mittel anwenden, deren Anwendung ihm untersagt ist. „In welcher Art" gibt ihm im Uebrigen die diskretionäre Auswahl unter allen für ihn rechtlich möglichen Mitteln.

Die Bestimmung der Civilprozeßordnung, welche sich auf die Art der Bestellung einer prozessualischen Sicherheit bezieht[16]), leidet hier, wo es sich um eine materiellrechtliche handelt, keine Anwendung.

---

[15]) S. oben S. 159.

[16]) C.P.O. §. 101.

Es kann deshalb nur auf das, zur Zeit noch partikulare, bürgerliche Recht verwiesen werden;

3) in welcher Höhe Sicherheit zu leisten ist. Natürlich braucht der Richter nicht gerade Sicherheit in demselben Betrag, in dem der Schadensersatz zu leisten ist, aufzuerlegen. Die Höhe der Sicherheit hängt von der Beantwortung der Frage ab, wieviel nothwendig oder angemessen erscheint, um die Erfüllnng der Haftpflichtschuld zu garantiren. Darüber wird nach freiem Ermessen entschieden[17]).

ee) An den ersten Satz des ersten Absatzes schließt sich dann der dritte Absatz seinem Inhalte nach unmittelbar an, dessen Erläuterung, um in der Ordnung des Gesetzes zu bleiben, erst unten vorzunehmen ist.

2. Sodann handelt es sich in dem zweiten Satz des ersten Absatzes und in dem ganzen zweiten Absatz des §. 7 um die Zuerkennung insonderheit des Ersatzes für den zukünftigen Unterhalt oder Erwerb.

Beerdigungskosten werden in dem Betrage, in dem sie aufgewendet worden sind, ersetzt und im Urtheil zugebilligt. Dasselbe gilt von den Heilungskosten, obwohl an sich denkbar ist, daß nicht blos die bereits geschehene, sondern auch die erst bevorstehende Aufwendung Berücksichtigung zu finden hat. Der §. 7 erwähnt wenigstens nichts davon, daß dafür eine Rente ausgeworfen werden könne[18]). Doch hat die oberste Instanz die Möglichkeit anerkannt[19]), daß bei dauernder Kränklichkeit für unausgesetzte Pflege u. dgl. Heilungskosten in Form einer erhöhten Rente zugesprochen werden können. Dagegen handelt es sich bei dem Ersatz für aufgehobene oder verminderte Erwerbsfähigkeit und für entzogenen Unterhalt sowohl um Ersatz für die Vergangenheit als für die Zukunft. Während der Ersatz für die Vergangenheit jedenfalls in einer einmaligen Summe sich ausdrückt, muß bei dem Ersatz für die Zukunft die Frage entstehen, ob dieser besser in Gestalt eines Kapitals oder in Gestalt einer Rente zugebilligt wird.

a) Darüber entscheidet der zweite Satz des ersten Absatzes des §. 7. Er lautete in der Regierungsvorlage: auch unterliegt es dem

---

[17]) In Uebereinstimmung mit C.P.O. §. 104 Abs. 1. — Inwiefern von demjenigen, bei dem er Unfallsversicherung genommen hat, der haftpflichtige Unternehmer auch die Bestellung der Sicherheit verlangen kann, zu der er verurtheilt ist, s. Entsch. des R.G. Bd. 3 Nr. 13.

[18]) Eger S. 521.

[19]) Entsch. des R.G. Bd. 3 Nr. 2.

richterlichen Ermessen, ob ein Schadensersatz in einer Rente oder in Kapital zuzubilligen ist. Man wollte nach den Motiven nur Zweifeln vorbeugen, die in der Praxis darüber bestanden, ob die richterliche Diskretion so weit reiche[20]). Für und wider die Gerechtigkeit und Angemessenheit einer Ausgleichung in Rentenform ist lebhaft gestritten worden[21]). Doch wurde schließlich der Satz in der Fassung, welche von der freien Kommission vorgeschlagen worden war, gutgeheißen.

Durch die Worte „als Ersatz für den zukünftigen Unterhalt oder Erwerb" wird, so schlecht der Ausdruck erscheint, klar, daß der Schadensersatz gemeint ist, der in Gemäßheit des §. 3 wegen der durch den Unfall verursachten Erwerbsunfähigkeit oder Verminderung der Erwerbsfähigkeit[22]), sowie der Schadenersatz wegen des durch den Tod des Verletzten entzogenen Unterhalts für die nach dem Gesetz zu dessen Bezug berechtigten Personen; und zwar „der zukünftige" Unterhalt oder Erwerb, d. h. richtiger ausgedrückt, der aus einem dieser Gründe für die Zukunft zu leistenden Schadensersatz. Hier drängt sich, weil ungewiß ist ob und wie lange der Berechtigte in der Lage sein wird, wegen der Störung seiner Erwerbsfähigkeit oder wegen des Verlustes seines Unterhalts Ansprüche zu machen, die Erwägung auf, ob nicht die Zuerkennung einer Rente angemessener ist, als die Zuerkennung eines Kapitals. Für die Vergangenheit fällt die Rücksicht hinweg. Der für diese zu leistende Ersatz ist ein bestimmter bereits fälliger Betrag. Ob dieser der Form nach sich als eine einmalige Totalsumme, oder als eine pro Jahr, Quartal oder Monat für den betreffenden Zeitraum ausgemessene, mehrmalige Summe darstellt, ist gleichgültig.

Die Art, wie der Richter den zukünftigen, noch nicht fälligen Schadenersatz zubilligen soll, ist nun folgendergestalt vorgeschrieben.

aa) Bei Einverständniß der Parteien hat ihn der Richter unbedingt in Gestalt eines Kapitals zuzuerkennen. Dies erhellt aus dem Zwischensatz: „wenn nicht beide Theile über die Abfindung in Kapital einverstanden sind". Der Ausdruck „Abfindung" ist wenig glücklich gewählt. Darunter, wozu man an sich noch dem Wort geneigt sein könnte eine Abmachung zu verstehen, die vergleichsartig beschaffen, mit Aufgeben des strengen Rechts ver-

---

[20]) Die Mot. S. 13 führen als Beleg an Seuffert, Ann. Bd. 14 Nr. 235.

[21]) St.B. S. 500—502.

[22]) S. oben S. 99 ff.

bunden sein müßte, wäre natürlich irrig. Es kommt nur darauf an, daß beide Parteien im Prozesse über den einen Punkt einverstanden erscheinen: keine Rente, sondern Kapital. Das Einverständniß braucht nicht gerade auf ausdrücklicher Erklärung zu beruhen; es kann auch aus schlüssigen Thatsachen hervorgehen. Auf Grund der Versäumniß des Beklagten ohne weiteres Einverständniß anzunehmen, wenn der Kläger Zuerkennung eines Kapitals beantragt hat[23]), geht nicht an, da die Folge des Zugeständnisses sich nur auf das thatsächliche mündliche Vorbringen des Klägers bezieht. Die Forderung eines Kapitals ist keine Thatsachenbehauptung des Klägers. Mithin ist in solchem Falle der Richter keineswegs gebunden, ein Kapital zuzuerkennen, vielmehr in seiner Erwägung, ob Kapital oder Rente, auf die folgenden Bestimmungen verwiesen.

bb) Sonst, d. h. wenn nicht Einverständniß der Parteien über die Leistung einer einmaligen Summe vorliegt, ist in der Regel eine Rente zuzubilligen. Dies ist der Natur der Sache nach, für den zukünftigen Unterhalt oder die zukünftige Deckung des Mangels an Erwerbsfähigkeit nicht blos angemessener, sondern gerechter als die Zuerkennung eines Kapitals[24]), da sich bei dem Bezug einer Rente namentlich den in den Verhältnissen eintretenden Veränderungen Rechnung tragen läßt. Rente ist eine periodische, an bestimmten Terminen zu entrichtende Leistung, die ganz oder theilweise in Geld oder Naturalien bestehen kann.

Wird Rente gefordert, so hat natürlich der Fordernde die Voraussetzung der Rentenbewilligung, also in die Zukunft hineinreichende Störung der Erwerbsfähigkeit oder des gesetzlichen Rechts auf Unterhalt zu behaupten und nöthigenfalls nachzuweisen. Entscheidend ist dabei der Zeitpunkt der Klagerhebung. Es ist daher, wenn ersichtlich ist, daß er nach der Verletzung zeitweise erwerbsunfähig oder vermindert erwerbsfähig geworden ist, darzuthun, daß der Zustand zur Zeit der Klagerhebung noch fortgedauert hat, weil dafür keine Vermuthung streitet. Dagegen liegt es dem Haftpflichtigen alsdann ob, seinerseits zu beweisen, daß etwa während des Prozesses die Erwerbsunfähigkeit oder Verminderung der Erwerbsfähigkeit beseitigt worden sei[25]).

Analog verhält es sich mit dem Nachweis der Voraussetzungen des Schadensersatzes wegen entzogenen Unterhalts. Auch da muß

[23]) Eger S. 523 Nr. 102 a. E.

[24]) S. über die Reichstagsverhandlungen Eger S. 524.

[25]) Entsch. des R.O.H.G. v. 12. März 1878 bei Eger S. 309.

erkennbar sein, daß zur Zeit der Klagerhebung das Recht auf Alimente, sowie, wo dies nach Beschaffenheit des Alimentenanspruchs nöthig ist, die Bedürftigkeit vorliegt, wogegen es Sache des Beklagten ist, das während des Prozesses eingetretene Aufhören geltend zu machen.

Welchen Einfluß es hat, wenn erst nach Beendigung des Prozesses durch Urtheil die Erwerbsunfähigkeit oder Verminderung der Erwerbsfähigkeit, des Alimentenrechts oder die Bedürftigkeit in Wegfall kommt oder sich verändert, ergibt der zweite Absatz des §. 7.

Wie der Betrag und die Zeitdauer der Rente zu bemessen ist, ergibt sich aus demjenigen, was zu §. 3 über die betreffenden Schadensersatzkategorien angeführt worden ist. Es sind dabei alle Umstände in Betracht zu ziehen, die sich zur Zeit des Urtheils übersehen und würdigen lassen. Bei der Festsetzung der Dauer des Rentenbezugs für Kinder kommt es namentlich darauf an, ob, wie gewöhnlich angenommen werden kann, daß sie mit Eintritt eines gewissen Alters erwerbsfähig sein werden, oder ob, was freilich als ein besonderer Fall erscheint, darüber hinaus dauernde Erwerbsunfähigkeit und daher Unterhaltsberechtigung zu unterstellen ist[26]).

So sehr es Pflicht des Richters erscheint, die hiernach zu berücksichtigenden Momente zu berücksichtigen, so liegt es doch in der Natur der Sache, daß dabei das freie Ermessen großen Spielraum hat. Auch darüber, nach welchem Maßstabe, wenn die Höhe des zu ersetzenden Schadens ermittelt ist, anstatt des vom Kläger geforderten Kapitals die vom Richter für richtiger befundene Rentenleistung zu bestimmen ist, gibt das Gesetz keine Vorschrift. Selbstverständlich wird sich die Vergleichung des Kapitalsbetrags und des Zinsfußes zum Anhalt nehmen lassen. Allein von einer formellen Bindung an den, ohnehin nicht gleichmäßigen, gesetzlichen Zinsfuß ist keine Rede. Ja es kann nicht einmal die petitio principii aufgestellt werden, daß der Richter allemal erst das Kapital zu berechnen und dann in Rente umzuwandeln habe, da das Gesetz Kapital und Rente nebeneinander zur Wahl stellt. Im Wesentlichen kann also auch in dieser Beziehung nur das Ermessen entscheiden[27]).

---

[26]) Vgl. oben §. 3 Not. 77.

[27]) Eger S. 526 ist auch an dieser Stelle gegen freies Ermessen, findet eben nichts anderes; als Verweisung auf die (etwaigen!) positiven Landesgesetze über die Umwandlung von Kapital in Rente.

Indessen ist der Richter nur angewiesen „in der Regel" auf Rente zu erkennen. Dadurch wird die Vorschrift doch wieder der Diskretion des Gerichts überlassen und im Wesentlichen zu einem guten Rath herabgedrückt. Ohne die vollste Pflichtmäßigkeit zu verletzen, kann das Gericht aus irgend welchen Momenten Grund schöpfen, von der Regel abzuweichen. Die Entscheidung wird wichtig wegen des folgenden Absatzes. Umsomehr muß sich das Gericht veranlaßt fühlen, von der diskretionären Gewalt, die ihm gestattet, auch von der Rente abzugehen, Gebrauch zu machen[28]).

Die Gründe, aus denen der Richter sich zu einem Abgehen von der Regel bewogen fühlen kann, sind rein thatsächlicher Art. Daher ist seine Entscheidung in keinem Fall Gegenstand eines Angriffs durch Revision[29]).

Auch kann nichts entgegenstehen, nicht blos, wo Schadensersatz unter mehreren Rubriken gefordert ist, sondern auch da, wo nur Schadensersatz wegen des Unterhalts oder Erwerbs zuerkannt wird, diesen theils als Rente, theils als Kapital zuzubilligen. Dazu kann namentlich Veranlassung vorhanden sein, wenn der Schadensersatz zugleich für eine vergangene und zugleich für zukünftige Zeit Gegenstand des Streites ist.

Wie der Zahlungstermin, so muß auch bestimmt werden, über die Art der Zahlung der Rente, ob sie praenumerando oder postnumerando zu geschehen hat. Ein allgemeines Recht auf Pränumeration ist nicht gewährt. Da die Rente Entschädigung ist, wird man sagen müssen, daß sie so zu zahlen ist, wie sich nach der Beschaffenheit dessen ergibt, was durch sie ersetzt werden soll. Die Rente für entzogene Alimente kann daher, insofern die Alimente vorauszuliefern waren, in der Regel praenumerando gefordert werden; indessen kann es auch Fälle geben, in denen der Unterhalt und folglich auch die Entschädigungsrente postnumerando zu beziehen ist[30]). Vollends bei der Rente für Erwerbsunfähigkeit oder Verminderung der Erwerbs-

[28]) Wie St.B. S. 203 a. E. sehr richtig bemerkt wurde, wird der Ersatzberechtigte meist auf Kapital dringen und der Richter nicht immer geneigt oder im Stande sein, diese Forderung abzuwehren.

[29]) Wie auch früher nicht des Angriffs durch Kassationsrekurs; Eger S. 526—527.

[30]) Entsch. des R.O.H.G. Bd. 23 S. 219; des R.G. v. 10. Mai 1880 (Blum's Ann. Bd. 2 S. 190).

fähigkeit kommt es darauf an, wie der Erwerb, für dessen Verlust Ersatz durch die Rente geleistet wird, beschaffen erscheint. Empfing der Verletzte die Vergütung für seine Arbeitsthätigkeit in Vorausbezahlung, wie viele Staatsdiener, so ist füglich auch für die Rente der Anspruch aus Vorausbezahlung begründet. Wo der Erwerb theils prae-, theils postnumerando stattfand, mag, da die Rente füglich nicht theils im Voraus, theils nachträglich zu leisten sein kann, erwogen werden, ob das Eine oder das Andere am meisten gerechtfertigt ist. Wo der zu ersetzende Erwerb entschieden nur postnumerando empfangen wurde, kann billig auch nur die Rentenleistung in Postnumeration verlangt werden[31]). Nichts ist überhaupt natürlicher, als daß sich die Normirung der Entschädigung möglichst nach den Modalitäten der verloren gegangenen Bezüge richtet, die dadurch gedeckt werden sollen.

b) Hieran schließt sich der zweite Absatz des §. 7 an[32]). Er ist das Werk des Reichstags. Seine Bestimmung bezieht sich nur auf den Fall, wo ein Urtheil ergangen ist, welches die Schadensersatzpflicht in Bezug auf Unterhalt oder Erwerbsfähigkeit anerkannt und den Schadensersatz in Gestalt einer Rente zugebilligt hat. Auf außergerichtliche oder zwar gerichtlich, aber nicht durch Urtheil erfolgte Festsetzung einer Rente erstreckt sich seine Wirkung nicht; selbst dann nicht, wenn etwa über das Rentenbezugsrecht ein vollstreckbarer Titel erlangt ist. Ob in solchem Fall eine Anfechtung des Vertrags, Vergleichs u. s. w. wegen veränderter Umstände stattfindet, bestimmt sich nach dem sonstigen bürgerlichen Recht; ebenso, ob eine Anfechtung wegen Nichtigkeit möglich ist. Wie es zu halten[33]), wenn die Rente durch Schiedsspruch zuerkannt wurde, erscheint nicht ganz einfach. Gewiß hat man bei Erlaß des §. 7 unter dem Ausdruck „Zuerkennung" zunächst an ein von dem ordentlichen Gericht gefälltes Urtheil gedacht und den Schiedsspruch nicht daneben gestellt. Allein, in dieser Beziehung steht es jetzt anders. Wenn der Schiedsspruch in Gemäßheit der Civilprozeßordnung[34]) erlassen ist und demgemäß die Wirkungen

---

[31]) Entsch. des R.G. v. 10. Juli 1880 (Blum's Ann. Bd. 2 S. 479.

[32]) Der erste Satz beantragt in den Drucks. Nr. 65 unter 7, dann mit der Modifikation, die der zweite Satz enthält (Drucks. Nr. 78) angenommen; s. Stenogr. Bericht S. 502.

[33]) Eger S. 532 Nr. 105 z. A.

[34]) C.P.O. §. 866.

eines rechtskräftigen Urtheils hat, wird man nicht umhin können denselben mit dem gerichtlichen Urtheil auf gleiche Linie zu stellen. Der Ausdruck „Zuerkennung" paßt dann vollständig. Am wenigsten möchte man die Anfechtbarkeit nach §. 7 Abs. 2 abzulehnen geneigt sein, wenn gar auf den Schiedsspruch hin gerichtliches Vollstreckungsurtheil[35]) ergangen ist. Indessen läßt sich nicht verhehlen, daß gegen die Annahme, es könne auch Zuerkennung durch Schiedsspruch hieher bezogen werden, der Umstand spricht, daß in dem korrelaten zweiten Satz des Abs. 2 entschieden nur an Feststellung durch Gerichtsurtheil gedacht ist[36]).

Wo als Schadensersatz durch Judikat ein Kapital zugebilligt worden, ist die Haftpflichtverbindlichkeit endgültig erledigt; nicht blos insofern es sich um den Ersatz für die schon vergangene, sondern auch insofern es sich um den Ersatz für die Zukunft gehandelt hat. Was an Kapital durch rechtskräftiges Urtheil zugesprochen ist, unterliegt weder der Anfechtung wegen Irrthums der Parteien oder des Gerichts in der Feststellung, noch kann eine Abänderung aus dem Grund beantragt werden, weil die Verhältnisse, nach denen die Kapitalentschädigung bemessen wurde, sich nach dem Urtheil anders, als in diesem angenommen ist, gestaltet haben und bei der hiernach gegebenen Lage eine andere Bemessung stattgefunden haben würde. Es gibt kein Recht auf Erhöhung oder Verminderung des Betrags; ebensowenig ein Recht auf Umwandlung des Kapitals in eine Rente. Folgeweise ist auch niemals eine Rückforderung der nach Urtheil geleisteten Kapitalzahlung möglich. Das Recht auf die Haftpflichtsumme erweist sich in dieser Beziehung geradeso definitiv wie das Recht auf Bezug einer Assekuranzsumme.

Anders dagegen hat man die Zuerkennung einer Rente aufgefaßt. Nach der Natur der Rente hielt man die Rücksicht auf Veränderung in den Verhältnissen, nach denen sie quantitativ bestimmt worden, nicht nur für billig, sondern sogar für so gerecht, daß der sonst geltende Grundsatz der endgültigen Wirksamkeit des rechtskräftigen Urtheils nicht hindern dürfe, dieselbe zu üben. Was in den Verhandlungen des Reichstags[37]) für und wider diese Auffassung an theoretischen und praktischen Gründen angeführt wurde, ist hier nicht darzustellen und

---

[35]) C.P.O. §. 868.

[36]) S. unten nach Not. 73.

[37]) Stenogr. Berichte S. 499 ff., 617 ff.

zu beleuchten[38]). Sie ist durchgedrungen und zum Gesetz geworden, an dem nicht mehr die legislative Begründung, wohl aber die rechtliche Bedeutung untersucht werden muß.

Der zweite Absatz gewährt, mag nur eine Rente, oder mag sie neben einem Kapitalbetrag[39]) zuerkannt sein, ein Recht auf Modifikation der zuerkannten Rente; nämlich auf Aufhebung oder Minderung, aber auch auf Erhöhung oder Wiedergewährung. Darnach stellt die auf Rente lautende Sentenz, wenn dies nicht schon durch eine auf Feststellungsklage hin erfolgte, vorangegangene Sentenz geschehen ist, jedenfalls die Existenz der Haftpflicht definitiv fest, aber die Schadensersatzverbindlichkeit, welche daraus entspringt, nur provisorisch[40]), indem die zuerkannte Rentenleistung selbst trotz rechtskräftigen Urtheils wieder aufgehoben und später von neuem zuerkannt, oder gemindert, wieder erhöht oder noch mehr gemindert werden kann. Die quantitative Bemessung der Rente ist stets eine rebus sic stantibus erfolgte und daher fluktuirende, insofern das Recht besteht, jederzeit wegen veränderter Umstände eine anderweite Festsetzung des Quantums zu verlangen. Daß darin eine Abweichung von der definitiv abschließenden Wirkung des rechtskräftigen Endurtheils, wie sie bei Zuerkennung eines Kapitalbetrags vollständig gewahrt bleibt, gelegen erscheint, ist klar[41]). Mithin verbietet sich von selbst, die singuläre Maßregel des zweiten Absatzes irgendwie über dessen Wortlaut hin auszudehnen. Es kann namentlich keine Rede davon sein, daß wegen veränderter Umstände etwa auch Umwandlung der Rente in einen Kapitalbetrag gefordert werden dürfe[42]).

Um die Fälle, auf welche sich der zweite Absatz des §. 7 bezieht, näher zu präzisiren, müssen vor allem diejenigen ausgeschieden werden, in denen ein auf gewisse Zeit bewilligter Rentenbezug sein Ende erreicht hat. Wird, nachdem dies geschehen, weitere Rentenleistung verlangt, so ist das ein neuer Anspruch, der, sei es auf Grund des Fortbestehens der früher nur für zeitweilig vorhanden angesehenen, sei es

---

[38]) S. darüber ausführlich Eger S. 527—532, dem wie alles, was das Gesetz enthält, auch der Abs. 2 durchaus löblich erscheint.

[39]) S. oben S. 173 nach Not. 29.

[40]) Entsch. des R.G. Bd. 2 S. 3.

[41]) Eine gewisse Analogie bietet die Möglichkeit einer Aufhebung der rechtskräftig erkannten Entmündigung nach C.P.O. §§. 616 ff., §. 625; sowie die Aufhebung des Arrestes wegen veränderter Umstände nach §. 807.

[42]) S. unten Not. 51.

auf Grund modifizirter, anderer Verhältnisse erhoben wird. Die Möglichkeit eines solchen, wo sich das Urtheil zunächst nur für eine zeitlich limitirte Rente entschieden hat, ist offenbar. Ueber die Zeitgrenze hinaus ist noch nichts bekannt; selbst dann nicht, wenn das Urtheil ausdrücklich eine größere Zeitausdehnung abgelehnt hat. Die Bewilligung nur ad tempus schneidet niemals alles weitere ab. Dabei versteht es sich von selbst, daß der Fordernde die Voraussetzungen dieses seines weiteren Anspruchs darzuthun hat. Die in fernere Zeit reichende Störung des Erwerbs oder Unterhalts muß gerade so nachgewiesen werden, wie wenn es sich um erstmalige Geltendmachung handelte.

Hier stehen nur die Fälle in Frage, in denen der im Urtheil für die Zukunft, sei es zeitweise, d. h. mit zeitlicher Grenze, sei es dauernd, d. h. ohne zeitliche Grenzbestimmung, zuerkannte Rentenbezug vermöge der judikatmäßigen Zuerkennung noch im Lauf begriffen ist. Wie sehr es da eigentlich drängt, die rechtskräftige Bewilligung für eine unabänderliche zu betrachten, hat man insofern nicht verleugnet, als der Verpflichtete nicht für berechtigt gilt, nachdem im Urtheil als Folge des Unfalls dauernde Erwerbsunfähigkeit festgestellt worden, sich durch die Behauptung, von der Rentenleistung zu befreien, daß auch ohne den Unfall die Erwerbsunfähigkeit eingetreten sein würde[43]). Und es leuchtet ein, daß der zu Grunde liegende Gedanke auch für die Feststellung der verminderten Erwerbsfähigkeit, sowie der Unterhaltspflicht und Bedürftigkeit verwendbar ist. Auf Erhaltung der definitiven Judikatswirkungen zielt es auch ab, wenn festgehalten wird, daß solche Veränderungen der Verhältnisse, die schon in dem Prozeß bestimmt vorauszusehen waren, geltend gemacht und bei der Urtheilsfällung berücksichtigt werden konnten, nicht als Grund zu einer nachträglichen Modifikation der Rente dienen[44]).

In den beiden Sätzen des zweiten Absatzes wird nun das Recht des Verpflichteten und das Recht des Verletzten auf Modifikation der Rentenzuerkennung unterschieden.

aa) Nach dem ersten kann der Verpflichtete, d. h. derjenige, dem durch Richterspruch[45]) die Leistung der Rente als Folge der Haftpflicht auferlegt worden ist, jederzeit die Aufhebung oder Min-

---

[43]) Entsch. des R.O.H.G. Bd. 23 S. 47.

[44]) Entsch. des R.O.H.G. Bd. 22 S. 154.

[45]) S. oben bei Not. 34.

derung der Rente fordern, wenn u. s. w. Die Frage, ob auch der Versicherer, bei dem der Verpflichtete Deckung wegen der Haftpflicht genommen hat, in Folge der Cession des Rechts des Verpflichteten gegen den Rentenbezugsberechtigten, die nach den Versicherungsbedingungen vorbehalten ist, das Recht auf Aufhebung oder Minderung der Rente in eigenem Namen geltend machen kann, ist verneint worden, ohne zu entscheiden, ob auch die Möglichkeit der Geltendmachung im Namen des Verpflichteten zu versagen sei[46]).

Jederzeit, das heißt: nach der definitiven Zuerkennung, solange die Verbindlichkeit zur Leistung der Rente dauert, zu jedem Zeitpunkt. Nicht in dem anhängigen Streit; denn es wird entschieden erfolgte „Zuerkennung“ vorausgesetzt. Solange der Streit noch nicht beendigt, hat der Verpflichtete in diesem hinlängliche Gelegenheit, nöthigenfalls auch durch Rechtsmittel, alle für die Ausmessung der Rente erheblichen Momente zur Geltung zu bringen[47]). Von seinem Recht auf Aufhebung oder Minderung der Rentenfestsetzung kann der Verpflichtete nicht blos einmal, sondern unter den geeigneten Voraussetzungen auch mehrmals Gebrauch machen, wenn nämlich die Umstände, welche für die Entscheidung über einen früheren Aufhebungs- oder Minderungsantrag maßgebend waren, sich später geändert haben[48]).

Aufhebung ist die gänzliche Einstellung der Rentenleistung, Minderung die Herabsetzung des zuerkannten Betrags. Es leidet keinen Zweifel, daß beide Maßregeln, natürlich in eventueller Bedeutung, in demselben Petitum verlangt werden dürfen. Ebenso ist es nach dem Prozeßrecht unzweifelhaft, daß das Gericht wohl statt der gebotenen Aufhebung Minderung aussprechen, nicht aber über das Verlangen bloßer Minderung hinaus Aufhebung verfügen kann.

Die Aufhebung oder Minderung der Rentenleistung muß dann selbstredend auch die Aufhebung oder Verminderung einer dafür bestellten Sicherheit nach sich ziehen.

Die Aufhebung oder Minderung, die erzielt wird, ist selber wieder nur eine provisorische. Wie die Abminderung gegenüber von der einen Seite demnächst noch beträchtlichere Minderung, von der anderen Erhöhung, so kann der Aufhebung gegenüber Wiedergewährung gefordert werden. Dies ergibt sich nach Absatz 2. Es zeigt sich mithin,

---

[46]) Entsch. des R.G. Bd. 1 Nr. 117.

[47]) S. auch unten vor Not. 54.

[48]) S. auch Eger S. 533 a. E. Genzmer S. 135 Nr. 6 Abs. 2.

daß die Zuerkennung überall nur vorläufig wirkt, die Existenz des Rentenbezugs und seinen Betrag fortwährend der nachträglichen Abänderung ausgesetzt sein läßt. Letztere wird auch dadurch nicht gehindert, daß seither die Leistung nach Maßgabe der stattgehabten Zuerkennung wirklich erfolgt ist.

Nach dem Ausdruck des Gesetzes „kann — fordern" stellt die Befugniß, Aufhebung oder Verminderung zu verlangen, einen selbständigen, unter bestimmter Voraussetzung nach dem Gesetz begründeten Anspruch dar. Eines desselbigen Vorbehaltes in der Entscheidung, welche die Rente festsetzt, bedarf es sicher nicht. Es ist sogar erkannt worden, daß Aufnahme desselben in die Entscheidung nicht einmal verlangt werden kann[49]).

Die Voraussetzung des Anspruchs ist, daß diejenigen Verhältnisse, welche die Zuerkennung oder Höhe der Rente bedingt hatten, inzwischen wesentlich verändert sind.

Unter den bedingenden Verhältnissen sind gemeint alle die thatsächlichen Grundlagen, auf welche hin die Zuerkennung der Rente und die Festsetzung des Betrags derselben stattgefunden hat. Dahin gehören namentlich solche, welche die Person des Bezugsberechtigten, seine Erwerbsunfähigkeit oder Fähigkeit, Unterhaltsrecht oder Bedürftigkeit, betreffen; aber auch außerhalb seiner Person, z. B. Sinken der Preise, Veränderung der Löhne und andere Konjunkturen, gelegene, objektive Umstände, die sehr wohl wenigstens für die Bemessung des Betrags, von Einfluß sein können[50]). Die Ausdrücke „Zuerkennung oder Höhe" stehen offenbar in Beziehung zu „Aufhebung oder Minderung" im ersten und zu „Erhöhung und Wiedergewährung" im folgenden Satz. Daran wird man sich halten müssen. Dem blanken Wortlaute nach könnte man freilich versucht sein, so zu lesen: welche überhaupt die Zuerkennung einer Rente (oder deren Höhe). Man würde damit zu dem Resultate kommen, daß wegen veränderter Verhältnisse auch jederzeit die Umwandlung der Rente in ein Kapital gefordert werden könne. Und wenn auch der Verpflichtete dazu nur ausnahmsweise Grund finden möchte, insofern ihm im Durchschnitt die Rente lieber sein wird, so würde doch die Möglichkeit, daß der Verpflichtete einen solchen Antrag stellen kann, hinreichen zu der Annahme, daß mit demselben Recht auch dem Berechtigten die Befugniß

49) Entsch. des R.O.H.G. Bd. 14 S. 373.

50) Entsch. des R.O.H.G. Bd. 22 S. 154.

zustehe, Umwandlung der zugebilligten Rente in ein Kapital wegen veränderter Verhältnisse zu verlangen. Eine so weit gehende Wandelbarkeit der Kondemnation müßte aber deutlich ausgesprochen sein; und das ist nicht der Fall[51]).

Es wird verlangt, daß diese Verhältnisse inzwischen geändert sind. Das heißt zunächst: seit der Zuerkennung der Rente in der seitherigen Höhe bis zu dem Zeitpunkt, wo die Aufhebung oder Minderung gefordert wird. Verhältnisse, die an dem ersten Zeitpunkt schon vorhanden waren, können nicht zur Begründung des Anspruchs auf Aufhebung oder Minderung benutzt werden[52]). Aber der veränderte Zustand muß auch da noch vorhanden sein, wo das Gericht über diese Forderung zu entscheiden hat. Denn, wenn etwa nachweislich in der Zeit zwischen dem Antrag auf Aufhebung oder Minderung und der Entscheidung über denselben die Aenderung aufgehört hat, wieder der frühere Zustand eingetreten ist, kann natürlich nicht Aufhebung oder Minderung verfügt werden. Darauf deutet auch der Ausdruck „geändert sind" nicht „sich geändert haben" hin. Blos vorübergehend eingetreten gewesene, nicht mehr vorhandene Aenderungen kommen ebensowenig in Betracht wie noch vorhandene, die als nur vorübergehende zu betrachten sind[53]).

Ob die Verhältnisse „verändert" sind, muß die Vergleichung derjenigen, welche jener Sentenz zu Grunde liegen, mit denjenigen, welche der Forderung einer Modifikation zu Grunde gelegt und von dem Richter erkannt werden, ergeben. Unmöglich kann — trotz des ungeschickten Wortlautes — die Thatsache entscheiden, daß irgend einmal in der Zwischenzeit die Verhältnisse sich geändert haben, wenn diese Aenderung nicht zu der Zeit besteht, wo der Richter eine neue Feststellung bewirken soll.

Unwesentliche Veränderungen kommen überall nicht in Betracht. Denn §. 7 setzt voraus, daß die Verhältnisse „wesentlich" verändert sind. Dem Gericht wird mithin auch die Entscheidung über die Wesentlichkeit und Unwesentlichkeit der eingetretenen Veränderungen übertragen, und, da diese nur nach freiem Ermessen erfolgen kann, erscheint die Willfahrung des Abänderungsantrags wiederum durchaus in die pflichtmäßige Diskretion des Richters gestellt. Nur von der

---

[51]) S. auch Eger S. 539.

[52]) Entsch. des R.G. Bd. 5 Nr. 25.

[53]) S. unten.

Thatsache der Veränderung hängt diese Art von Retraktation der Frage, welche Rente dem Berechtigten gebühre, ab. Irrthum der Parteien in dem früheren Verfahren in Betreff der maßgebenden Verhältnisse ist ebenso bedeutungslos, wie Irrthum des Gerichts bei der früheren Zuerkennung keinen Grund zu einem Antrag nach §. 7 Absatz 2 darbietet. Da kann nur die Frage sein, ob eine Anfechtung der Zuerkennung mit Rechtsmitteln möglich ist[54]). Indessen hat die oberste Instanz allerdings eine andere Ansicht ausgesprochen; nämlich dahin, es komme nur darauf an, daß zur Zeit, d. h. der Entscheidung über den Abänderungsantrag, die früher als maßgebend zu Grunde gelegten Verhältnisse andere geworden seien, in Wirklichkeit nicht existiren, gleichviel ob sie in der Vergangenheit bestanden haben, oder irrig als bestehend angesehen worden waren[55]).

Welche Veränderungen als wesentliche erscheinen, läßt sich kasuistisch nicht definiren. Nur soviel läßt sich sagen, daß der nunmehr vorhandene Zustand ein solcher sein muß, der, wenn er bei der früheren Zuerkennung vorhanden gewesen wäre, einen einsichtigen Richter bestimmt haben würde, überhaupt keine Rente oder wenigstens nicht Rente in der bisherigen Höhe zuzubilligen. In der letzteren Beziehung wird auch nur dann der Begriff der Wesentlichkeit für erfüllt gelten dürfen, wenn es sich um eine erhebliche Differenz handelt. Veränderungen, die höchstens eine geringfügige Herabsetzung der Rente rechtfertigen, können nicht als wesentliche gelten. Ebenso wenig solche Umstände, die auch für die erste Zuerkennung gleichgültig sind, wie z. B. Veränderung der Vermögenslage bei dem Anspruch auf Unterhalt, wo letzterer gar nicht von Bedürftigkeit abhängt[56]).

Auch erscheint soviel gewiß, daß nur die Aenderung der Verhältnisse als eine wesentliche zu betrachten ist, die, wenn gleich nicht immerwährende, doch wenigstens eine erhebliche Dauer verspricht. Aenderungen, die zwar vorhanden sind[57]), aber nach gerechtfertigter Voraussicht in nicht langer Zeit wieder beseitigt sein werden, begründen keinen Anspruch auf Umgestaltung des Rentenbezugs.

Wie in Bezug auf die Beurtheilung, ob eine wesentliche und darum zur Aufhebung oder Minderung der Rente Grund abgebende

---

[54]) S. oben Not. 47.

[55]) Entsch. des R.O.H.G. Bd. 25 S. 219; eine Ansicht, die Genzmer S. 138 mit Recht als bedenklich bezeichnet.

[56]) Jakobi S. 36.

[57]) Ueber bereits erledigte s. oben nach Not. 42.

Aenderung vorliegt, alles auf die konkreten Verhältnisse ankommt, lehrt insbesondere auch die Behandlung des Falls, wo eine als Unterhaltsberechtigte im Bezug einer Rente befindliche Wittwe sich wieder verheirathet. Nur im einzelnen Fall kann entschieden werden, ob eine Aufhebung oder Minderung ihrer Rente deshalb gerechtfertigt ist, weil sie bei dem neuen Ehemann Unterhalt findet[58]); vorausgesetzt, daß überhaupt die Bedürftigkeit bei ihrem Unterhaltsrecht in Frage kommt[59]).

Ebenso bedarf es der Prüfung nach Maßgabe des einzelnen Falles, ob der Umstand, daß der Rentenbezugsberechtigte aus einem von der erlittenen Körperverletzung ganz unabhängigen Grund, freiwillig oder gezwungen, in völlige Erwerbsunfähigkeit oder geminderte Erwerbsfähigkeit gerathen ist, Aufhebung oder Minderung der Rente rechtfertigt. Dies ist da, wo derselbe durch Begehen eines Deliktes in längere Strafhaft gefallen war, bejaht worden[60]). Allein es leuchtet ein, daß nicht jede gezwungene Freiheitsentziehung dieselbe Wirkung haben kann, und daß noch weniger jede von dem Berechtigten freiwillig herbeigeführte Veränderung seiner Lage dem Verpflichteten Anspruch auf Aufhebung oder Minderung zu geben vermag.

Steigerung der Erwerbsfähigkeit des Verletzten als eines gewöhnlichen Arbeiters um ein Viertel ist als ein die Herabsetzung der Rente um eine gleiche Quote rechtfertigender Umstand angesehen worden.

Wie weit reicht aber das Recht auf Aufhebung oder Minderung der Rente? Das erscheint durchaus nicht unzweifelhaft[61]). Man kann keineswegs ohne weiteres behaupten, daß jedenfalls die Aufhebung oder Minderung sich nur auf diejenigen Rentenleistungen erstrecken dürfe, die erst nach dem Antrag auf Aufhebung oder Minderung oder gar erst nach der darauf ergangenen Entscheidung fällig werden[62]). Unstreitig läßt sich viel für die Berechtigung sagen, die Aufhebung oder Minderung auf alle Bezüge seit Eintritt der veränderten Umstände ausgedehnt zu sehen. Denn das Gesetz knüpft das Recht auf Aufhebung oder Minderung an den Eintritt wesentlich veränderter Umstände. So wird das Recht durch Klage verfolgt und demnächst

---

[58]) Entsch. des R.O.H.G. Bd. 22 S. 347; Bd. 24 S. 367.

[59]) S. oben zu §. 3 Not. 64 ff.

[60]) Entsch. des R.G. Bd. 1 Nr. 32.

[61]) Wie Westerkamp S. 701 mit Recht ausführt.

[62]) Entsch. des R.G. v. 15. April 1882 (Archiv für Eisenb. 1882 S. 515).

durch das Urtheil nicht erst konstituirt, sondern anerkannt. Von diesem Standpunkt aus, würde man sogar die Rückforderung bereits geleisteter Renten nicht ablehnen können, wenn dargethan wird, daß zur Zeit der Leistung bereits eine wesentlich veränderte Lage vorhanden war; es sei denn, daß in der Leistung Verzicht auf die Geltendmachung der Veränderung gelegen wäre. Allein so weit hat man nicht gehen mögen. Nach der Ansicht der höchsten Instanz ist Rückforderung bereits gezahlter Rentenbeträge auf Grund des §. 7 ausgeschlossen[63]), der Einfluß des veränderten Zustandes erst mit der Verfügung der Aufhebung oder Minderung, oder doch höchstens von der Klageerhebung an gegeben[64]). Mag man sich dabei beruhigen, so bleibt immer noch die weitere Frage übrig, ob sich die Aufhebung oder Minderung nicht mindestens auf die schon vor der Klageerhebung fällig gewesenen, aber noch nicht geleisteten Rentenbeträge mitbeziehen könne. Allein auch dieser Annahme ist die höchste Instanz nicht günstig. Sie geht offenbar von der Ansicht aus, daß die Aufhebung oder Minderung immer nur für die seit der Klagerhebung fällig werdenden Beträge zu erlangen sei. Ja es ließe sich vielleicht sogar, trotz des wiederholten Ausspruchs, daß die Aenderung vom Tage der Klagezustellung an einzutreten habe, auf die Meinung schließen, daß die Aufhebung oder Minderung erst von der Entscheidung an wirke. Denn es ist das Verlangen des Verpflichteten, die während des Prozesses über Aufhebung oder Minderung fällig werdenden Beträge zu deponiren, für unbegründet erklärt, also verlangt worden, daß sie an den Berechtigten ausgezahlt werden. Auch hat man dem ersteren das Recht auf Sicherheitsbestellung aberkannt[65]). Indessen wirkt wohl bei dieser Behandlung der während des Prozesses fällig werdenden Renten vornehmlich die Erwägung mit, daß die Rente zur Erhaltung des Haftpflichtberechtigten bestimmt ist.

Die prozessualische Geltendmachung des Rechts auf Aufhebung oder Minderung der Rente kann nur durch förmliche Klage erfolgen. Auch hier ist es nicht undenkbar, daß zunächst nur auf Feststellung des Bestehens des Rechts, von Seiten des Verpflichteten, oder auf Nichtbestehen desselben von Seiten des Berechtigten geklagt wird. In

---

[63]) Ob aus sonstigem Grund zulässig, z. B. mit condictio indebiti, ist hier nicht zu untersuchen.

[64]) Entsch. des R.O.H.G. Bd. 24 S. 399 u. des R.G. v. 28. Januar 1880 bei Genzmer S. 137 u. vom 15. April 1882 (Archiv für Eisenb. 1882 S. 515).

[65]) Entsch. des R.O.H.G. Bd. 25 S. 219.

der Regel wird aber der erstere zugleich ein bestimmtes Petitum auf gänzliche oder theilweise Befreiung von der Rentenleistung stellen. Die thatsächlichen Voraussetzungen, aus denen sich die das Verlangen rechtfertigende Anordnung ergibt, hat natürlich derjenige beizubringen, der sich darauf beruft.

Die Klage ist bei dem Gericht zu erheben, welches nach den allgemeinen Regeln über den Gerichtsstand als das zuständige erscheint. Zwar wäre es zweckmäßig, wenn die Zuständigkeit bei dem Gericht begründet erschiene, welches die abzuändernde Zuerkennung ausgesprochen hat[66]). Dafür spricht, daß es wesentlich auf eine Vergleichung der Umstände, die dieses Gericht zu der damaligen Zuerkennung bewogen haben, mit den veränderten ankommt. Allein darum, und weil sie die Abänderung einer definitiven Zuerkennung, eines rechtskräftigen Urtheils bezweckt, die Klage auf Aufhebung oder Minderung als eine Wiederaufnahmeklage[67]) zu betrachten, ist nicht zulässig. Hierfür fehlen alle die Voraussetzungen, welche die Civilprozeßordnung aufstellt. Die Klage auf Aufhebung oder Minderung ist, wenngleich gegen ein Urtheil gerichtet, nicht ein prozeßrechtliches Mittel, sondern die Folge eines eigenthümlichen materiellen Rechts auf Modifikation der sonst bindenden Zuerkennung. Um das Forum bei dem Gericht, das die letztere ausgesprochen hat, zu begründen, hätte es daher einer besonderen Bestimmung bedurft. Eine solche wird aber vermißt[68]).

Aus der Art der Klage ergibt sich dann, worüber das Gericht in der Dezisive seines Urtheils zu erkennen hat, ob nur über Bestehen oder Nichtbestehen des betreffenden Rechts, oder über die praktische Aufhebung oder Minderung des Rentenbezugs[69]).

bb) Der zweite Satz des zweiten Absatzes ist erst durch ein Unteramendement[70]) dem ersten in zweiter Lesung zugefügt und nach wiederholter Bekämpfung in dritter Lesung beibehalten worden[71]). Er

---

[66]) Eger S. 536 a. E.

[67]) Nach C.P.O. 547.

[68]) So auch Genzmer S. 136.

[69]) Die Zweifel, die nach der Preuß. Allg. G.O. von dem R.O.H.G. (Entsch. Bd. 14 S. 373) erörtert worden sind, können jetzt nach der C.P.O. übergangen werden.

[70]) Des Abg. Eysoldt, Nr. 78 der Drucksachen. Ein anderer Antrag (Nr. 71, III, 4) wurde zu dessen Gunsten zurückgezogen. S. 500.

[71]) St.B. S. 499—502. S. 619—620. S. auch Eger S. 541—543.

will dem Berechtigten dasselbe gewähren, was dem Verpflichteten zusteht. Als Korrelat des ersten Satzes, worauf das Wort „ebenso" hinweist, steht er unter den nämlichen Voraussetzungen, bezieht sich mithin ebenfalls nur auf die durch Erkenntniß zuerkannte Rente.

Deshalb kann im Ganzen auf die unter aa zu dem ersten Satz gemachten Erläuterungen Bezug genommen werden.

„Ebenso kann der Verletzte jederzeit fordern", von diesen Worten bedarf nur das eine „der Verletzte" noch einer besonderen Bemerkung, während im Uebrigen durchaus das oben Bemerkte gilt.

Anstatt des Ausdrucks „der Verletzte" wäre der Ausdruck „der Berechtigte", der sich im dritten Absatz des §. 7 vorfindet, korrekter gewesen. Denn diesen will man dem Verpflichteten, von dem in dem ersten Satz die Rede ist, gegenüberstellen. Daß nicht so gesagt worden, ist wohl bloses Versehen. Sicher aber ist nicht blos derjenige gemeint, der durch den Unfall an seinem Körper verletzt worden ist, und deshalb wegen Störung seiner Erwerbsfähigkeit; sondern auch derjenige, der als unterhaltsberechtigt im Falle des Todes des Verletzten einen Rentenbezug nach dem ersten Absatz des §. 7 zugesprochen erhalten hat, oder der als Rechtsnachfolger in den Rentenbezug eingerückt und durch Zuerkennung in rechtskräftigem Urtheil eines Gerichts als Berechtigter anerkannt ist[72]). Wo die Berechtigung aus anderem Titel, Vertrag, Vergleich u. s. w. stammt, findet der zweite Satz ebensowenig Anwendung als der erste. An den Fall, an den zu denken der erste Satz Raum läßt, nämlich, daß der Rentenbezug auf Schiedsspruch beruht[73]), kann hier nicht gedacht werden, da aus dem sogleich zu erwähnenden Zwischensatze, „dafern — hat", deutlichst erhellt, daß die Bestimmung nur einschlägt, wo gerichtliche Geltendmachung und folglich gerichtliche Entscheidung stattgefunden hat.

Die Existenz des hier in Rede stehenden Rechts ist nun aber für den Verletzten an die besondere Voraussetzung geknüpft: „dafern er den Anspruch auf Schadensersatz innerhalb der Verjährungsfrist des §. 8 geltend gemacht hat". Da die Verjährung des §. 8 sich nur auf die Geltendmachung im Prozeß vor dem ordentlichen Gericht bezieht, ist klar, daß hier nur Geltendmachung im Prozeß ge-

---

[72]) S. auch Eger S. 543; Genzmer S. 140.

[73]) S. oben Not. 33 ff.

meint ist; woraus dann weiter zu schließen, daß unter „Feststellung“, von der der Nachsatz spricht, nur die gerichtliche, durch rechtskräftiges Urtheil eines ordentlichen Gerichts erfolgte verstanden werden muß. Erwägt man dies, so ist der Zwischensatz insofern durchaus selbstverständlich, als, wenn der Anspruch nicht vor Ablauf der Verjährungszeit geltend gemacht wurde, eine Feststellung, d. h. eine Zuerkennung der Rente in quantitativer Bestimmtheit, überhaupt nicht möglich war. Und wo etwa auf eine innerhalb der Verjährungszeit erhobene Klage die Zuerkennung abgelehnt, oder nur auf die Vergangenheit für Erwerbsstörung oder Unterhaltsentziehung Schadenersatz, oder auf die Zukunft Schadensersatz in Kapital zugebilligt worden ist, erscheint ja der ganze zweite Absatz des §. 7 unanwendbar.

Aber auch wenn man in dem Zwischensatz den Gedanken ausgedrückt finden will, daß dem Berechtigten das Recht, Modifikation des Rentenbezugs zu fordern[74]), nicht an die Verjährungszeit des §. 8 gebunden sein soll, ist derselbe überflüssig. Denn der §. 8 bezieht sich ausdrücklich nur auf die Schadenersatzforderungen nach den §§. 1—3; nicht auf die Forderung einer Modifikation der Rentenleistung, die als ein selbständiges, absonderliches Recht in §. 7 Absatz 2 konstituirt ist.

Das Recht des Verletzten, von dessen Beschaffenheit, Umfang und Ausübung sonst dasselbe gilt wie von dem korrelaten Recht des Verpflichteten, hat keinen anderen Zweck als Erhöhung oder Wiedergewährung der Rente. Umwandlung der urtheilsmäßig fixirten Rente kann er ebensowenig fordern, als Umwandlung des Kapitals in Rente. Erhöhung ist die Steigerung des Betrags, vor allem die quantitative, vielleicht auch, bei Naturalrente, die qualitative, der in Leistung begriffenen Rente im Vergleich zu dem bisherigen Bezug. Dahin gehört mit die abermalige Steigerung einer bereits erhöhten Rente, als eine keineswegs ausgeschlossene Maßregel. Wiedergewährung ist die neue Zuerkennung des Rentenbezugs, der auf Klage des Verpflichteten aufgehoben worden war. Auch die Wiedergewährung kann sich mehrmals zutragen und zugleich mit Erhöhung verbunden sein.

Die Voraussetzung, durch die das Recht des Verletzten bedingt ist und deren Vorhandensein er als Kläger darzuthun hat, besteht darin, daß die Verhältnisse, welche für die Feststellung, Min-

---

[74]) Mit Eger S. 544.

derung oder Aufhebung der Rente maßgebend waren, wesentlich verändert sind.

Der Begriff der Wesentlichkeit ist derselbe wie oben. Auch läßt sich, obgleich das Wort „inzwischen", das sich dort findet, hier fehlt, nicht zweifeln, daß nur solche Veränderungen in Betracht kommen, die sich in der Zeit von dem vorangegangenen rechtskräftigen Urtheil bis zur Erhebung der Aenderungsklage ereignet haben[75]). Es müssen entweder Verhältnisse sein, welche selbst sich als Folgen des die Haftpflicht begründenden Unfalls erweisen, wie Verminderung der früher übrig gebliebenen Erwerbsfähigkeit durch eine Verschlimmerung des Gesundheitszustandes, die in ursachlichem Zusammenhang mit der Verletzung steht. Denn ohne diesen ursachlichen Zusammenhang ist die Aenderung kein Grund der Klage. Oder es müssen sich sonstige persönliche Verhältnisse des Berechtigten, namentlich dessen, der als Unterhaltsberechtigter klagt, welche für die Bemessung der Rente füglich in Betracht kommen, geändert haben. So ist die Rente, die einem Knaben auf mehrere Jahre bewilligt war, nachher erhöht bewilligt worden, nach dem Maßstabe, daß nun, wenn er die Verletzung nicht erlitten hätte, seine Erwerbsfähigkeit eingetreten sein würde[76]). Und selbst ganz außerhalb der Person des Berechtigten gelegene Umstände verdienen auch hier Berücksichtigung, sobald sie von der Art sind, daß man sagen muß, sie würden die Zumessung der Rente beeinflußt haben, wenn sie bei dem zum Antrag auf Abänderung Anlaß gebenden Urtheil Berücksichtigung gefunden hätten[77]).

Es handelt sich hier um Durchsetzung des Antrags auf Erhöhung einmal gegen die judikatmäßige erste Feststellung der Rente, sodann aber auch um Durchsetzung des Antrags auf Erhöhung gegen eine auf Bitte des Verpflichteten durch Urtheil ergangene Minderung, oder endlich um Durchsetzung des Antrags auf Wiedergewährung der Rente, in dem früheren, oder in erhöhtem oder auch vermindertem Maße, gegen ein Urtheil, welches die Aufhebung des Rentenbezugs ausgesprochen hatte.

Gerade daraus erkennt man im Zusammenhalt mit der Berechtigung des Verpflichteten nach dem ersten Satz, daß, unbeschadet der

---

[75]) Eger S. 547 z. A.

[76]) Entsch. des R.G. Bd. 2 Nr. 2.

[77]) Entsch. des R.O.H.G. Bd. 22 S. 154.

festgestellt bleibenden Haftpflicht, der Rentenbezug solange er dauert, stets der Wandlung ausgesetzt ist.

3. Der dritte Absatz des §. 7 ist ebenfalls vom Reichstag auf Antrag seiner Kommission beigefügt worden[78]). Er schließt sich offenbar an den ersten Zwischensatz des ersten Satzes in Absatz 2 an[79]) und hätte billig mit diesem auch äußerlich in Zusammenhang gebracht werden sollen. Indessen erklärt sich die Stellung hinter dem zweiten Absatz wohl daraus, daß die Sicherheitsleistung, welche für den Schadenersatz aus der Haftpflicht begehrt werden kann, durch den dritten Absatz in eine Fluktuation gebracht wird, die an die fluktuirende Bedeutung des Rentenbezugs nach dem zweiten Absatz erinnert. Indessen bezieht sich der dritte Absatz nicht etwa nur auf den Fall, wo Rente, sondern nicht minder auf den, wo Kapital zuerkannt ist, und die von ihm aufgestellte Vorschrift hat direkt mit der Wandelbarkeit der Rente durchaus nichts zu schaffen.

Der Berechtigte, von dem Abs. 3 spricht ist nicht blos der Verletzte, aber auch nicht jeder, dem das Schadensersatzrecht nach dem Gesetz, ohne daß dasselbe bereits anerkannt wäre, zusteht; sondern, wie im Zusammenhalt mit dem ersten Satz des Abs. 1 und mit Abs. 2 angenommen werden muß, der von dem „Erkennen des Gerichts" spricht, derjenige, dem bereits durch gerichtliches Urtheil der Schadenersatz in Gestalt eines Kapitals oder einer Rente, ohne oder mit Sicherheitsleistung des Verpflichteten, zugebilligt worden ist. So nahe es liegen möchte, den dritten Absatz auch auf die Fälle zu erstrecken, in denen der Schadenersatz nicht durch Zuerkennung von Seiten des Gerichts, sondern durch Vertrag oder Vergleich festgestellt worden ist, da in solchen Fällen dasselbe Bedürfniß und dieselbe Billigkeit ersichtlich sein kann, so berechtigt doch die Fassung des dritten Absatzes dazu nicht.

Das Wort „nachträglich" deutet entschieden darauf hin, daß eine Zuerkennung nach Abs. 1 oder nach Abs. 2 vorausgesetzt wird, und diese kann nach Abs. 2 nur eine durch rechtskräftiges Gerichtsurtheil[80]), nach Abs. 1 außerdem höchstens noch eine durch schiedsrichterlichen Spruch[81]) erfolgte sein. Mithin ist auch nur der auf

---

[78]) Stenogr. Berichte S. 503. 620.

[79]) S. oben Not. 9.

[80]) S. oben Not. 32.

[81]) S. oben Not. 34 ff.

solche Weise Berechtigte gemeint. Der dritte Absatz will lediglich besagen, wie der Berechtigte, der für seine Berechtigung zu Schadenersatz ein rechtskräftiges Urtheil für sich hat, über dessen Inhalt, obgleich es bereits rechtskräftig geworden ist, hinaus ein Recht auf Sicherheitsleistung in Anspruch nehmen darf. Es handelt sich, da nach Abs. 1 Satz 1 an sich, wie aus „sowie" erhellt, mit der Frage nach der Höhe des Schadensersatzes zugleich die Frage, ob und wie Sicherheit zu bestellen sei, erledigt werden soll, darum, eine Befugniß offen zu halten, die sonst nach dem Prinzip der Rechtskraft abgeschnitten erscheinen möchte. Deshalb, weil das erste zuerkennende Urtheil von der Verpflichtung, eine Sicherheit zu leisten, schweigt oder ausdrücklich absieht, soll nicht für alle Zeit die Forderung einer Kaution, und deshalb, weil es eine bestimmte Kaution auferlegt hat, nicht die Forderung einer Erhöhung ausgeschlossen sein. Dasselbe gilt dann auch jedem weiteren Urtheil gegenüber, durch das rechtskräftig in Gemäßheit des Abs. 2 eine erhöhende oder vermindernde Feststellung der Rente erfolgt ist.

Ob man das Recht des Berechtigten nach Abs. 3 nur auf künftig erst fällig werdende oder auch auf rückständige Leistungen erstrecken darf, ist die nämliche Frage, die oben schon berührt worden ist[82]).

Was nachträglich erreicht werden kann, ist die Bestellung einer Sicherheit, die bisher noch gar nicht existirte. Für diese erste Verurtheilung gilt dann alles, was darüber, ob, in welcher Art und Höhe die Leistung anzuordnen, gesagt worden ist[83]); oder die Erhöhung einer bereits bestellten, oder wenigstens auferlegten Sicherheitsleistung, die nicht mehr genügend erscheint. Nur davon spricht Abs. 3; nicht davon, daß umgekehrt der Leister der Sicherheit auf Grund der veränderten Verhältnisse Verminderung oder Beseitigung der Kaution verlangen könne. Indessen muß doch unterstellt werden, daß nach dem Wesen der Sicherheitsleistung und den gewöhnlichen Rechtsregeln der Wegfall des Grundes zur Auflage überhaupt oder in solcher Höhe ebenso gewiß einen Anspruch auf völlige oder theilweise Freigebung begründet, wie der Eintritt eines sonstigen, nach dem bürgerlichen Recht genügenden Grundes einen Anspruch auf nachträgliche Bestellung oder Erhöhung.

Die Voraussetzung, unter der der Berechtigte nachträgliche

---

82) S. oben bei Not. 10. Eger S. 551 Nr. 120 Abs. 2 ist wieder dagegen.

83) S. oben bei Not. 16 ff.

Bestellung oder Erhöhung begehren kann, ist die, daß die Vermögensverhältnisse des Verpflichteten sich inzwischen verschlechtert haben.

„Inzwischen" das heißt: seit dem den Verpflichteten zum Schadenersatz oder, was den Anspruch auf Erhöhung betrifft, zu einer bestimmten Sicherheitsleistung verurtheilenden rechtskräftigen Erkenntniß bis zu der Geltendmachung des Anspruchs auf Bestellung oder Erhöhung.

Den einzigen Grund zu dem Verlangen des Berechtigten kann Verschlechterung der Vermögensverhältnisse des Haftpflichtigen abgeben; und zwar gewiß nicht eine jede beliebige Verschlechterung, sondern erhebliche, welche die Erfüllung des Anspruchs des Berechtigten gefährdet erscheinen läßt. Zu diesem Behufe muß der Richter eine Vergleichung der gegenwärtig vorhandenen Vermögensverhältnisse mit den zur Zeit der Zuerkennung des Schadensersatzes vorhanden gewesenen vornehmen. Nur wenn sich aus dieser Vergleichung eine Verschlechterung ergibt, findet der Abs. 3 Anwendung. Es wird, ob immer mit Recht, steht dahin, unterstellt, daß die damals vorhandenen Vermögensverhältnisse keinen Grund zur Anordnung einer Sicherheitsleistung dargeboten haben. Stellen sich also gegenwärtig noch so große Besorgniß erregende, die Sicherheitsleistung rechtfertigende Verhältnisse heraus, zugleich aber, daß sie, ohne Berücksichtigung gefunden zu haben, auch schon zur Zeit der Zuerkennung des Schadensersatzes vorhanden waren, so muß die Bitte des Berechtigten um Bestellung oder Erhöhung zurückgewiesen werden.

Zeigt sich dagegen aus der Vergleichung den damaligen Verhältnissen gegenüber, daß jetzt, was bei dem Fiskus oder einer Eisenbahngesellschaft eine überaus schwierige Untersuchung erheischen kann, eine Verschlechterung da ist, so hat dann das Gericht zu würdigen, ob sie erheblich genug erscheint, um die Bestellung oder Erhöhung der Sicherheit zu veranlassen. Darüber kann das Gericht nur auf Grund der konkreten Umstände und nach freiem Ermessen entscheiden.

Selbstredend steht nichts entgegen, daß das Verlangen der Bestellung, nachdem eine bestellt gewesene Sicherheit ihre Erledigung gefunden, und das Verlangen der Erhöhung, nachdem eine solche schon einmal erfolgt war, wiederholt wird.

Um das Verlangen durchzusetzen, bedarf es förmlicher Klage des Berechtigten. Das Recht auf nachträgliche Bestellung oder

Erhöhung der Kaution ist ein selbständiges, durch Gesetz konstituirtes. Daß es durch bloßen Antrag bei dem Gericht, welches den Schadensersatz zuerkannt hat, geltend gemacht werden könne, dafür fehlt es an jedem Anhaltspunkt. Die Klage hat daher ihren Gerichtsstand selbständig aufzusuchen und wird im ordentlichen Prozeß verhandelt. Möglicherweise kann auch hier zunächst die Feststellungsklage benutzt und Liquidation eines bestimmten Betrags bis nach Feststellung des Rechts auf Leistung oder Erhöhung der Kaution vorbehalten werden.

V. Verjährung der Haftpflichtforderungen.

§. 8.

Die Forderungen auf Schadenersatz (§§. 1. bis 3.) verjähren in zwei Jahren vom Tage des Unfalls an. Gegen denjenigen, welchem der Getödtete Unterhalt zu gewähren hatte (§. 3. Nr. 1.), beginnt die Verjährung mit dem Todestage. Die Verjährung läuft auch gegen Minderjährige und diesen gleichgestellte Personen von denselben Zeitpunkten an, mit Ausschluss der Wiedereinsetzung.

Das Bedürfniß einer kurzen Verjährungszeit für die aus dem vorliegenden Gesetze stammenden Forderungen ergibt sich unmittelbar aus deren Natur. Die Regierungsvorlage in §. 6 setzte dieselbe auf ein Jahr von der Entstehung der Forderung an fest[1]). Allein der Reichstag hat auch hier verbessern zu müssen geglaubt. Die einjährige Verjährung erschien der Majorität zu kurz und die Berechnung von der Entstehung (actio nata) der einzelnen Forderung an, deren Zeitpunkt der Richter in jedem einzelnen Falle zu erkennen hätte, zu unsicher. Man wollte zwei Jahre offen lassen, dafür aber allen aus der Haftpflicht entspringenden Forderungen auf Schadensersatz denselben ein für allemal bestimmten Anfang setzen[2]). Diese Tendenz muß bei der Folgerung aus dem nur scheinbar ganz einfachen Inhalt des §. 8 überall beachtet werden.

---

[1]) S. dazu Mot. S. 14.

[2]) S. die Debatten St.B. S. 503, 521 fg. Angenommen §. 8 S. 624 mit Verwerfung mehrerer abweichender Anträge, Nr. 72 unter 6 und Nr. 93, II der Drucks. u. die ausführliche Darstellung der Verhandlungen über Anfang, Dauer u. Wirkung, letztere namentlich unten Berücksichtigung der Bestimmungen des Preuß. Allg. L.R. I, 6 §. 54, und über deren Auslegung Eger S. 553—563.

Die Bestimmung des §. 8 bezieht sich jedenfalls auf alle Ansprüche nach dem Haftpflichtgesetz[3]) aus Unfällen, die sich seit dem Erlaß des Gesetzes zugetragen haben und noch zutragen werden. Allein sie war auch auf die Forderungen aus solchen Unfällen zu beziehen, die vor Erlaß des Gesetzes eingetreten waren; alsdann so, daß die zweijährige Verjährung von dem Tage begann, wo das Gesetz in Kraft getreten war[4]). Das Gesetz wollte im öffentlichen Interesse die kurze Verjährung und dagegen gab es kein wohlerworbenes Recht früher entstandener Forderungen auf die zur Zeit ihrer Entstehung für sie begründete Verjährung. Diese Folgerung, daß die zweijährige Verjährung selbst für die Ansprüche aus Unfällen gilt, die sich vor Erlaß des Gesetzes zugetragen haben, kommt dann auch zur Anwendung, wenn sich der Schaden erst nach Erlaß des Gesetzes ergeben hat[5]). Sie bezieht sich nur auf die Geltendmachung vor Gericht. Ob sie auch gegen Geltendmachung auf andere Weise, namentlich im schiedsrichterlichen Verfahren beobachtet werden kann oder beobachtet werden muß, läßt sich allgemeinhin nicht entscheiden. Es fragt sich, ob über die Wirkung derselben Vertrag Gewalt hat.

Die zweijährige Verjährung, welche §. 8 vorschreibt,

1. existirt für die Forderungen auf Schadensersatz (§§. 1 bis 3). Das sind, wie aus §. 3 erhellt, die Forderungen auf Ersatz der Heilungskosten, der Beerdigungskosten, des Vermögensnachtheils aus Erwerbsunfähigkeit oder Verminderung der Erwerbsfähigkeit, sowie des durch den Tod des Verletzten entzogenen Unterhalts. Alle diese Forderungen haben zu ihrer Geltendmachung einen Zeitraum von zwei Jahren vor sich, mit dessen Ablauf, wenn innerhalb desselben die Geltendmachung unterblieben ist, sie verjährt sind.

Dagegen bezieht sich die Bestimmung des §. 8 nicht auf die sonstigen Forderungen, welche das Haftpflichtgesetz gewährt. Es bezieht sich also nicht auf die Forderung einer Sicherheitsleistung nach §. 7 Abs. 1, 3, die daher so lange geltend gemacht werden kann, als ein der Sicherung bedürftiger Anspruch überhaupt rechtlich besteht. Ist der letztere verjährt, so ist das Recht auf Sicherheitsleistung nicht mitverjährt[7]), aber es fehlt ihm dann die Grundlage, welche dasselbe

[3]) Ob auch nach Landesgesetzen s. unten zu §. 9 Abs. 2.

[4]) Entsch. des R.O.H.G. Bd. 20 S. 1.

[5]) Entsch. des R.G. v. 16. Januar 1880 (Arch. für Eisenb. 1880 S. 36).

[6]) S. darüber unten bei Not. 39.

[7]) Eger S. 567 Nr. 5 a. E.

seinem Wesen nach erheischt. Es bezieht sich ferner nicht auf die Ansprüche auf Aufhebung und Verminderung, Wiedergewährung und Erhöhung der Rente nach §. 7 Abs. 2[8]). Das Rentenrecht muß, wenn von solchen Nachforderungen die Rede sein soll, zuerkannt sein, was nur hat geschehen können, wenn der Anspruch wegen Störung des Erwerbs oder Verlust des Unterhalts innerhalb der zweijährigen Verjährungsfrist geltend gemacht war. Ueber die Verjährung der Nachforderungen aber sagt das Gesetz nichts. Nach der Beschaffenheit aller dieser Forderungen aus §. 7 wird die Frage, ob sie selbst verjährt seien, kaum jemals auftauchen. Geschieht dies dennoch, so kann sie nur nach den Vorschriften des sonstigen bürgerlichen Rechts beantwortet werden.

Daß die Forderungen auf Schadensersatz, die gar nicht aus dem Haftpflichtgesetz stammen, namentlich wegen eines vor dessen Erlaß stattgehabten Unfalls erhoben werden, von der Verjährung des §. 8 nicht berührt werden, bedarf kaum der Erwähnung[9]).

Als Gegenstand der Verjährung werden „die Forderungen" der §§. 1 bis 3 bezeichnet; also nicht etwa das Schadensersatzrecht, das aus der Haftpflicht entspringt, in seiner Totalität, sondern die einzelnen Forderungen, oder noch präziser gesagt, eine jede der nach den §§. 1 bis 3 begründeten Forderungen. Mithin ist in Bezug auf Fortbestand oder Verjährung jede von der anderen unabhängig[10]).

Zu einer besonderen Betrachtung fordert aber auch der Umstand auf, daß der Berechtigte nicht nothwendig seine Forderung von vornherein auf einen bestimmten Betrag zu richten braucht, daß ihm vielmehr eine Klage auf Feststellung[11]) des abstrakten Schadensersatzrechtes zusteht. Wie verhält es sich in dieser Beziehung mit der Verjährung?

Jedenfalls muß angenommen werden, daß die Feststellungsklage nicht minder der hier geordneten zweijährigen Verjährung ausgesetzt ist, wie die auf einen quantitativ bestimmten Betrag gerichtete. Sicher ist ferner mit Ablauf der Verjährungszeit ohne jegliche Geltendmachung des Anspruchs sowohl das Feststellungsrecht, als auch die auf einen

---

8) Entsch. des R.G. v. 5. Juni 1880 (Blum's Ann. Bd. 2 S. 266).

9) Eger S. 569 Nr. 7.

10) S. darüber unten noch Not. 35.

11) Die oben an verschiedenen Stellen erwähnte Feststellungsklage der C.P.O. §. 231, durch deren Einführung die in der 2. Aufl. S. 87 als partikularrechtlich vorkommend bezeichnete Situation allgemeinrechtlich geworden ist.

bestimmten Betrag begründete Forderung verjährt. Allein wie, wenn innerhalb der Verjährungszeit die Feststellungsklage erhoben und auf diese hin, was denn auch erst nach Ablauf jener Zeit geschehen sein kann, das abstrakte Schadensersatzrecht durch Urtheil anerkannt worden ist? Kann dann nicht auf Grund dieses Urtheils immer noch auf einen quantitativ bestimmten Betrag geklagt werden, ohne daß ihm die Verjährung darum entgegen steht, weil, wenn ohne vorangegangene Feststellung des abstrakten Rechts geklagt worden wäre, die Frist abgelaufen wäre? Von dem Reichsgericht ist die Frage bejaht worden[12]). Dasselbe hat angenommen, daß da, wo das Recht auf Schadensersatz aus der Haftpflicht im Allgemeinen durch Judikat anerkannt worden war, die Geltendmachung einer einzelnen Schadensersatzforderung auf Grund dieses Judikats auch nach Ablauf von zwei Jahren seit dem Unfall geltend gemacht werden konnte. Ist das richtig, so wird man alsdann wohl unterstellen müssen, daß von dem Judikat an nicht blos die kurze Verjährung des §. 8, sondern die gewöhnliche Verjährung des Civilrechts läuft.

Für diese Ansicht läßt sich allerdings mit einigem Schein anführen, daß die quantitative Liquidation alsdann auf Grund der Judikatsobligation erfolge, die durch das Feststellungsurtheil erzeugt worden ist, also einen ganz anderen Karakter habe, als der unmittelbar nur aus den §§. 1 bis 3 des Gesetzes hergeleitete Anspruch. Allein der Ansicht stehen denn doch gewichtige Bedenken entgegen[13]). Man kann nicht leugnen, daß bei Erlaß des Gesetzes an die Feststellungsklage und deren Effekt nicht gedacht worden ist. Was gewollt ist, ist die kurze Verjährung aller der als quantitativ bestimmt gedachten Schadensersatzforderungen. Anders läßt sich auch der Wortausdruck nicht verstehen. Und deshalb verdient die Ansicht Billigung[14]), daß durch die Erhebung der Feststellungsklage und die judikatmäßige Anerkennung des abstrakten Schadensersatzrechtes die Forderung eines bestimmten Betrags gegen die zweijährige Verjährung des §. 8 nicht geschützt wird[15]).

---

[12]) Entsch. des R.G. v. 13. Mai 1882 (Archiv für Eisenb. 1883 S. 281).

[13]) Die in der vorigen Note bezeichnete Entscheidung ist auch in die offizielle Sammlung der Entscheidungen des Reichsgerichts, soviel ich erfahren kann, nicht aufgenommen worden.

[14]) Eger S. 571 z. E.

[15]) Was die Preuß. Rechtsprechung in Anwendung des Allg. L.Rechts I, 6

Gilt dieses Resultat zunächst da, wo etwa die Feststellung des Rechts zum Ersatz in einer der speziellen Kategorieen des §. 3 des Gesetzes, der Heilungs- oder der Beerdigungskosten u. s. w., verlangt und erwirkt worden ist, so gilt dasselbe nicht minder oder noch mehr da, wo etwa ganz allgemein auf Feststellung, ob ein Haftpflichtfall vorliege und überhaupt Anspruch auf Schadensersatz, ohne vorerst auch nur anzugeben, in welcher Richtung dieser demnächst begehrt werden solle, geklagt worden ist.

2. Die Verjährungszeit für alle nach Vorstehendem in Betracht kommenden Forderungen ist unterschiedslos eine solche von zwei Jahren.

a) Der Beginn dagegen ist nicht ganz der gleiche. Der Lauf der Verjährung beginnt

aa) in der Regel, d. h. für alle Forderungen mit Ausnahme der unter bb zu erwähnenden, mit dem Tage des Unfalls. Absichtlich ist dieser bestimmte Termin mit der absoluten Wirkung, daß die Frist zu laufen beginnt, gewählt worden. Unbeirrt durch irgend welche Bedenken hat man alles lediglich von diesem Beginn und dem daran anschließenden Zeitablauf abhängig gemacht. Daran ändert sich unter keinen Umständen etwas. Selbst wenn die Verletzung, welche Grund zu einer Haftpflichtforderung abgibt, erst später entdeckt oder in ihrer Bedeutung als Grund der Haftpflicht erkannt worden ist, muß der Beginn der Verjährung vom Tage des Unfalls an datirt werden. Ebensowenig, wenn die Erwerbsunfähigkeit oder eine sonstige für das Haftpflichtrecht erhebliche Thatsache erst später zum Vorschein kommt. Dies hat dann zur Folge, daß nach Ablauf von zwei Jahren seit dem Unfall überhaupt keine der hieher gehörigen Forderungen mehr geltend gemacht werden kann.

bb) Anders verhält es sich nur mit dem Anspruch wegen entzogenen Unterhalts. Nach dem zweiten Satz des §. 8 beginnt demjenigen, welchem der Getödtete Unterhalt zu gewähren hatte (§. 3 Nr. 1), die Verjährung mit dem Todestage zu laufen.

Der Wortlaut des zweiten Satzes müßte, wenn man ihn für sich liest, nothwendig zu der Ansicht führen, daß es sich um ein persönliches Privileg zu Gunsten des Alimentationsberechtigten handelt. Selbst das eingeklammerte Citat kann so gedeutet werden, daß damit

---

§. 54 geurtheilt hat, s. Eger S. 572, kann hier übergangen werden, wo allein der Inhalt und die Absicht des §. 8 des Haftpflichtgesetzes entscheidet.

nur der subjektive Begriff des Alimentationsberechtigten erläutert wird. Die Folge wäre dann die: der Alimentationsberechtigte hätte für alle Ansprüche, auch für solche, die sich auf Ersatz der Heilungs- oder Beerdigungskosten oder des entzogenen Erwerbs beziehen, sofern diese Ansprüche in irgend einer Weise durch Rechtsnachfolge an ihn gelangt sind, eine zweijährige Frist vom Tode des Verletzten an[16]).

Allein die Widersinnigkeit einer solchen Folge ist klar. Da der erste Satz des §. 8 nur von der Forderung im objektiven Sinne spricht, muß angenommen werden, daß auch der zweite Satz nur den objektiven Charakter der Forderung als Kriterium aufstellen, mithin trotz der unglücklichen Ausdrucksweise nur besagen will: für den Anspruch wegen entzogenen Unterhalts beginnt die Verjährung mit dem Todestage des durch den Unfall Verletzten. Andere Ansprüche, welche der Unterhaltsberechtigte als Erbe oder Rechtsnachfolger verfolgt, fallen nicht unter diesen Satz[17]).

Ob der Tod später oder früher eingetreten ist, macht keinen Unterschied. Mithin ist es in Folge dieser Bestimmung des §. 8 möglich, Forderungen wegen entzogener Alimente im Sinne des §. 3 Nr. 2, noch nach geraumer Zeit, nämlich zwei Jahre lang von dem Tode an, zu erheben, sobald behauptet wird, der wenn auch noch so spät erfolgte Tod sei Folge der von dem Betriebsunternehmer zu vertretenden Verletzung. Gegen diese Kategorie von Ansprüchen darf sich der Betriebsunternehmer erst allmählich, je nach dem Ableben des Verletzten, mithin zum Theil erst spät vollständig sicher wissen.

Für die Verjährung des Anspruchs wegen Verlustes des Unterhalts ist der Todestag ebenso absolut Beginn der Verjährung wie sonst der Tag des Unfalls.

Zwar ist die Meinung aufgestellt worden[18]), daß die Verjährung von zwei Jahren seit dem Todestage nur dann Platz greife, wenn der Tod innerhalb zweier Jahre nach dem Unfall eingetreten sei, daß dagegen, wenn der Tod erst nach Ablauf zweier Jahre seit dem Unfall erfolgt sei, jeder Anspruch auch des Unterhaltsberechtigten schon durch Ablauf der zwei Jahre seit dem Unfall verjährt sei. Allein, wenn auch anerkannt werden muß, daß die Möglichkeit weiter Hin-

---

[16]) S. die unter aa. erwähnte Regel.

[17]) Vgl. St.B. S. 505 über einen deshalb angeregten, aber unbegründeten Zweifel.

[18]) Kah S. 132; Frantz Nr. 20.

ausschiebung der Unterhaltsansprüche nicht recht zu der Tendenz paßt, welche die Einführung der kurzen Verjährung diktirt hat, so verdient doch jene Meinung keinen Beifall. Das Gesetz gibt dafür keine Stütze. Der Todestag wird für diese Art von Ansprüchen gerade so bestimmt als Beginn der Verjährungszeit hingestellt, wie für die anderen Arten der Unfallstag. Und so muß es mit in den Kauf genommen werden, daß noch geraume Zeit, vielleicht viele Jahre nach dem Unfall noch Unterhaltsansprüche erhoben werden mögen, sobald nur nachgewiesen ist, daß der Tod Folge des Unfalls war[19]).

b) Die Dauer der Verjährungsfrist ist überall dieselbe. Es ist von der obersten Instanz ausgesprochen worden, daß die kurze Verjährung von zwei Jahren auch für die vor dem Erlaß des Gesetzes liegenden Unfälle Anwendung findet[20]).

Der Lauf der zweijährigen Frist schließt sich unmittelbar an den Tag des Beginns an, ohne daß auf die Möglichkeit den Anspruch zu erheben, Rücksicht genommen wird. Er ist derselbe für alle Personen, die einen Haftpflichtanspruch nach den §§. 1 bis 3 haben. Weil man jede Ausnahme hiervon hat vermeiden und volle Sicherheit gewähren wollen, sind im dritten Satz des §. 8 die auf die Verjährung bezüglichen Vorrechte, die nach dem sonstigen Recht manchen Personen zukommen, beseitigt worden. Die Verjährung, wie sie in den vorangegangenen Sätzen geregelt ist, läuft auch gegen Minderjährige und diesen gleichgestellte Personen von denselben Zeitpunkten, von dem Tage des Unfalls oder dem Tage des Todes an, mit Ausschluß der Wiedereinsetzung. Man ist hier demselben Grundsatz gefolgt, der überhaupt in der neueren Gesetzgebung üblich geworden ist: Abschaffung der die Rechtssicherheit störenden Privilegien. Abgeschafft ist, zunächst für Minderjährige, sowohl das etwa sonst bestehende Privileg, wonach ihnen die Verjährung gar nicht, oder nicht vor einer gewissen Zeit läuft, als auch das Recht, auf Grund der Minderjährigkeit gegen den Eintritt der Verjährung Restitution zu suchen. Ein Unterschied zwischen Unmündigen und Minorennen wird dabei nicht gemacht. Selbst für die ersteren schien es keines Vorrechts zu bedürfen, weil unterstellt werden kann, daß sich überall, wo es noththut, ein gesetzlicher Ver-

---

[19]) So auch Eger S. 581; Genzmer S. 147 Nr. 3; Westerkamp S. 706, III. — Entsch. des R.G. Bd. 1 S. 49.

[20]) Entsch. des R.O.H.G. Bd. 20 S. 1.

treter finden wird, der die Geltendmachung etwaiger Haftpflichtansprüche besorgen wird.

Dasselbe gilt aber auch von den gleichgestellten, d. h. mit den Minderjährigkeitsrechten nach Landesrecht ausgestatteten sonstigen Personen, physischen, oder, woran hier vorwiegend zu denken, idealen. Denn auch ideale kommen, wenn auch nicht als Verletzte, doch möglicherweise vermöge Rechtsnachfolge als Inhaber von Haftpflichtforderungen in Betracht[21]).

So apodiktisch ist auch dieser Satz erschienen, daß man ihn selbst da angewandt hat, wo der Unfall sich vor Erlaß des Gesetzes zugetragen hatte[22]).

c. Unterbrechung der Verjährung des §. 8 kann nicht ausgeschlossen sein. Das ist in den Verhandlungen über das Gesetz und von der Judikatur als selbstverständlich betrachtet worden[23]). Da das Gesetz darüber schweigt[24]), kann nur nach dem Landesrecht entschieden werden, welche Vorgänge eine Unterbrechung bewirken[25]).

Darüber kann kein Zweifel sein, daß durch klageweise Geltendmachung des Anspruchs die Verjährung unterbrochen wird. Das heißt jetzt, ohne daß noch die Frage, ob die Einreichung, Mittheilungsverfügung oder Behändigung der Klage das entscheidende Moment ist, durch die Erhebung der Klage, nach Maßgabe der Civilprozeßordnung; also im Landgerichtsprozeß durch Zustelluug der Klageschrift[26]), im Amtsgerichtsprozeß durch Zustellung der Klageschrift oder des die Klage enthaltenden Gerichtsschreiberprotokolls[27]).

Auch in Bezug auf Unterbrechung muß aber daran festgehalten werden, daß jede der aus der Haftpflicht entspringenden Forderungen für sich steht. Die Unterbrechung der Verjährung für eine derselben unterbricht keineswegs die Verjährung einer anderen. Durch die innerhalb der Verjährungszeit erfolgte Geltendmachung der Heilungskosten erscheint keineswegs die Verjährung auch zu Gunsten der Forderung auf Schadensersatz wegen Erwerbsstörung unterbrochen u. s. w.

---

[21]) Eger S. 585 Nr. 127.

[22]) Entsch. des R.O.H.G. Bd. 21 S. 408.

[23]) Entsch. des R.O.H.G. Bd. 9 S. 114; Bd. 18 S. 61. 63.

[24]) Ein auf Bestimmung im Gesetz zielender Antrag, Drucks. Nr. 94, II wurde abgelehnt. Stenogr. Berichte S. 503. 621 ff.

[25]) Entsch. des R.G. v. 10. Dez. 1880 (Blum's Ann. Bd. 3 S. 194).

[26]) C.P.O. §. 230.

[27]) C.P.O. §. 460. —

Namentlich aber ergibt sich aus dem, was über das Verhältniß der Feststellungsklage zu den einzelnen quantitativ bestimmten Schadensersatzansprüchen gesagt worden ist, daß durch Erhebung der Feststellungsklage die Verjährung für die Forderung bestimmten Schadensersatzes nicht unterbrochen wird. Weder unterbricht die Anstellung der auf eine einzelne Art von Schadensersatz gerichteten Feststellungsklage für diese, noch vollends die Erhebung einer ganz allgemein auf Konstatirung der Haftpflicht ohne Angabe, in welchen Richtungen Schadensersatz verlangt werden wird, gerichteten Klage für alle Forderungen auf Schadensersatz die Verjährung.

Von der Wirkung der Unterbrechung ist nichts besonderes zu erwähnen. Es müssen die gewöhnlichen Grundsätze des Civilrechts über die Unterbrechung der Klagenverjährung zur Anwendung kommen, die bekanntlich nicht überall übereinstimmen und namentlich nach gemeinem Recht[28]), insbesondere für den Fall, wo die Klage nicht bis zum Urtheil durchgeführt wird, nicht sicher sind. Jedenfalls ruht während der Unterbrechung der Lauf der kurzen Verjährung des §. 8[29]).

Die Unterbrechung wirkt entschieden nur zu Gunsten desjenigen Anspruchs, der geltend gemacht ist; nicht zu Gunsten eines anderen Anspruchs desselben Berechtigten gegen denselben Verpflichteten. Noch weniger wirkt sie zu Gunsten desselben Berechtigten gegenüber einem anderen Verpflichteten. Ein Antrag zu verfügen, daß durch den Prozeß gegen einen Verpflichteten ein Ruhen der Verjährung gegen einen anderen herbeigeführt werde, wurde abgelehnt[30]).

In wiefern eine gerichtliche Erklärung oder Protestation[31]), ein ausdrückliches oder thatsächliches Anerkenntniß[32]), eine Mahnung unterbrechend wirkt, inwiefern, wenn neben dem Haftpflichtigen noch ein Anderer zum Schadensersatz verpflichtet ist, die gegen den einen eingetretene Unterbrechung auch dem andern gegenüber wirkt, das sind lauter Fragen, die außerhalb des Haftpflichtgesetzes auf dem Gebiete des übrigen bürgerlichen Rechts liegen[33]).

---

[28]) Savigny, Syst. Bd. 5 §. 243; Roth, Syst. des D. Privatr. Bd. 1 §. 87, III.

[29]) Ein Beispiel s. Entsch. des R.G. v. 10. Mai 1880 (Eisenb.V.O.Bl. 1880 S. 461).

[30]) S. darüber die von Eger S. 606 a. E. referirten Verhandlungen.

[31]) Eger S. 573.

[32]) S. darüber noch Preuß. Recht u. Preuß. Praxis, Entsch. des R.O.H.G. Bd. 18 S. 60 u. Eger S. 574—580.

[33]) Eger S. 578. 579.

3. Was die Wirkung des Ablaufs der Verjährungszeit betrifft, so erhellt aus dem, was bereits ausgeführt wurde, daß mit demselben der Schadensersatzanspruch erloschen ist. Ob die, solchergestalt eingetretene Erlöschung, um berücksichtigt zu werden, im Wege der Einrede vorgeschützt sein muß, oder auch von Amtswegen aufzugreifen ist, entscheidet das Gesetz nicht. Dafür erscheint das bürgerliche Recht maßgebend. Was am richtigsten, darüber sind bekanntlich die Meinungen noch immer getheilt[34]). Soviel kann freilich als ausgemacht gelten, daß, wenn sich eine Partei auf Verjährung beruft, dieselbe die thatsächlichen Voraussetzungen darzulegen und zu beweisen hat[35]).

a) Im Allgemeinen verdient aber namentlich noch Folgendes hervorgehoben zu werden.

Der Schadensersatzanspruch ist mit Ablauf der Verjährungszeit erloschen, ohne daß irgend untersucht zu werden braucht, mit welchem Zeitpunkt die Möglichkeit der Geltendmachung gegeben war. Daran ändert sich selbst dann nichts, wenn der Eintritt oder die Entdeckung dieser oder jener Thatsache, wovon die Geltendmachung abhängig erscheint, erst nach Ablauf der Verjährungszeit stattgefunden hat[36]). Es können Ansprüche nach §. 8 verjährt erscheinen, die innerhalb der zwei Jahre noch gar nicht zu Tage getreten waren[37]). So hart diese Konsequenz unter Umständen erscheinen mag, so muß sie doch gezogen werden. Das verlangt der plane Ausdruck des §. 8, der das Schicksal aller Forderungen aus den §§. 1 bis 3 auf die nackte Thatsache des Zeitablaufs stellt.

Es ist ferner nicht der Annahme Raum zu geben, daß wenn innerhalb der zwei kritischen Jahre irgend eine Forderung nach den §§. 1 bis 3 geltend gemacht worden, die Verjährung eines jeden aus diesen Paragraphen abzuleitenden Anspruchs abgewendet sei. Man kann nicht einmal zugeben, daß den Erben die Geltendmachung weiterer Ansprüche nach dem Tode des Verletzten erhalten bleibe, wenn nur innerhalb der zwei Jahre der letztere selbst wegen der Verletzung irgend welche Entschädigung gefordert habe. Es hat zwar etwas Scheinliches, so zu argumentiren: wenn einmal kundgethan ist,

---

[34]) Windscheid §. 112 Not. 1.

[35]) Eger S. 570 führt eine Reihe von Entsch. des R.O.H.G. an, die sich in diesem Sinne aussprechen.

[36]) Wie Stenogr. Berichte S. 620 geradezu ausgesprochen wurde.

[37]) Entsch. des R.O.H.G. Bd. 18 S. 60.

daß die Ersatzverbindlichkeit geltend gemacht wird, so kommt es nicht darauf an, in welcher Richtung und von welchem der verschiedenen Berechtigten. Mithin involvirt jede Unterbrechung der Verjährung die Unterbrechung zu Gunsten aller nach den §§. 1 bis 3 zu erhebenden Ansprüche. So könnte das Gesetz gewollt haben. Aber es hat nicht so gewollt. Einmal steht dem die Unabhängigkeit der möglicherweise verschiedenen Berechtigten zustehenden Ansprüche entgegen. Sodann lehrt auch der zweite Satz des §. 8, daß die verschiedenen Ansprüche rechtlich getrennt gedacht werden.

Es muß mithin für jeden der Ansprüche auf Ersatz der Heilungskosten, Beerdigungskosten, der Nachtheile der Erwerbsstörung oder der Entziehung des Unterhalts für sich untersucht werden, wie es mit der Verjährung steht. Weder kommt die Erhaltung des einen dem andern zu gute, noch bedingt das Verjährtsein des einen das Erlöschen des andern[38]). Es muß ferner angenommen werden, daß blos theilweise Geltendmachung eines dieser Ansprüche nicht die Erhaltung des Restes desselben zur Folge hat. Das Gesetz will, daß alles, was von Ansprüchen existirt, mit Schluß der Verjährungszeit abgethan sein soll. Daraus folgt, daß auch, bei quantitativer Theilung der innerhalb der zwei Jahre nicht geltend gemachte Theil der Forderung unwiderbringlich verloren ist. Der Berechtigte muß also, wenn er von dem Anspruch oder von den Ansprüchen, die ihm das Gesetz verleiht, nichts einbüßen will, darauf bedacht sein, sie möglichst umfassend vor Ende der zwei Jahre geltend zu machen.

Daß durch Erhebung der Feststellungsklage der kurzen Verjährung des §. 8 weder für das ganze Schadensersatzrecht, noch für die einzelne Art von Schadensersatz vorgebeugt werden kann, ist bereits bemerkt worden.

Ob durch Vertrag die Grundsätze und Folgen der in §. 8 geordneten Verjährung modifizirt werden dürfen? Der §. 5, der nur auf die §§. 1 bis 3 Bezug nimmt, steht nicht entgegen. Es kommt also darauf an, was das sonstige Civilrecht sagt, das aber auch in diesem Punkte keineswegs übereinstimmend lautet, und namentlich als gemeines Recht bei den Schriftstellern großen Zweifeln ausgesetzt ist[39]).

b) Im Einzelnen gestaltet sich die Verjährung der verschiedenen Schadensersatzforderungen so.

---

[38]) So auch Eger S. 570 Nr. 2.

[39]) Eger S. 579 Nr. 7.

aa) Was die Heilungskosten anlangt, so können nur die bis zur Klagerhebung erwachsenen, mithin, da die Klage nur zwei Jahre von dem Unfall anstellbar ist, höchstens die im Laufe dieser zwei Jahre erwachsenen geltend gemacht werden. Wie nun, wenn noch später der Zustand des Verletzten nachweisbar in Folge desselben Unfalls die Fortsetzung oder eine neue Kur und damit neue Kosten nothwendig macht? Dafür gibt es nach §. 8 keine Klage mehr. Denn der Anspruch auf Schadensersatz wegen der Heilungskosten verjährt in zwei Jahren von dem Tage des Unfalls an total[40]).

Auch durch Erhebung der Feststellungsklage vor Ablauf der zwei Jahre ist dem Verlust des Ersatzes für die erst nach dem Ablauf dieser Zeit aufgewendet werdenden Heilungskosten nicht zu entgehen[41]). Allerdings läßt sich mit der Feststellungsklage auch das Recht auf zukünftige Leistungen zur Anerkennung bringen. Allein es ist aber bereits gezeigt worden, daß die Verjährung der „Forderungen auf Schadensersatz" nach §. 8 eine so selbständige ist, daß Erhaltung dieser Forderungen durch zeitige Anstellung der Feststellungsklage ausgeschlossen erscheint.

bb) Ersatz der Beerdigungskosten findet nach Ablauf von zwei Jahren seit dem Unfall nicht mehr statt, auch nicht wenn der Tod erst nach Ablauf von zwei Jahren erfolgt. Diese Folge, die in den Verhandlungen ausdrücklich gezogen wurde[42]) und unwidersprochen blieb, kann nicht dadurch abgewendet werden, daß man sagt, die Geltendmachung der erst nach zwei Jahren entstandenen Begräbnißkosten sei — vorausgesetzt, daß innerhalb der zwei Jahre sonstiger Schadensersatz wegen der erlittenen Verletzung eingeklagt worden ist — nur eine Ergänzung des Gesammtanspruchs wegen Verletzung. Die einzelnen Ersatzansprüche stehen für sich und können leicht möglich ganz verschiedenen Subjekten zu. Es hilft einmal nichts: nach §. 8 ist der Betriebsunternehmer von der Haft der Beerdigungskosten gänzlich frei, wenn der Tod nicht innerhalb zweier Jahre von dem Unfall an eintritt. Stirbt der Verletzte vor Ablauf der zwei Jahre, so bleibt dem Erben für die Geltendmachung noch die Restzeit offen, die von diesen zwei Jahren übrig ist.

---

[40]) So auch Eger S. 563 a. E.

[41]) Wie Westerkamp S. 705. 706 mit Berufung auf die Entsch. des R.O.H.G. Bd. 18 S. 60, die das aber nicht besagt, behauptet. Die Entsch. meint unter dem Ausdruck „der Anspruch selbst" nicht die Feststellungsklage.

[42]) Stenogr. Berichte S. 621.

cc) Für den Ersatz wegen verminderter oder verlorener Erwerbsfähigkeit ergibt sich, daß ein Anspruch wegen zeitweiser Erwerbsunfähigkeit, der der Natur der Sache nach nur für die Vergangenheit geltend gemacht werden kann, nach Ablauf von zwei Jahren seit dem Unfall nicht mehr einklagbar ist. Dies gilt sowohl von einer neu nach zwei Jahren eintretenden zeitweisen Erwerbsunfähigkeit, als auch von der Fortsetzung der innerhalb der zwei Jahre eingetretenen über die zwei Jahre hinaus. Ebenso wenig hat ein Anspruch wegen dauernder Erwerbsunfähigkeit Erfolg, wenn erst nach einem solchen Zeitraum die bis dahin allein geltend gemachte zeitweise Erwerbsunfähigkeit sich als eine dauernde erweist. Desgleichen muß ein Anspruch wegen dauernder Erwerbsunfähigkeit, um der Verjährung zu entgehen, innerhalb der zwei Jahre erhoben werden, gleichviel, ob er auf Kapital oder Rentenleistung geht[42a]). Hat die Geltendmachung, sei es zeitweiser, sei es dauernder Erwerbsunfähigkeit den Erfolg, daß eine Rente zuerkannt wird, so wirkt dieser natürlich über die zwei Jahre in der Weise hinaus, daß nun, so lange die Erwerbsunfähigkeit dauert, die Einforderung der Rente, sowie nach §. 7 die Forderung auf Steigerung oder anderweite Festsetzung erhalten bleibt. Freilich ist das keine unmittelbare Wirkung der vor Ablauf der Verjährungszeit erhobenen Klage, sondern vielmehr eine Wirkung der zur Rente verurtheilenden Sentenz.

Ueber den Begriff der „dauernden" Erwerbsunfähigkeit ist das Nöthige an anderer Stelle bemerkt worden. Er wird gerade hier, wie leicht erhellt, wichtig, wenn man die Konsequenzen unter der Voraussetzung zieht, daß darunter „lebenslängliche" verstanden wäre. Ist „dauernde" so zu nehmen, wie oben ausgeführt, so führt §. 7 dahin, daß durch Zuerkennung einer Rente für viele Fälle, in denen zwar keine blos zeitweilige, aber auch keine unbedingt bis zum Tode währende Erwerbsunfähigkeit zu erkennen ist, eben die Möglichkeit erhalten wird, noch nach zwei Jahren Zusatzanträge zu stellen.

Auch bleibt die Frage noch übrig, wie es steht, wenn innerhalb der zwei Jahre ein Anspruch nicht geltend gemacht werden kann, weil der Verletzte überhaupt noch gar nicht, z. B. wegen jugendlichen Alters, erwerbsfähig, oder trotz der Verletzung noch vollständig wie seither erwerbsfähig war und erst später zeitweise oder dauernde Erwerbsunfähigkeit zum Vorschein kommt. Nach dem Wortlaut des

---

[42a]) Entsch. des R.O.H.G. Bd. 18 S. 60.

§. 8 ist dieserhalb nach zwei Jahren ein Anspruch nicht mehr zulässig.

dd) Was endlich die Forderung des Unterhaltsberechtigten anlangt, deren Verjährung mit dem Tage des Todes beginnt, während andere Schadensersatzforderungen, die vielleicht derselben Person als Rechtsnachfolger zustehen, von dem Tage des Unfalls an ihre Verjährung zu datiren haben[43]), so verhält es sich, abgesehen von der Verschiedenheit des Beginns mit der Verjährung wie bei der Forderung des Schadensersatzes wegen Störung der Erwerbsfähigkeit. Auch hier erweist es sich wichtig, ob Zuerkennung des Ersatzes in Kapital oder Rente erfolgt. Eine weitere Kapitalzuerkennung ist nach Ablauf der Verjährungszeit nicht mehr möglich; wogegen der Rentenbezug nicht nur über diese Zeit sich hinauserstrecken, sondern auch nach dessen Ablauf erhöht und vermindert, aufgehoben und wiedergewährt, nur nicht allererst geltend gemacht werden kann.

---

[43]) Eger S. 567 a. E. u. S. 582.

VI. Verhältniß des Haftpflichtgesetzes zu den Landesrechten.

§. 9.

Die Bestimmungen der Landesgesetze, nach welchen ausser den in diesem Gesetz vorgesehenen Fällen der Unternehmer einer in den §§. 1. und 2. bezeichneten Anlage oder eine andere Person, insbesondere wegen eines eigenen Verschuldens für den bei dem Betriebe der Anlage durch Tödtung oder Körperverletzung eines Menschen entstandenen Schaden haftet, bleiben unberührt.

Die Vorschriften der §§. 3. 4. 6. bis 8. finden auch in diesen Fällen Anwendung, jedoch unbeschadet derjenigen Bestimmungen der Landesgesetze, welche dem Beschädigten einen höheren Ersatzanspruch gewähren.

In dem (bis auf die Citate) unverändert nach der Regierungsvorlage angenommenen Paragraphen wird das Verhältniß des Haftpflichtgesetzes zu den Landesrechten bestimmt.

In welchem Verhältniß dasselbe zu mehreren seit seinem Erlaß ergangenen Reichsgesetzen steht, ist schon früher an geeigneter Stelle erwähnt worden[1]).

Das Verhältniß zu dem Landesrecht zu berühren, wäre keine Veranlassung mehr gewesen, wenn das Haftpflichtgesetz die Materie der Haftpflicht vollständig geregelt hätte. Wäre das der Fall, so würde für die Geltung des Landesrechts nach Artikel 2 der Reichsverfassung gar kein Platz mehr sein. Anders, da das Haft-

[1]) S. bes. §. 2 Nr. 4; §. 4 Nr. 4.

pflichtgesetz eine solche exklusive Tendenz nicht hat. Gegenüber den verschiedenartigen und großentheils ungenügenden Vorschriften der Landesrechte über den Schadensersatz bei Unfällen des Betriebs will es einheitlich nur bestimmen, in welchen Fällen und in welchem Maße jedenfalls der Betriebsunternehmer haftbar erscheint, ohne im Uebrigen das Landesrecht aufzuheben. Soweit es verfügt, versteht sich nach Artikel 2 der Reichsverfassung von selbst, daß seinem Inhalt zuwiderlaufendes Landesrecht nicht mehr fortexistiren und künftig nicht geschaffen werden kann. Aber andererseits will es nur vorschreiben, welche Haftbarkeit gewisser Betriebsunternehmer für Unfälle des Betriebs jedenfalls bestehen soll, ohne damit zu erklären, daß keine andere oder keine weiter reichende Haftbarkeit vorkommen könne. Das Reichsgesetz stellt nur das Minimum von Haftverbindlichkeit auf, das überall anerkannt werden muß, will aber keineswegs außer Geltung setzen, was das sonstige Recht außerhalb des Umfangs, den das Reichsgesetz beherrscht, über Haftpflicht sagt. Das erhellt aus den Motiven[2]) und ist in den Verhandlungen über das Gesetz niemals bezweifelt worden.

Hiernach handelt es sich neben dem Reichsgesetz einmal um die Haftpflicht für Beschädigung oder Tödtung von Personen — denn die Haftpflicht für Sachenbeschädigung bleibt auch bei §. 9 ganz außer Spiel —, welche von anderen Personen, als dem Betriebsunternehmer, mit dem es einzig das Haftpflichtgesetz zu thun hat, getragen wird. Ferner handelt es sich um die Haftpflicht in anderen Fällen, als denjenigen, mit denen sich das Haftpflichtgesetz beschäftigt. Daraus folgt also: es gibt Haft noch anderer Personen, als des Betriebsunternehmers, theils in Fällen, die von dem Haftpflichtgesetz nicht berührt werden, theils aber auch in den Fällen, mit denen sich das Haftpflichtgesetz beschäftigt; sodann aber auch Haft des nach dem Haftpflichtgesetz haftbaren Betriebsunternehmers in noch anderen Fällen, als den im Haftpflichtgesetz vorgesehenen. Daß, wo eine dieser Kombinationen vorliegt, Gelegenheit ist, das darauf bezügliche Landrecht, gleichviel wie es lautet, anzuwenden, leidet keinen Zweifel.

Nicht ebenso klar beantwortet sich jedoch die Frage, ob auch Landesrecht noch zur Anwendung kommen kann in Bezug auf die Haftverbindlichkeit des Betriebsunternehmers in den Fällen, welche unter das Haftpflichtgesetz gehören. Mit anderen Worten: es fragt

---

[2]) Mot. S. 73.

sich, ob es in den betreffenden Fällen Haft des Betriebsunternehmers nur so gibt, wie sie das Haftpflichtgesetz normirt. Der Wortlaut des ersten Absatzes des §. 9 liefert keine direkte Entscheidung und kann sogar eher Anreiz darbieten, die Frage zu verneinen[3]), als sie zu bejahen. Indessen wird man sich doch an die bestimmt ausgesprochene Absicht halten müssen, daß das Gesetz nur das Minimum der Haftpflicht des Unternehmers fixiren und keineswegs in den Fällen der §§. 1 und 2 eine über das Gesetz im Uebrigen, namentlich über §. 3, hinausreichende Verbindlichkeit des Unternehmers hat beseitigen wollen. Dafür sprechen insbesondere die Verhandlungen, die über die Bestimmung des §. 9 im Bundesrath stattgefunden haben[4]). Darnach ist das Landesrecht, welches den Betriebsunternehmer minder haftbar erklärte, als es das Haftpflichtgesetz thut, aufgehoben, dagegen das Landesrecht, welches in den von dem Haftpflichtgesetz betroffenen Fällen, den Unternehmer mehr haftbar macht, als das letztere, bestehen geblieben. Freilich hat die höchste Instanz einmal anders entschieden. Indessen erscheint es zweifelhaft, ob diese Ansicht festgehalten worden ist[5]). Die weitergehende landesrechtliche Haft des Betriebsunternehmers, kann eine qualitativ oder quantitativ gesteigerte sein. Beide Steigerungen verdienen alsdann nach der Tendenz des Gesetzes Berücksichtigung; vorausgesetzt, daß eben nicht blos auf Grund des Haftpflichtgesetzes, sondern auf Grund des Landesrechts Entschädigung verlangt wird. Für die Haftpflicht der Eisenbahnunternehmer hat bei dem Umfang ihrer Haftpflicht nach §. 1 des Gesetzes die ganze Erwägung wenig praktische Bedeutung. Anders würde es für die Haftpflicht nach §. 2, wenn diese nicht überhaupt durch die Unfallversicherung absorbirt wäre.

Obgleich sich nach dieser Seite hin kein großes Bedürfniß ergibt, ist doch die nähere Erläuterung des §. 9 darum nicht zu umgehen, weil es sich auch um die Haft noch anderer Personen handelt.

Von den beiden Absätzen des §. 9 betrifft der erste das Vorhandensein der Haftverbindlichkeit, der zweite die Höhe des Schadensersatzes nach dem Landesrecht.

1. Der erste Absatz erklärt die landesrechtlichen Bestimmungen für unberührt, nach denen außer den im Haftpflichtgesetz erwähnten

---

[3]) Eger S. 589.

[4]) Wie Eger S. 591—594 ausführt.

[5]) S. unten Not. 24.

Fällen und über die dort bezeichneten Personen hinaus eine Haft begründet ist.

Die „Bestimmungen der Landesgesetze“ brauchen nicht ausschließlich solche zu sein, die in geschriebenen Gesetzen enthalten sind. Der Ausdruck „Landesgesetze“ muß als identisch mit „Landesrecht“ betrachtet werden. Auch solche Bestimmungen bleiben erhalten, die auf Gewohnheit beruhen.

a) Vor allen Dingen muß der Umfang bestimmt werden, in dem Absatz 1 auf das Landesrecht verweist.

Nur mit denjenigen Bestimmungen hat es der erste und ebenso der zweite Absatz zu thun, nach denen für den Schaden gehaftet wird, der bei dem Betriebe der Anlage durch Tödtung oder Körperverletzung eines Menschen entstanden ist.

Es verdient zunächst bemerkt zu werden, daß offenbar zwischen den Worten „insbesondere“ und „haftet“ an irgend einer Stelle ein Komma fehlt, das für den Sinn nicht ganz unwichtig erscheint. Entweder ist dasselbe hinter „Schaden“ zu setzen. Dann bezieht sich die ganze Definition „für den bei dem Betriebe der Anlage durch Tödtung oder Körperverletzung eines Menschen entstandenen Schaden“ lediglich auf den Fall „eines eigenen Verschuldens“. Oder aber, das Komma wird hinter „Verschuldens“ gesetzt. Dann bezieht sich die erwähnte Definition auf alle außer diesem Gesetz nach Landesrecht vorgesehenen Fälle.

Die letztere Annahme wird die richtigere sein. Das Haftpflichtgesetz beschäftigt sich in den §§. 1 und 2 nur mit solchen Tödtungen und Körperverletzungen, die sich im Betriebe der dort genannten Anlage zugetragen haben. Außer dem Betriebe erfolgte hat es in keiner Weise zum Gegenstand seiner Regelung gemacht. Mithin hat es auch da, wo von dem Verhältniß zum Landesrecht die Rede ist, keine Ursache von etwas anderem zu reden, als von den „im Betriebe“ vorfallenden Tödtungen und Körperverletzungen. So sehr es sich von selbst versteht, daß alle Vorschriften unberührt bleiben, welche sich auf Sachenbeschädigung beziehen, ebenso selbstverständlich muß es erachtet werden, daß das Haftpflichtgesetz da nicht eingreifen will, wo die Tödtung oder Verletzung gar nicht aus dem Betrieb der betreffenden Anlage hervorgegangen ist. Diese natürliche Erwägung würde empfindlich gestört werden, wenn man in Gedanken ein Komma erst nach „Schaden“ — denn früher als da, kann dasselbe, wenn es nicht hinter „Verschuldens“ stehen soll, nicht angebracht werden, — setzen wollte. Jede andere Haft, als die für Tödtung und Körperverletzung „im Betriebe" ist so wenig Gegenstand des §. 9 als überhaupt Gegenstand des übrigen Gesetzes.

Davon ausgehend ergibt sich Folgendes: Der Absatz 1 bezieht sich nur auf Beschädigungen der Person, nicht von Sachen. Er hat gleich den §§. 1 und 2 nur Tödtung oder Körperverletzung im Auge, weshalb denn auch zur Definition dieser Begriffe lediglich auf die Erläuterungen zu diesen Paragraphen zu verweisen ist. Er hat ferner wie die §§. 1 und 2 nur diejenige Tödtung oder Körperverletzung im Auge, die im Betriebe einer Anlage, d. h. einer der in den §§. 1 und 2 bezeichneten Anlagen, also einer Eisenbahn, eines Bergwerks, eines Steinbruchs, einer Gräberei oder Grube, oder einer Fabrik vorgefallen ist. Mit anderen Etablissements braucht sich §. 9 nicht zu befassen, da sich das ganze Gesetz mit solchen nicht befaßt. Und daß das der Sinn des Ausdrucks „der Anlage" ist, ergibt sich aus den Worten zu Anfang des Absatzes „einer in den §§. 1 und 2 bezeichneten Anlage", auf die die späteren Worte „im Betriebe der Anlage" nothwendig zu beziehen sind.

Er hält es endlich nur insoweit für erforderlich, wegen der Landesgesetze etwas zu sagen, als es sich handelt um Haft für den aus der Tödtung oder Körperverletzung eines Menschen entstandenen Schaden. Minder aus dem Grunde, weil nur das überhaupt Gegenstand des Haftpflichtgesetzes ist. Auch die Ausdrücke „Tödtung oder Körperverletzung"[6]), ferner „eines Menschen[7]), ebenso „haftet" und „für den daraus entstandenen Schaden" finden bei der Bezugnahme auf die §§. 1 und 2 durchweg ihre Erläuterung in demjenigen, was dort gesagt worden ist. Am wichtigsten ist es, daß darnach auch der §. 9 sich nur auf die Haft für Ersatz des Schadens bezieht, welcher in ursachlichem Zusammenhang aus der im Betrieb erlittenen Tödtung oder Körperverletzung entstanden ist. Wo es sich um irgend eine Verbindlichkeit handelt, primäre oder subsidiäre, die nicht diesen Karakter hat, schlägt §. 9 so wenig, als das ganze sonstige Gesetz ein[8]).

b) Die Voraussetzung, unter der die Landesgesetze unberührt sein sollen, ist, daß nach denselben außer den in dem Haftpflichtgesetz

---

[6]) S. oben §. 1 Not. 95.

[7]) S. oben §. 1 Not. 98.

[8]) Eger S. 600.

vorgesehenen Fällen, die sich aus den §§. 1 und 2 ergeben, ausschließlich die Haftbarkeit des Betriebsunternehmers betreffen und lediglich nach dem Haftpflichtgesetz zu beurtheilen sind, für den Schaden aus Tödtung oder Körperverletzung im Betriebe haftbar erklärt wird:

aa) Der Unternehmer einer der in den §§. 1 und 2 bezeichneten Anlage. Der Begriff des Unternehmers ist natürlich hier ganz der gleiche wie in den §§. 1 und 2, daher keineswegs mit dem des Inhabers der Anlage zu identifiziren. Was den Eisenbahnunternehmer des §. 1 betrifft, so ist kaum abzusehen, wozu der Hinweis auf Aufrechthaltung der Landesgesetze, nach denen er noch außer den Fällen des §. 1 hafte, nöthig ist. Die Haft für alle Tödtungen und Verletzungen im Betriebe der Eisenbahn ist dem §. 1 zufolge eine extensiv so weit reichende, daß für den Gedanken an Haft für noch andere Fälle gar kein Platz mehr übrig bleibt. Denkt man aber an die Möglichkeit[9]), daß die Haft des Eisenbahnunternehmers intensiv noch über §. 1 hinaus gesteigert werden könne, z. B. durch Haft desselben sogar für unabwendbaren Zufall oder selbstverschuldete Verletzung, so hat bis zum Erlaß des Haftpflichtgesetzes kein Landesrecht unternommen gehabt, die Haftpflicht auch nur in dem Maße aufzustellen, wie es von dem Haftpflichtgesetz geschieht, geschweige denn eine noch schärfere Haftpflicht konstituirt. Und soll die, ohnehin sehr entfernt liegende, Möglichkeit, daß künftig noch eine verschärftere Haftpflicht der Eisenbahnunternehmer beliebt werden möge, in Rechnung gezogen werden, so ist es wohl ganz klar, daß nach den bestehenden Verhältnissen nicht mehr die Landesgesetzgebung, sondern nur die Reichsgesetzgebung den Beruf haben wird, eine solche Maßregel zu treffen. Das „außer den in diesem Gesetz bezeichneten Fällen" hat also im Hinblick auf den Inhalt des §. 1 des Gesetzes[10]), der auch von einer Unterscheidung, ob „eigenes Verschulden" des Unternehmers, oder nicht eigenes Verschulden, nichts weiß, für die Eisenbahnunternehmer wenn auch nicht gar keine, doch nur sehr geringe Bedeutung[11]).

Anders für die Unternehmer der in §. 2 bezeichneten Anlagen, die ja nach dem §. 2 nur haften für Tödtungen und Körperverletzungen, welche durch Verschulden eines Bevollmächtigten u. s. w. in Ausübung

---

[9]) Mit Eger S. 597.

[10]) Entsch. des R.G. Bd. 3 Nr. 86.

[11]) Anders verhält es sich mit den in Abs. 2 des §. 9 erwähnten Bestimmungen. S. unten S. 216.

der Dienstverrichtungen verursacht sind. Hier ist es wohl denkbar, daß Landesgesetze seither oder künftig den Unternehmer auch sonst noch haftbar machen[12]).

Dies ist in verschiedenen Richtungen möglich und die Bestimmung des ersten Absatzes des §. 9 bezieht sich auf jede Erweiterung der Haft, die in der einen oder der anderen Richtung nach Landesrecht vorkommt. Als ein Hauptbeispiel, aber auch nur als Beispiel, das durchaus nicht ausschließt, daß zugleich eine Haftbarkeit nach Landesrecht ohne eigenes Verschulden existiren kann, wird mit Recht hervorgehoben „insbesondere wegen eines eigenen Verschuldens"[13]). Denn der §. 2 betrifft ja die Fälle, in denen die Tödtung oder Körperverletzung durch eigenes Verschulden des Unternehmers herbeigeführt ist, so wenig, daß sich eigentlich fragt, ob diese Exemplifikation besonders hervorgehoben zu werden brauchte. Es wäre auch wohl ohne ausdrückliche Erwähnung klar gewesen, daß die Haft für jedes eigene Verschulden, auf Grund des Landesrechts unberührt bleibt, weil sie eben das Haftpflichtgesetz gar nicht berührt.

Was eigenes Verschulden ist, kann hier nicht ausführlich erörtert werden. Dafür ist das sonstige Recht maßgebend. Nur soviel mag bemerkt werden, daß an sich der Begriff in umfassendstem Sinne zu nehmen ist. Darunter fallen nicht nur schuldhafte, als unmittelbare Ursache des Unfalls erscheinende Handlungen und Unterlassungen, sondern auch solche, die, wie manche Anordnungen oder Duldungen, Anstellung ungeeigneter Personen im Betrieb[14]), als mittelbare Ursache betrachtet werden müssen. Hieher gehören namentlich die schon an anderer Stelle erwähnten Versäumnisse in der Erfüllung gesetzlicher und administrativer Verpflichtungen, welche dem Betriebsunternehmer obliegt[15]).

Indessen muß daran erinnert werden, daß nach dem Unfallversicherungsgesetz vom 6. Juli 1884 §. 95[16]) nicht nur von einer Verbindlichkeit aus dem Haftpflichtgesetz für den Betriebsunternehmer, sondern auch überhaupt von einer Verbindlichkeit des Betriebsunter-

---

[12]) Eger S. 597 z. E. führt einige an; vor allem den bekannten art. 1384 des Cod. civ.

[13]) Ueber das Maaß der Entschädigung s. unten Not. 27.

[14]) Entsch. des R.O.H.G. Bd. 10 S. 84. — Eger S. 599 Nr. 134.

[15]) S. oben zu §. 2 Not. 59. 92 u. eine Reihe von Entsch. des R.O.H.G. u. des R.G. über darauf bezügliche Fragen bei Genzmer S. 151—155.

[16]) S. oben §. 2 Not. 147.

nehmers, Bevollmächtigten, Repräsentanten, Betriebs- oder Arbeitsaufsehers gegenüber den Arbeitern und Betriebsbeamten, welche nach diesem Gesetz versichert sind, nur dann geltend gemacht werden kann, wenn durch strafgerichtliches Urtheil festgestellt ist, daß sie vorsätzlich den Unfall herbeigeführt haben; und alsdann nur auf den Betrag, um welchen die nach dem Haftpflicht- oder Landesgesetz zu leistende Entschädigung diejenige übersteigt, die nach dem Unfallversicherungsgesetz zu beziehen ist. Es leuchtet ein, daß, wie zum größten Theil §. 2 des Haftpflichtgesetzes, so auch der Vorbehalt des Landesrechts in §. 9 Abs. 1, zwar nicht alle und jede Bedeutung, doch den größten Theil derselben eingebüßt hat. Auch auf das Landesrecht haben Arbeiter, und diese sind es ja weitaus vorwiegend, die an der Haftpflicht des §. 2 betheiligt waren, nur noch in dem eben berührten beschränkten Umfang Veranlassung.

bb) oder eine andere Person. Auch das hätte füglich für selbstverständlich gelten können, daß die Haft anderer Personen als des Betriebsunternehmers unberührt bleibt. Denn das Haftpflichtgesetz spricht nur speziell von der Haft des Betriebsunternehmers und Niemand würde annehmen, daß darum, weil diese in eigenthümlicher Weise aus besonderen Gründen konstituirt wird, die Haft irgend einer anderen Person für Tödtung und Körperverletzung, die nach dem, noch partikularen, bürgerlichen Recht sonst begründet ist, abgeschafft sei. Am wenigsten „die Haft wegen eigenen Verschuldens", deren Exemplifikation nach der Fassung des Absatzes 1 auch auf „die andere Person" mitbezogen werden muß. Daß derjenige, welcher eine Tödtung oder Körperverletzung durch eigenes Verschulden verursacht hat, mag er nun der physische, unmittelbare, oder mag er der intellektuelle, mittelbare Urheber sein, für den dadurch angerichteten Schaden haftet, folgt aus den Grundsätzen, die keinem Recht fehlen.

c) Unter dieser Voraussetzung bleiben nach Abs. 1 des §. 9 die Landesgesetze unberührt. Das Landesrecht wird, mit Ausnahme dessen, was aus der Erstreckung der weiteren Paragraphen, namentlich des §. 8, folgt, zu mehrer Deutlichkeit ausdrücklich aufrecht erhalten, soweit es eine Haftbarkeit objektiv in noch anderen Fällen, oder subjektiv noch anderer Personen, als sich aus dem Haftpflichtgesetz ergibt, anerkennt.

Daraus ergibt sich, daß möglicherweise wegen desselben Unfalls Haft des Betriebsunternehmers, der einzigen Person, mit der es das Haftpflichtgesetz zu thun hat, aus diesem und Haft noch einer anderen

Person für den Schadensersatz wegen Tödtung oder Verletzung aus dem Haftpflichtgesetz begründet ist. Von der Haft für Regreß, den der Haftpflichtige sucht, ist hier nicht zu reden; ebensowenig von der Forderung des Beschädigten oder seiner Rechtsnachfolger wegen des Unfalls, welche aus einem Assekuranzverhältniß oder aus einem sonstigen selbständigen Rechtsgrund hergeleitet wird. Daß in dieser Beziehung das übrige bürgerliche Recht entscheidet, soweit es sich um die Frage der Begründung handelt, und auch, abgesehen von der Erstreckung des §. 4 auf die landesrechtlichen Fälle, soweit es sich um das Verhältniß zu der Verbindlichkeit des Haftpflichtigen handelt, bedarf kaum der Erwähnung.

Was aber hier noch interessirt, ist das Verhältniß zweier wegen derselben Tödtung oder Körperverletzung haftpflichtiger Personen; ein Verhältniß das vorkommen kann, indem neben dem Betriebsunternehmer, der nach dem Haftpflichtgesetz haftet, vielleicht nach Landesrecht noch eine andere Person haftpflichtig erscheint. Eines ist bereits an anderer Stelle bemerkt worden[17]). Die Haftverbindlichkeit aus dem Haftpflichtgesetz ist eine prinzipale und durchaus selbständige. Darum, weil noch ein Anderer haftbar sein soll, kann der haftpflichtige Betriebsunternehmer dem Haftpflichtberechtigten weder die Einrede der Exkussion, noch auch die Einrede der Theilung entgegensetzen. Dagegen erscheint dem unmittelbaren Urheber oder Verschulder der Tödtung oder Körperverletzung gegenüber, der Betriebsunternehmer, der nicht durch eigenes Verschulden den Unfall herbeigeführt hat, allerdings nur subsidiär verhaftet[18]). Das hat denn zur Folge, daß der Unternehmer, wenn er dem Berechtigten gegenüber, der sich um diese Subsidiarität nicht zu kümmern braucht, seine Haftverbindlichkeit hat erfüllen müssen, bei dem eigentlichen Urheber Regreß nehmen kann. Der Schadensersatzberechtigte aber hat die Wahl, wenn ihm noch ein Anderer haftbar ist, diesen oder den Betriebsunternehmer zu belangen, wenn nicht etwa aus besonderen Gründen der erstere für ihn nur subsidiär belangbar ist. Thatsächlich wird der Berechtigte fast immer vorziehen, sich an den Betriebsunternehmer zu halten, weil dies vortheilhafter ist. Indessen bleibt doch die Frage übrig, in welchem Verhältniß die zwei- oder mehrfachen Ersatzansprüche rechtlich zu einander in Bezug auf die Befriedigung stehen[19]). Soll angenommen werden,

[17]) S. bes. §. 1 nach Not. 125.

[18]) Eger S. 602 Nr. 2.

[19]) Römer, Z. f. H.R. Bd. 18 S. 18 nimmt nach seinem Standpunkt an, daß

daß durch die Befriedigung der einen Forderung die andere eo ipso mitgetilgt sei? Stehen die mehreren Forderungen, weil sie ex eadem re, aus demselben Thatbestande der Verletzung, stammen, in einem solchen Verhältnisse zu einander? Oder kann wenigstens dem Ersatzberechtigten, der den Unternehmer nach §. 1 oder 2 belangt, eingewendet und nach Analogie des §. 4 angerechnet werden, was er von einem anderen Haftbaren auf gerichtlichem oder außergerichtlichem Wege wirklich erlangt hat? Umgekehrt mag die Frage, obwohl dazu an sich ebenfalls Veranlassung, hier als diesem Gesetz fremd, gar nicht gestellt werden. Soll nun die Frage um des von den Motiven allerdings aufgestellten, aber im Gesetz nirgends bestimmt ausgedrückten und an mehreren Stellen als zweifelhaft erkannten Axioms willen, daß das Gesetz nur den wirklichen Schaden vergüten, jede Bereicherung aber vermeiden wolle, ohne Weiteres bejaht werden? Und wenn das Rechtens ist, müßte dann schließlich der Berechtigte sich etwa auch die Anrechnung des Werths der zwar von ihm noch nicht eingehobenen, aber mehr oder minder sicheren Forderung, die ihm gegen einen Anderen zusteht, gefallen lassen? Damit würde man der Einrede der Vorausklage sehr nahe rücken. Und wie soll es für den Unternehmer werden, wenn der Berechtigte mit dem andern Verpflichteten ein Abkommen getroffen, ganz oder theilweise verzichtet, Deckung oder Befriedigung ohne baare Zahlung angenommen hat?

Das Gesetz schweigt darüber vollständig. Alles bleibt also der Judikatur überlassen. Nach gemeinrechtlicher Auffassung dürfte es am richtigsten sein, auf das Verhältniß der mehreren Forderungen, die vermöge des Gesetzes, theils nach Landes-, theils nach Reichsrecht, aus demselben Ereigniß hervorgehen, die Grundsätze der Korrealität anzuwenden.

Darauf läuft es auch in dem praktischen Resultat hinaus, wenn man den Gesichtspunkt des Schadensersatzes hervorkehrt[20]), oder sich damit behilft, daß die Verbindlichkeit aus dem Haftpflichtgesetz nur das Minimum dessen darstellt, was als Schadensersatz zu leisten ist. Auch dann ist nicht zu zweifeln, daß, was bei dem einen Verpflich-

---

der Betriebsunternehmer, der nach diesem Gesetz haftbar ist, und der sonst Haftbare solidarisch neben einander verpflichtet sind; aber nicht als Korrealschuldner. Ueber die Konsequenzen s. weiter das. S. 18—19.

[20]) Vgl. Eger S. 601—602.

teten erlangt worden ist, nicht noch einmal bei dem anderen begehrt werden kann.

2. Der zweite Absatz des §. 9 verfügt in demselben Umfang und unter denselben Voraussetzungen etwas anderes in Bezug auf die §§. 3, 4, 6—8 des Gesetzes. Während nach dem ersten Absatz die Landesgesetze neben den §§. 1 und 2 ganz unberührt bleiben, finden in diesen Fällen, d. h. in denselben Fällen, die dem ersten Absatz zufolge unberührt bleiben, die genannten weiteren Bestimmungen Anwendung. Das heißt also: in den betreffenden Fällen, in denen Anspruch auf Schadensersatz wegen Tödtung oder Körperverletzung nur nach Landesrecht begründet ist, richtet sich die gerichtliche Geltendmachung nichts destoweniger nach dem Reichsgesetz. Die Vorschriften der §§. 3, 4, 6—8 sind sämmtlich solche, die sich auf die gerichtliche Geltendmachung beziehen.

Die Motive hielten es für unzulässig, den nach Landesrecht haftbaren Urheber einer Verletzung günstiger zu behandeln, als den Unternehmer. Das Maß der Entschädigung dürfe nicht geringer und der erstere dürfe nicht in der vortheilhafteren Lage sein, daß ihm der Beweis nach den strikten Regeln der partikularrechtlichen Beweistheorie erbracht werden müsse. Der Reichstag hat sich dem angeschlossen, aber die Anführung der Paragraphen verändert, namentlich die Erwähnung des §. 5 fortgelassen[21]). Obwohl besondere Gründe, die dazu bewogen haben, nicht ersichtlich sind, vielmehr die Ausscheidung als eine blos redaktionelle Veränderung bezeichnet wurde, erscheint diese erklärlich. Die Bestimmung des §. 5 ist eine rein materiellrechtliche. Jedenfalls aber ist die Auslassung, ob beabsichtigt, oder nicht, von erheblicher Wirkung. So wie jetzt Absatz 2 des §. 9 lautet, ist ausgemacht, daß da, wo es das Landesrecht gestattet, über den nach seinen Vorschriften begründeten Schadensersatz beschränkende oder aufhebende Dispositionen im Voraus zu treffen, nach wie vor gestattet bleibt.

Hinsichtlich des Umfangs, in dem die Bestimmung des zweiten Absatzes wirksam wird, sei nur noch betont, daß es sich auch hier nur um die Fälle handelt, in denen „Schadensersatz“ begehrt wird. Auf Ansprüche anderer Art, wenn sie gleich aus Anlaß der Tödtung oder Körperverletzung im Betriebe entstanden sind, erstreckt sich die Anwendung der citirten Paragraphen nicht. Und was über die ver-

---

[21]) Eger S. 607 Nr. 5.

minderte Bedeutung des ersten Absatzes, welche seit dem Unfallversicherungsgesetz besteht, gesagt worden ist, gilt auch für den zweiten.

Indessen finden die Vorschriften der §§. 3, 4, 6—8 nur Anwendung unbeschadet derjenigen Bestimmungen der Landesgesetze, welche dem Beschädigten einen höheren Ersatzanspruch gewähren. Die Absicht, aus der dieser Zusatz hervorgegangen ist, erscheint klar, sobald man erwägt, daß das Haftpflichtgesetz überhaupt nur das Minimum von Haftverbindlichkeit festsetzt, welches einheitlich im ganzen Reiche bestehen soll. Wo das Landesrecht den Beschädigten, d. h. den zur Forderung des Schadensersatzes wegen Tödtung oder Körperverletzung im Betrieb Berechtigten einen höheren Ersatzanspruch darbietet, soll es durch das Reichsrecht des Haftpflichtgesetzes nicht gebrochen, der Berechtigte seines besseren Rechts nach Landesgesetz nicht verlustig sein.

Allein was ist ein höherer Ersatzanspruch? Dem Wortlaute nach kann man darunter blos denjenigen verstehen, der quantitativ nach dem Landesrecht sich höher stellt, als nach dem Haftpflichtgesetz. Ist dem so, dann hat der Nachsatz des Abs. 2 des §. 9 überhaupt nur Bezug auf §. 3 des Haftpflichtgesetzes; bei dem sich dann weiter die Unterfrage erhebt, ob er nur die quantitative Steigerung derjenigen Arten von Schadensersatz, welche §. 3 gewährt, betrifft, oder ob damit gemeint ist, daß auch noch in anderen Richtungen, als §. 3 zuläßt, Schadensersatz gefordert werden kann[22]). Oder es ist anzunehmen, daß nicht blos jeder quantitativ, sondern auch jeder qualitativ gesteigerte Schadensanspruch des Landesrechts erhalten werden soll. Ist das der Sinn, dann bezieht sich der Zusatz nicht blos auf §. 3, sondern auch auf die übrigen im Vordersatz angeführten Paragraphen des Haftpflichtgesetzes. Dann drückt er aus: wo immer den §§. 3, 4, 6—8 gegenüber das Landesrecht dem Berechtigten vortheilhafter ist, als das Haftpflichtgesetz, mit Ausnahme des §. 5, soll demselben auch in den von dem letzteren betroffenen Fällen das vortheilhaftere Recht erhalten sein.

Die Fassung des zweiten Absatzes und der hiernach gegebene Zusammenhang des Nachsatzes mit dem Vordersatz steht der letzteren Auffassung nicht nur nicht entgegen, sondern läßt sie sogar von Haus aus als die natürlichere erscheinen. Dafür spricht aber auch der innere Grund, daß eben, wie aus den unwidersprochen gelassenen Motiven

---

[22]) S. davon unten a. S. 218.

erhellt, welche selbst die das Verbot beschränkende oder aufhebende Uebereinkunft mit hineinziehen wollten, leitender Gedanke war, überhaupt dem Berechtigten das günstiger als das Reichsgesetz lautende Landesrecht nicht abzuschneiden[23]). Freilich zeigt sich im Einzelnen, daß auch von dieser Auffassung aus, der Absatz 2 des §. 9 seine Hauptbedeutung gegenüber dem §. 3 und dem daran anschließenden §. 4 hat. Doch kommt er immerhin auch dem §. 8 gegenüber in Betracht, während die Bezugnahme auf die §§. 6 und 7 keinen Werth mehr besitzt.

a) Durch die Bezugnahme auf §. 3 des Haftpflichtgesetzes wird ausgedrückt, daß überall, wo nach dem Landesrecht eine Haft für Entschädigung wegen einer im Betrieb vorgefallenen Tödtung oder Körperverletzung nach Maßgabe der §§. 1 und 2 existirt, jedenfalls der Schadensersatz zu leisten ist, welchen §. 3 zubilligt; jedoch nur als Minimum, mit Vorbehalt höheren Ersatzes, wenn solchen das Landesrecht gewährt. Nach dem, was über die Bedeutung des den letzteren Vorbehalt machenden Nachsatzes bemerkt worden ist, kann man nicht umhin, dies so zu verstehen, daß namentlich vorbehalten ist, auch noch unter anderen Rubriken, als denen der Heilungs-, Beerdigungskosten, der Entschädigung wegen Störung des Erwerbs oder Verlustes des Unterhalts, nach Landesrecht Schadensersatz fordern zu dürfen. Die Bestimmung blos auf die Quantität der einzelnen in §. 3 aufgestellten Rubriken zu beziehen, erscheint umsoweniger angezeigt, als §. 3 eine zu quantitativer Vergleichung Anhalt gebende Bemessung der einzelnen Rubriken, wenn man nicht dahin rechnen will, daß nach Nr. 1 des §. 3 der Vermögensnachtheil wegen Erwerbsstörung nur für die Zeit der Krankheit vergütet werden soll, gar nicht enthält. Danach ist es überhaupt nicht wohl zu taxiren, ob der Entschädigungsanspruch nach Landesrecht bezüglich seiner Quantität besser bedacht sei, als nach dem vorliegenden Gesetz, wenn letzteres die Ausmessung des Schadensersatzbetrags in §. 7 ganz und gar in das freie Ermessen stellt.

„Einen höheren Ersatzanspruch" bezieht sich daher keinenfalls nur auf die Möglichkeit, daß das Landesrecht für eine der in §. 3 als ersatzfähig anerkannten Rubriken ein besseres Quantum gewährt, sondern wesentlich auf die Möglichkeit, daß das Landesrecht auch außer den in §. 3 bezeichneten Kategorien, z. B. an Wittwengehalt,

---

[23]) Vgl. Eger S. 608 Nr. 137.

ohne Rücksicht auf die Alimentationsbedürftigkeit, Schmerzensgeld, wegen Verunstaltung u. dgl., etwas bewilligt, also dadurch den gesammten Entschädigungsanspruch als einen höheren qualifizirt, daß es Entschädigung unter einer Rubrik gewährt, welche dieses Gesetz nicht kennt.

Demgemäß hat sich auch, nach anfänglichem Schwanken[24]), die oberste Instanz dahin ausgesprochen, daß die Anwendung der dem Berechtigten günstigeren Bestimmungen der Landesgesetze hinsichtlich des Umfangs des Schadens in den vom Haftpflichtgesetz betroffenen Fällen nicht ausgeschlossen ist[25]). Dagegen läßt sich auch nicht aus dem Grunde argumentiren, weil solchergestalt eine Abänderung des Reichsgesetzes durch das Landesgesetz gutgeheißen werde[26]). Wenn und soweit das Reichsgesetz, wie hier, das Landesrecht erhalten wissen will, obgleich ihm dasselbe entgegenläuft, kommt natürlich für die Geltung des Landesrechts gar nicht mehr in Betracht, ob es sich zu dem Reichsgesetz als bloße Ergänzung oder als Abänderung verhält.

Daß das Landesrecht, welches insofern günstiger ist, als es auch noch in anderen Fällen, als in denen der §§. 1 und 2 des Haftpflichtgesetzes, ein Recht auf Schadensersatz gewährt, unberührt geblieben ist, braucht kaum wiederholt zu werden. Das versteht sich von selbst, daß z. B. für die Höhe der Entschädigung bei Tödtung oder Körperverletzung, die der Unternehmer des §. 2 durch eigenes Verschulden verursacht hat[27]), das Landesrecht maßgebend ist, welche es für den Berechtigten vortheilhafter ist, als §. 3; sonst aber §. 3[28]). Und ebenso verhält es sich, wo etwa eine Schadensersatzpflicht des Eisenbahnunternehmers wegen Tödtung oder Verletzung existirt, die nicht unter §. 1 fällt[29]).

b) Die Bezugnahme auf §. 4 des Gesetzes, der von der Einrechnung der unter Mitbetheiligung des Unternehmers bestandenen Versicherung auf den Schadensersatz handelt, kann im Hinblick auf den Nachsatz des zweiten Absatzes des §. 9 nur die Bedeutung haben, daß es fortwährend bei dem Landesrecht bewendet, wenn es in einem der unter die §§. 1 und 2 gehörigen Fälle die Einrechnung solcher Ver-

---

[24]) Vgl. Entsch. des R.O.H.G. Bd. 19 S. 396.

[25]) Entsch. (des Plenums) des R.O.H.G. Bd. 24 S. 311.

[26]) Genzmer S. 157 u. Westerkamp S. 710; s. bes. Not. 2.

[27]) S. oben S. 212 Not. 13.

[28]) Entsch. des R.G. v. 26. Juni 1880 (Genzmer S. 159).

[29]) Entsch. des R.G. v. 29. März 1881 (Genzmer S. 159 a. E.).

sicherungsbeträge nur in vermindertem Maße zuläßt oder ausschließt. Auch dieser Bestimmung kommt jetzt, seitdem die Unfallversicherung existirt, im Verhältniß der Arbeiter der in §. 2 bezeichneten Etablissements kaum noch Bedeutung zu.

c) Der Hinweis auf die prozeßrechtlichen Bestimmungen der §§. 6 und 7 ist vollkommen bedeutungslos geworden durch die in den Erläuterungen dieser Paragraphen angeführten Vorschriften der Civilprozeßordnung. Eine Mehrbegünstigung des landesrechtlichen Schadensersatzes in dieser Beziehung ist nicht mehr denkbar, da alles landesrechtliche Prozeßrecht, soweit nicht einiges ausdrücklich unberührt gelassen worden[30]), Aufhebung erfahren hat[31]).

d) Die Bezugnahme auf §. 8, der die kurze Verjährung einführt, involvirt eine Abänderung der materiellen Partikularrechte. Die nach Absatz 1 des §. 9 aufrecht erhaltenen Schadensersatzansprüche sind der Verjährung des §. 8 unterworfen worden ohne Rücksicht darauf, daß das Landesrecht, indem es eine längere Verjährung zuläßt oder in irgend einer anderen Richtung mehr Sicherheit vor Verjährung darbietet, diesen Ansprüchen günstiger lautet, als das Reichsgesetz. Es kommt lediglich die Vorschrift des §. 8 mit den oben dargestellten Folgen zur Anwendung; freilich nicht blos, wenn das Landesrecht vortheilhafter, sondern auch wenn es minder vortheilhaft war. Der Nachsatz „unbeschadet — gewähren" ändert daran nichts. Denn daß die betreffenden Bestimmungen des Landesrechts, welche eine längere Verjährung bewilligten nicht als „einen höheren Ersatzanspruch" gewährende angesehen werden können, erhellt von selbst. Das Reichsoberhandelsgericht hat sogar die Verjährung des §. 8 auch für die vor Erlaß des Haftpflichtgesetzes entstandenen Schadensersatzansprüche giltig erachtet, wo dann die Verjährung vom Tage des Inkrafttretens des Gesetzes an datirt worden ist[32]). Indessen hat doch schwerlich allgemeinhein behauptet werden sollen, daß jedenfalls noch eine zweijährige Verjährung von diesem Tage an gegeben sei, wo nach dem Landesgesetz die Verjährung schon vor Ablauf dieser zwei Jahre eingetreten sein würde.

Da die Bezugnahme dem ganzen §. 8 gilt, so ist damit zugleich der dritte Satz des §. 8 über die Stellung der Minderjährigen und

[30]) Vgl. Einf.Ges. zur C.P.O. §§. 15—16, die hier nicht weiter einschlagen.

[31]) Einf.Ges. zur C.P.O. §. 14.

[32]) Entsch. des R.O.H.G. Bd. 20 Nr. 1. S. die weiteren Entsch. bei Eger S. 605. 606.

dieser gleichgestellten Personen auf die landesgesetzlichen Schadensersatzforderungen erstreckt[33]).

Zugleich ergibt sich, daß alles das, was oben zur Erläuterung des §. 8 gesagt worden ist, ebenmäßig für die auf Landesgesetz beruhenden Ansprüche gilt[34]).

---

[33]) Entsch. des R.O.H.G. Bd. 21 S. 408.

[34]) Vgl. auch Entsch. des R.G. v. 16. Januar 1880 (Archiv für Eisenb. 1880 S. 36).

VII. Die Gerichtszuständigkeit in Haftpflichtsachen.

§. 10.

Die Bestimmungen des Gesetzes, betreffend die Errichtung eines obersten Gerichtshofes für Handelssachen, vom 12. Juni 1869., sowie die Ergänzungen desselben werden auf diejenigen bürgerlichen Rechtsstreitigkeiten ausgedehnt, in welchen durch die Klage oder Widerklage ein Anspruch auf Grund des gegenwärtigen Gesetzes oder der in §. 9. erwähnten landesgesetzlichen Bestimmungen geltend gemacht wird.

1. Der Paragraph ist vom Reichstage dem Gesetze zugefügt worden[1]). Sein Vorbild war Absatz 1 des §. 32 des Gesetzes vom 11. Juni 1870, betr. das Urheberrecht an Schriftwerken u. s. w. Man wollte die einheitliche Auslegung und Anwendung dieses Gesetzes dadurch sichern, daß die oberste Instanz in das einheitliche oberste Reichsgericht verlegt wurde. Dies erschien in der That um so nothwendiger, je mehr das Gesetz nach den vorstehenden Ausführungen geeignet war, zweifelhafte Rechtsfragen zu erzeugen[2]).

Um dies Ziel zu erreichen, wurden die Bestimmungen des Gesetzes vom 12. Juni 1869 hieher erstreckt. Ungeachtet des anderen, minder korrekten Ausdrucks war damit dasselbe gesagt, wie in

---

[1]) Erster Antrag (in sehr unglücklicher Fassung) s. Drucks. Nr. 65 unter 10; s. weiter Nr. 99; 102, II. In zweiter Lesung nach unbedeutender Diskussion angenommen, St.B. S. 507—508; desgl. in dritter S. 626.

[2]) S. über diese Erwägungen Endemann, Erläuterungen des Bundesgesetzes vom 12. Juni 1869 in Busch's Archiv für Handelsrecht, Bd. 17 S. XLVII fg. bes. S. LX.

dem angeführten §. 32[3]). Das Oberhandelsgericht tritt als letzte Instanz an die Stelle des seither zuständigen obersten Landesgerichtshofs, und das Verfahren regelt sich durchaus nach dem gedachten Gesetz[4]).

Die Ergänzungen desselben waren nicht etwa die Bundesgesetze, welche die Kompetenz des Oberhandelsgerichts erweitert haben, sondern einestheils diejenigen Reichsgesetze, welche die Gültigkeit des Gesetzes vom 12. Juni 1869 auch auf Südhessen, Baden und Würtemberg erstrecken[5]), namentlich aber das Reichsgesetz vom 22. April 1871 über die Einführung des Bundesgesetzes vom 12. Juni 1869 in Bayern §. 5, bei dem zugleich für Bayern eine gewisse Modifikation des §. 18 getroffen wurde. Die Kompetenz des Oberhandelsgerichts hatte mithin, was die aus diesem Gesetz stammenden Sachen anging, für Südhessen und Baden sofort mit dem Inkrafttreten dieses Gesetzes[6]) begonnen, für Würtemberg und Bayern mit dem 1. Juli 1871, da für diese beiden Staaten von diesem Termin an überhaupt erst irgend eine Zuständigkeit des Oberhandelsgerichts begründet war.

Sie umfaßte diejenigen bürgerlichen Rechtsstreitigkeiten, in denen ein Anspruch geltend gemacht wurde.

a) Auf Grund des gegenwärtigen Gesetzes. Das war selbstredend erst möglich, nachdem das Gesetz in Kraft getreten. Insoweit hatte das Oberhandelsgericht mit Schadensersatzansprüchen, die vorher anhängig geworden waren, mochten sie auch inhaltlich durchaus konform mit denen sein, die das gegenwärtige Gesetz anerkennt, von Rechts wegen nichts zu schaffen. Aber, wenn ihm die Sache gleichwohl von einem obersten Landesgerichtshofe fälschlich überwiesen wurde, mußte es dieselbe nach §. 21 des Gesetzes vom 12. Juni 1869 behalten und entscheiden.

b) Auf Grund der in §. 9 erwähnten landesgesetzlichen Bestimmungen. Allem Vermuthen nach hat man wenig erwogen,

---

[3]) Der durch Erstreckung der Kompetenz nach §§. 12 und 13 jenes Gesetzes auf die betreffenden Sachen, mittelbar zugleich die Anwendung aller Bestimmungen des Gesetzes vom 12. Juni 1869, die sich ja nur auf bürgerliche Rechtsstreitigkeiten beziehen, herbeiführt.

[4]) S. dazu überhaupt die in Not. 2 erwähnte Darstellung.

[5]) S. das Gesetz, betr. die Verfassung des Deutschen Reichs vom 16. April 1871 §. 2 und die dort citirten Verträge.

[6]) Da dasselbe am 14. Juni 1871 im Reichsgesetzblatt ausgegeben, ist nach der Reichsverf. Art. 2 das Gesetz vom 28. Juni 1871 ab in Kraft getreten.

was man mit dieser Fassung gethan hat. Wenigstens ist es sehr möglich, daß man auch diese Sachen nur in demselben Umfang, wie ad 1, dem Oberhandelsgericht überweisen wollte. Das wäre geschehen, wenn man, falls dies ausdrücklicher Erwähnung bedürftig schien, gesagt hätte: „auf Grund des §. 9." Alsdann würde sich folgern lassen, daß nur die erst seit Publikation des §. 9 anhängig werdenden Sachen gemeint seien. So aber traf der Ausdruck alle Ansprüche, die in landesgesetzlichen Bestimmungen, d. h. überhaupt in dem Landesrecht[7]), ihr rechtliches Fundament haben, soweit sie in den Umfang des §. 9 fallen, und daher auch viele vor Publikation dieses Gesetzes anhängig gewordene, noch schwebende Rechtsstreitigkeiten. Auch sie gehörten in letzter Instanz vor das Oberhandelsgericht; gerade so, wie bei Erlaß des Gesetzes vom 12. Juni 1869 die Kompetenz auch über bereits vor Publikation desselben anhängige Handelssachen mit übertragen wurde[8]).

Durch die Klage oder Widerklage. Der Antrag, dies ganz zu streichen, der die größte Ausdehnung der Kompetenz bedeutete, wurde zwar abgelehnt; dagegen eine Erweiterung gegenüber dem Gesetz vom 12. Juni 1869 §. 13 und 11. Juni 1870 §. 32 insofern ohne Widerspruch angenommen, als dort nur die Geltendmachung in der Klage[9]), hier auch die in der Widerklage die Zuständigkeit des Oberhandelsgerichts begründen sollte. Es stand darnach fest, daß unangesehen der Qualifikation der Klage schon die Qualifikation der Widerklage nach diesem Gesetz oder dem im §. 9 erwähnten Landesrecht der Sache in letzter Instanz an das Oberhandelsgericht brachte. Nicht aber die Benutzung des Anspruchs zu einer Einrede, sei es auch zur Einrede der Kompensation oder Gegenforderung, die zwar nach der Civilprozeßordnung der Widerklage in mancher Beziehung nahe, aber doch nicht gleich steht[10]), und noch weniger nach den früheren Prozeßrechten der Widerklage gleichgestellt war.

2. Indessen sind die unter Nr. 1 gegebenen Erläuterungen, nur für vergangene Verhältnisse von Werth. Immerhin erscheint es angezeigt, sie beizufügen, weil möglicherweise noch Gelegenheit erscheinen mag, darauf zurückzugreifen.

---

[7]) Vgl. Bundesges. vom 5. Juni 1869 §. 3 sub B, 1.

[8]) S. §. 15 daselbst.

[9]) Endemann, a. a. O. (s. Not. 2) S. XLII.

[10]) Endemann, Komm. zur C.P.O. Bd. 1 S. 483.

Von dem 1. Oktober 1879 ab hat der §. 10 alle Bedeutung verloren.

Nach dem Gerichtsverfassungsgesetz des Reichs vom 27. Januar 1877 existirt seit dem 1. Oktober 1879 kein Reichsoberhandelsgericht mehr. Die Zuständigkeit höchster Instanz in bürgerlichen Rechtsstreitigkeiten, also auch in Haftpflichtprozessen, ist bei dem Reichsgericht[11]). Dabei hat es sein Bewenden selbst für die Bundesstaaten[12]), welche als höchste Instanz einen obersten Landesgerichtshof halten. Die bürgerlichen Rechtsstreitigkeiten, welche zur Zuständigkeit des Reichsoberhandelsgerichts gehörten, dürfen dem Reichsgericht nicht entzogen werden. Zu diesen sind aber, wie aus §. 10 des Haftpflichtsgesetzes hervorgeht, die Ansprüche zu rechnen, welche auf Grund dieses Gesetzes durch Klage oder Widerklage geltend gemacht werden. Anders, wenn durch Klage oder Widerklage ein Anspruch geltend gemacht ist, von dem man in Gemäßheit des §. 9 Abs. 1 dieses Gesetzes sagen muß, daß er sich auf Landesgesetz gründet, woran denn auch die nach §. 9 Abs. 2 verfügte Anwendbarkeit einer Reihe von Bestimmungen des Haftpflichtgesetzes nichts ändert; oder wenn der Anspruch aus dem Haftpflichtgesetz nicht in Gestalt einer Klage oder Widerklage[13]), also nur in Gestalt einer Einrede erhoben wird. In diesen Fällen steht der Kompetenz des obersten Landesgerichtshofs nichts entgegen.

Ueber die sachliche[14]) Zuständigkeit in erster und zweiter Instanz ist nichts weiter zu sagen. Die Haftpflichtsklagen gehören in erster Instanz vor das Amts-, oder Landgericht, und zwar bei dem letzteren, da sie nicht zu den Sachen gehören, welche der Kammer für Handelssachen zugewiesen sind[15]), vor die Civilkammer, in zweiter vor die Civilkammer des Landgerichts, oder den Civilsenat des Oberlandesgericht, je nachdem der Prozeß in erster Instanz vor dem Amtsgericht, oder vor dem Landgericht anhängig gewesen ist.

[11]) G.V.Ges. §. 135 u. Einf.Ges. §. 14.

[12]) Nach Einf.Ges. zum G.V.Ges. §. 8.

[13]) Ueber deren Zulässigkeit s. Endemann Komm. zur C.P.O.

[14]) Ueber die örtliche s. oben zu §. 6 Not. 7 ff.

[15]) G.V.Ges. §. 101.

Buchdruckerei von Gustav Schade (Otto Francke) in Berlin N.

Kolibri 360 GmbH
Ferdinand-Jühlke-Straße 7
99095 Erfurt, Deutschland
produktsicherheit@kolibri360.de